ABHANDLUNGEN DER AKADEMIE
DER WISSENSCHAFTEN DER DDR

Veröffentlichungen
der
Wissenschaftlichen
Räte

W4
1985

Territorialstruktur und umfassende Intensivierung

Akademie-Verlag Berlin

Abhandlungen
der Akademie der Wissenschaften der DDR
Abteilung Veröffentlichung der Wissenschaftlichen Räte
Jahrgang 1985

Gemeinsame Tagung des Wissenschaftlichen Rates
für die wirtschaftswissenschaftliche Forschung
bei der Akademie der Wissenschaften der DDR
und seines Wissenschaftlichen Rates für Fragen
der Standortverteilung der Produktivkräfte
am 14. 5. 1985

Die Territorialstruktur der gesellschaftlichen Reproduktion als Bedingung und Gegenstand der umfassenden Intensivierung

Akademie-Verlag · Berlin 1985

Herausgegeben im Auftrag des Präsidenten
der Akademie der Wissenschaften der DDR
von Vizepräsident Prof. Dr. Heinz Stiller

Verantwortlich für dieses Heft:
Akademiemitglied Prof. Dr. sc. oec. Dr. h. c. Helmut Koziolek
Vorsitzender des Wissenschaftlichen Rates
für die wirtschaftswissenschaftliche Forschung
bei der Akademie der Wissenschaften der DDR

Redaktionsschluß: 15. Juni 1985
ISSN 0138-421X
Erschienen im Akademie-Verlag, DDR-1086 Berlin,
Leipziger Str. 3–4

Lizenznummer: 202/49/85
Printed in the German Democratic Republic
Gesamtherstellung: TASTOMAT, 1275 Eggersdorf,
Landhausstraße
LSV0345
Bestellnummer: 754656 1 (2001/85/3/W)
01600

Inhaltsverzeichnis

Seite

Vorbemerkung 5

1. Diskussionsgrundlage

Thesen 9
Ausführungen zu den Thesen 10

2. Referat

Prof. Dr. Werner Ostwald
Mitglied des Wissenschaftlichen Rates für die wirtschaftswissenschaftliche Forschung bei der Akademie der Wissenschaften der DDR,
Vorsitzender des Wissenschaftlichen Rates für Fragen der Standortverteilung der Produktivkräfte, Leiter der Forschungsleitstelle für Territorialplanung der Staatlichen Plankommission
Die Territorialstruktur der gesellschaftlichen Reproduktion als Bedingung und Gegenstand der umfassenden Intensivierung 23

3. Diskussion

Prof. Dr. Dr. h. c. Helmut Koziolek
Mitglied des ZK der SED,
Ordentliches Mitglied der Akademie der Wissenschaften der DDR, Vorsitzender des Wissenschaftlichen Rates für die wirtschaftswissenschaftliche Forschung bei der Akademie der Wissenschaften der DDR,
Direktor des Zentralinstituts für sozialistische Wirtschaftsführung beim ZK der SED
Umfassende Intensivierung und Infrastruktur 35

Richard Müller
Stellvertreter des Vorsitzenden der Staatlichen Plankommission
Die aktive Rolle der Territorialplanung im gesellschaftlichen Reproduktionsprozeß und Anforderungen an die Forschung 42

Oberst Dr. Dieter Müller
Ministerium für Nationale Verteidigung
Militärökonomische Aspekte der Territorialstruktur . . . 46

Prof. Dr. Gerhard Kehrer
Hochschule für Ökonomie „Bruno Leuschner", Berlin, Leiter des Wissenschaftsbereiches Territorialökonomie
Wissenschaftlich-technischer Neuerungsprozeß und Territorialstruktur der gesellschaftlichen Reproduktion 48

Prof. Dr. Herbert Kusicka
Mitglied des Wissenschaftlichen Rates für die wirtschaftswissenschaftliche Forschung bei der Akademie der Wissenschaften der DDR, Vorsitzender des Wissenschaftlichen Rates für ökonomische Fragen des wissenschaftlich-technischen Fortschritts,
Direktor der Forschungsstelle beim Ministerium für Wissenschaft und Technik
Reserven für einen höheren Leistungsbeitrag der Forschung und Entwicklung 51

Werner Straube
Stellvertretender Vorsitzender des Rates des Bezirkes Karl-Marx-Stadt und Vorsitzender der Bezirksplankommission
Die Nutzung der Reproduktionsvorzüge des Bezirkes Karl-Marx-Stadt für die umfassende Intensivierung . . 53

Joachim Wehage
VEB Mansfeld-Kombinat, 1. Sekretär der Industriekreisleitung der SED
Erfahrungen aus der Arbeit mit dem territorialen Sicherungsprogramm für Kupfer 56

Irma Uschkamp
Vorsitzende des Rates des Bezirkes Cottbus
Die Einflußnahme des Rates des Bezirkes Cottbus auf die volle Nutzung der territorialen Reproduktionsbedingungen 59

Prof. Dr. Gerhard Schulz
Akademie der Landwirtschaftswissenschaften der DDR, amtierender Direktor des Instituts für Agrarökonomie
Zu einigen Grundsätzen und Aufgaben der Vervollkommnung der Standortverteilung der landwirtschaftlichen Produktion unter Beachtung der Wechselwirkung zur Territorialstruktur der gesellschaftlichen Reproduktion* 61

Dr. Achim Seifert
Zentralinstitut für sozialistische Wirtschaftsführung beim ZK der SED
Die territorialen Bedingungen für eine rationellere Organisation der Produktion nutzen* 64

Heiner Merz
Staatliche Plankommission, Abteilung Territoriale Planung, Sektorenleiter
und
Prof. Dr. Gerd Pietrzynski
Zentralinstitut für sozialistische Wirtschaftsführung beim ZK der SED, Stellvertretender Abteilungsleiter
Leitungserfahrungen des Zusammenwirkens der Kombinate und Betriebe mit den Territorialorganen bei der Entwicklung und Nutzung des gesellschaftlichen Arbeitsvermögens 66

Dr. Siegried Maier
Akademie der Wissenschaften der DDR,
Zentralinstitut für Wirtschaftswissenschaften

Seite

*Neue Anforderungen an die rationelle Nutzung des Arbeitsvermögens zur Beschleunigung von Neuerungsprozessen und Probleme ihrer Realisierung in den Territorien** 72

Dr. Wolfram Ledenig
Hochschule für Ökonomie „Bruno Leuschner", Berlin, Sektion sozialistische Volkswirtschaft
und
Dr. Günter Tittel
Forschungsleitstelle für Territorialplanung der Staatlichen Plankommission, Sektorenleiter
Demographische Entwicklung im Territorium und Intensivierung* 76

Prof. Dr. Toni Hahn
Akademie der Wissenschaften der DDR, Institut für Soziologie und Sozialpolitik, Wissenschaftsbereichsleiter
und
Prof. Dr. Gunnar Winkler
Mitglied des Wissenschaftlichen Rates für die wirtschaftswissenschaftliche Forschung bei der Akademie der Wissenschaften der DDR, Vorsitzender des Wissenschaftlichen Rates für Fragen der Sozialpolitik und Demografie, Direktor des Instituts für Soziologie und Sozialpolitik der Akademie der Wissenschaften der DDR
Territorialstruktur und Sozialpolitik* 79

Prof. Dr. Siegfried Grundmann
Akademie für Gesellschaftswissenschaften beim ZK der SED, Stellvertretender Direktor des Instituts für marxistisch-leninistische Soziologie
Soziale Triebkräfte einer effektiven Standortverteilung der Produktivkräfte 83

Prof. Dr. Otto Dienemann
Bauakademie der DDR, Wissenschaftliche Direktion, Abteilungsleiter Prognose
und
Bernd Einenkel
Bauakademie der DDR, Wissenschaftliche Direktion, Abteilung Prognose
Territorial differenzierte Entwicklung des Baubedarfs und der Baukapazitäten unter den Bedingungen der umfassenden Intensivierung* 87

Dr. Gisela Lindenau
Forschungsleitstelle für Territorialplanung der Staatlichen Plankommission, Sektorenleiter
Zu einigen theoretischen und praktischen Problemen der Entwicklung der Infrastruktur 89

Prof. Dr. Konrad Illgen
Handelshochschule Leipzig, Sektion sozialistische Volkswirtschaft/Binnenhandel, Leiter des Wissenschaftsbereichs Handelsgeographie
Zur Intensivierung der sozialen Infrastruktur im Territorium, dargestellt am Konsumgüterbinnenhandel* . . . 92

Dr. Werner Lindner
Direktor des Zentralen Forschungsinstituts des Verkehrswesens
Entwicklung und Aufgaben der Transport- und Territorialökonomie zur Durchsetzung der umfassenden Intensivierung im Güterverkehr* 96

Prof. Dr. Konrad Scherf
Humboldt-Universität, Berlin, Sektion Geographie
Zu Fragen der Urbanisierung im Sozialismus – dargestellt am Beispiel der sozialistischen Urbanisierung in der DDR* 99

Christa Zaspel
Bürgermeister der Gemeinde Herold, Kreis Zschopau
Zur Zusammenarbeit der örtlichen Volksvertretung der Gemeinde Herold mit den Landwirtschaftsbetrieben der Kooperation „Am Greifenstein" 104

Prof. Dr. Hans Glißmeyer
Rektor der Hochschule für Architektur und Bauwesen Weimar
Probleme der Stadtentwicklung, insbesondere der Kreisstädte der DDR* 107

Dr. Heinz Berger
Karl-Marx-Universität Leipzig, Franz-Mehring-Institut
Zur Bildung von Teilterritorien und Problemen ihrer Angleichung in der DDR* 110

Prof. Dr. Gerhard Mohs
Akademie der Wissenschaften der DDR, Stellvertreter des Direktors des Insituts für Geographie und Geoökologie
Die regionale Differenzierung des Reproduktionsprozesses nach Bezirken und Kreisen – die Nutzung gebietstypischer Reproduktionsbedingungen als Intensivierungsfaktor* 112

Prof. Dr. Egon Seidel
Ministerium für Umweltschutz und Wasserwirtschaft, Stellvertreter des Direktors des Zentrums für Umweltgestaltung
Erhöhung der Verfügbarkeit der Naturressourcen im Territorium als Beitrag zur Verwirklichung der ökonomischen Strategie* 116

Prof. Dr. Günter Streibel
Humboldt-Universität, Berlin, Sektion Wirtschaftswissenschaft, Lehrstuhlleiter des Wissenschaftsbereiches Volkswirtschaft
Zum Problem der territorialen Sekundärrohstoffwirtschaft und einigen anderen Aspekten der Entwicklung der Territorialstruktur* 121

Prof. Dr. Heinz Lüdemann
Akademie der Wissenschaften der DDR, Direktor des Instituts für Geographie und Geoökologie
Zur rationellen gesellschaftlichen Nutzung des Flächenfonds in der DDR* 123

* schriftlich eingereichte Beiträge

Vorbemerkung

Entsprechend dem Beschluß des Politbüros des ZK der SED vom 20.10.1980 wurde in der Hauptforschungsrichtung 03.07 des Zentralen Forschungsplanes der marxistisch-leninistischen Gesellschaftswissenschaften der DDR 1981 bis 1985 erstmalig für die DDR ein Generalschema für die Standortverteilung der Produktivkräfte ausgearbeitet.
Es entstand nach sowjetischen Erfahrungen, die den Bedingungen der DDR mit ihrer hohen territorialen Konzentration und Verflechtung der Produktivkräfte angepaßt wurden. Im Mittelpunkt des Generalschemas stand, die langfristige Entwicklung der Territorialstruktur unter den Bedingungen der umfassenden Intensivierung der Volkswirtschaft zu gestalten.

Mit Analysen und Prognosen der Standortverteilung der Produktivkräfte wurden Ansatzpunkte und Vorschläge zur intensiven Nutzung und weiteren Vervollkommnung der Territorialstruktur für den Zeitraum 1986 bis 1990 vorgelegt.
Das Generalschema für die Standortverteilung der Produktivkräfte war Ergebnis der sozialistischen Gemeinschaftsarbeit eines großen Kollektivs von Wissenschaftlern verschiedener Institutionen und Disziplinen sowie Mitarbeitern des Staatsapparates.
Die Arbeit wurde durch die Forschungsleitstelle für Territorialplanung der Staatlichen Plankommission geleitet und im Wissenschaftlichen Rat für Fragen der Standortverteilung der Produktivkräfte koordiniert.

Die mit der wissenschaftlichen Arbeit zum Generalschema gewonnenen Erfahrungen und Kenntnisse wurden in interdisziplinärer Gemeinschaftsarbeit theoretisch verallgemeinert.

Das Ergebnis dieser auf einige wesentliche Schwerpunkte konzentrierten theoretischen Verallgemeinerung ist in dieser Diskussionsgrundlage zusammengefaßt dargestellt. Das betrifft das gegenwärtige Niveau der Territorialstruktur als Grundlage für die weitere Gestaltung der entwickelten sozialistischen Gesellschaft bis zum Jahre 1990 und darüber hinaus bis zur Jahrtausendwende sowie die langfristigen Leitlinien zur weiteren Gestaltung der Standortverteilung der Produktivkräfte in der DDR.

An der Diskussionsgrundlage haben außer der o.g. Arbeitsgruppe folgende Genossen aktiv mitgewirkt:
Dr. oec. G. Bachmann, Dr. oec. G. Bauer, Dr. sc. oec. H. Berger, Dr.-Ing. O. Dienemann, Dr. rer. pol. B. Einenkel, Prof. Dr.-Ing. H. Glißmeyer, Dr. oec. G. Goltzsch, Prof. Dr. sc. phil. S. Grundmann, Dipl. oec. G. Hörr, Prof. Dr. sc. nat. G. Kind, Dr. sc. oec. T. Koker, Fin. Ök. C. Kreitel, Dr. sc. oec. W. Ledenig, Dr. oec. W. Lindner, Dipl.-L. D. Maly, Dipl. oec. A. Morgenstern, Dr. sc. oec. J. Reiner, Dipl. oec. H. Röder, Prof. Dr. Ing. J. Schattel, Dr. oec. R. Schöneck, Prof. Dr. sc. jur. G. Schulze, Dr. oec. G. Schulze, Prof. Dr. sc. nat. E. Seidel, Dr. oec. A. Seifert, Dr. oec. E. Stabenow, Dr. phil. G. Tittel, Dr. oec. G. Vogel, Dr. oec. R. Wötzel.

1. Diskussionsgrundlage

Die Diskussionsgrundlage wurde von einer Arbeitsgruppe des Wissenschaftlichen Rates für Fragen der Standortverteilung der Produktivkräfte erarbeitet:
Prof. Dr. sc. oec. Werner Ostwald (Leitung),
Prof. Dr. sc. oec. Gerhard Kehrer,
Dr. oec. Gisela Lindenau,
Prof. Dr. sc. nat. Gerhard Mohs und
Prof. Dr. sc. nat. Konrad Scherf

Die Territorialstruktur der gesellschaftlichen Reproduktion als Bedingung und Gegenstand der umfassenden Intensivierung

Thesen

ausführlicher siehe Seite

1. Der Sozialismus ist Grundvoraussetzung für eine planmäßige proportionale territoriale Entwicklung des gesellschaftlichen Reproduktionsprozesses. Territoriale Proportionalität der Reproduktion ist wiederum eine notwendige Bedingung für die erfolgreiche weitere Gestaltung der sozialistischen Gesellschaft. 10
2. Im Ergebnis der erfolgreichen Wirtschafts- und Sozialpolitik der Partei der Arbeiterklasse wurde in der DDR eine Territorialstruktur geschaffen, die in ihren Grundproportionen im wesentlichen den gegenwärtigen Entwicklungsstand der sozialistischen Gesellschaft entspricht. Sie kann entsprechend den wachsenden Aufgaben bei der weiteren Gestaltung des Sozialismus auf vorwiegend intensivem Weg weiter entwikkelt werden, ohne daß Produktivkräfte in größerem Maßstab territorial umverteilt werden müssen. 10
3. Die umfassende Intensivierung der Volkswirtschaft bezieht die Territorialstruktur ein. Insbesondere der wissenschaftlich-technische Fortschritt führt langfristig zu Veränderungen der Territorialstruktur. Gezielte Nutzung und Vervollkommnung der territorialen Reproduktionsbedingungen fördert maßgeblich die Erschließung und Entfaltung der Triebkräfte des Sozialismus und eröffnet qualitativ neue Triebkräfte. 11
4. Bei insgesamt etwa gleichbleibender Gesamtzahl der DDR-Bevölkerung erhalten die territorial differenzierten Entwicklungen und Strukturveränderungen der Bevölkerung und des gesellschaftlichen Arbeitsvermögens ein besonderes Gewicht für die effektive Gestaltung des gesellschaftlichen Reproduktionsprozesses. 13
5. Wachstum und Effektivitätssteigerung der Produktion können sich im wesentlichen im Rahmen ihrer gegebenen Standortverteilung vollziehen. Dieses Standortgefüge der Produktion kann durch Rationalisierung der zweiglichen und territorialen Produktionsverflechtungen, durch Modernisierung der materiell-technischen Basis auf ein qualitativ höheres Niveau geführt werden. In diesem Prozeß wird zugleich die Ressourcennutzung intensiviert und der spezifische Transportaufwand gesenkt. 14
6. Ausreichende Kapazitäten, Funktionstüchtigkeit und hohes qualitatives Niveau der Infrastruktur sind territoriale Grundvoraussetzungen für die umfassende Intensivierung in allen Zweigen und Bereichen der Volkswirtschaft und für die immer bessere Befriedigung der Bedürfnisse der Bevölkerung.
   Die Infrastruktur im Territorium besitzt eine Schlüsselrolle unter den territorialen Reproduktionsbedingungen und wird organisch in die umfassende Intensivierung der Volkswirtschaft einbezogen. 15
7. Die Stabilität der Siedlungsstruktur – als komplexe territoriale Strukturform – ist wesentlich für die Effektivität der gesellschaftlichen Reproduktion.
   Der komplexe Charakter der Intensivierung schafft günstige Bedingungen für die weitere Entwicklung der Siedlungsstruktur und den weiteren Annäherungsprozeß zwischen Stadt und Land. 17
8. Die seit 1952 entstandene politisch-territoriale Gliederung des DDR-Teritoriums hatte zur Folge, daß sich die Bezirke zu grundlegenden objektiven Wirtschaftsgebieten mit arbeitsteiliger Wirtschaftstruktur innerhalb der Volkswirtschaft entwickelt haben.
   Gebietstypische Reproduktionsbedingungen müssen für die umfassende Intensivierung zur Geltung gebracht werden. 17
9. Naturressourcen und natürliche Umwelt bilden standortgebundene Vorzugsbedingungen von Territorien für die gesellschaftliche Reproduktion. Es sind die Voraussetzungen zu schaffen, ihre Verfügbarkeit entsprechend den Erfordernissen der intensiv erweiterten Reproduktion der Volkswirtschaft ständig zu erhöhen. 19
10. Das Generalschema trägt den Charakter eines Vorplanmaterials und ist Bestandteil der konzeptionellen Vorbereitung der Volkswirtschaftspläne. 19

Ausführungen zu den Thesen

1. *Der Sozialismus ist Grundvoraussetzung für eine planmäßige proportionale territoriale Entwicklung des gesellschaftlichen Reproduktionsprozesses. Territoriale Proportionalität der Reproduktion ist wiederum eine notwendige Bedingung für die erfolgreiche weitere Gestaltung der sozialistischen Gesellschaft.*

Die Territorialstruktur ist eine komplexe Strukturform der gesellschaftlichen Reproduktion. Sie stellt deren territoriale Existenz-, Bewegungs- und Organisationsform dar. Die Territorialstruktur der gesellschaftlichen Reproduktion wird durch den Entwicklungsstand der Produktivkräfte und den Charakter der Produktionsverhältnisse bestimmt. Im Sozialismus wird sie auf der Grundlage des gesellschaftlichen Eigentums an den Produktionsmitteln unter der führenden Rolle der marxistisch-leninistischen Partei der Arbeiterklasse durch den sozialistischen Staat plänmäßig gestaltet.

In der Deutschen Demokratischen Republik wurden die gravierenden, aus der kapitalistischen Vergangenheit überkommenen, durch die imperialistische Spaltung verschärften zweiglichen und territorialen Disproportionen der gesellschaftlichen Reproduktion überwunden. Die Ausnutzung der ökonomischen Gesetze des Sozialismus erfordert und ermöglicht eine planmäßige proportionale zweigliche und territoriale Entwicklung des gesellschaftlichen Reproduktionsprozesses. Zunehmend kann bei der planmäßigen Entwicklung der Territorialstruktur der gesellschaftlichen Reproduktion der Dialektik von politischen, ökonomischen, sozialen und natürlichen Prozessen unter Berücksichtigung der Erfordernisse der Landesverteidigung entsprochen werden.

Unter diesen Bedingungen läßt sich objektiv gesetzmäßig eine Tendenz zur territorialen Angleichung des Entwicklungsstandes der Produktivkräfte und der Ausprägung der sozialistischen Produktionsverhältnisse in allen Landesteilen ableiten. Diese objektive ökonomische Gesetzmäßigkeit des Sozialismus führt zur territorialen Angleichung des Produktions- und Lebensniveaus. Ergebnis dieses Prozesses ist in der DDR die Herausbildung einer relativ ausgewogenen und stabilen Territorialstruktur der gesellschaftlichen Reproduktion im Maßstab des Landes. Eine stabile Terriorialstruktur ist eine notwendige Voraussetzung für den Übergang zur umfassenden Intensivierung der Volkswirtschaft auf der Basis des wissenschaftlich-technischen Fortschritts. Eine relativ ausgewogene und stabile territoriale Grundstruktur der gesellschaftlichen Reproduktion ist gleichermaßen eine Voraussetzung für die Sicherung und weitere Erhöhung des materiellen und geistig-kulturellen Lebensniveaus der Bevölkerung, für die Annäherung der Klassen und Schichten und damit für die weitere Verringerung wesentlicher Unterschiede zwischen Stadt und Land.

2. *Im Ergebnis der erfolgreichen Wirtschafts- und Sozialpolitik der Partei der Arbeiterklasse wurde in der DDR eine Territorialstruktur geschaffen, aie in ihren Grundproportionen im wesentlichen den gegenwärtigen Entwicklungsstand der sozialistischen Gesellschaft entspricht. Sie kann entsprechend den wachsenden Aufgaben bei der weiteren Gestaltung des Sozialismus auf vorwiegend intensivem Weg weiter entwickelt werden, ohne daß Produktivkräfte in größerem Maßstab territorial umverteilt werden müssen.*

Diese geschaffenen Grundproportionen der Territorialstruktur sind eine wichtige territoriale Grundlage für die Durchsetzung des intensiven Reproduktionstyps.

Das Entwicklungsniveau der Territorialstruktur der DDR wird durch folgende Merkmale gekennzeichnet:

– *Hoher Entwicklungsstand der Produktivkräfte in allen Bezirken*

Eine gleichmäßigere Standortverteilung der Produktivkräfte der DDR wurde in der Phase der vorwiegend extensiv erweiterten Reproduktion der Volkswirtschaft durch die sozialistische Industrialisierung ehemals ökonomisch und sozial schwach entwickelter Gebiete sowie durch die Entwicklung einer durch sozialistisches Eigentum und moderne Großproduktion charakterisierten Landwirtschaft erreicht. Damit war eine wesentliche Voraussetzung für die Entwicklung einer ausgeglicheneren Klassen- und Sozialstruktur der Bevölkerung gegeben und eine gleichmäßigere Verteilung von Zentren der Arbeiterklasse über das Land verbunden. Wesentliche Unterschiede im Entwicklungsniveau der Produktivkräfte zwischen Stadt und Land wurden überwunden.

Im Ergebnis dieses Prozesses hat sich die territoriale Verteilung der Bevölkerung und des gesellschaftlichen Arbeitsvermögens stabilisiert. Sie wird auch lanfristig eine in ihren Grundproportionen relativ stabile territoriale Reproduktionsbedingung für die weitere Leistungs- und Effektivitätsentwicklung der Volkswirtschaft in allen Bezirken bleiben. Dabei verläuft die demographische Entwicklung nach Kreisen zum Teil sehr differenziert.

Die Erfordernisse des wissenschaftlich-technischen Fortschritts und eine etwa gleichbleibende Gesamtbevölkerungszahl der DDR verlangen, das insgesamt hohe

Bildungs- und Qualifikationsniveau des gesellschaftlichen Arbeitsvermögens an den gegebenen Standorten gezielt qualitativ weiter zu entwickeln und ergiebiger zu nutzen. Auf der Grundlage von Niveauvergleichen zwischen Bezirken und Kreisen müssen nicht gerechtfertigte territoriale Unterschiede der Effektivität im Einsatz des Arbeitsvermögens ermittelt und überwunden werden. Besonders in den Ballungsgebieten und Großstädten können die Potenzen der Konzentration des gesellschaftlichen Arbeitsvermögens der DDR noch besser ausgeschöpft werden.

– *Entwickelte Siedlungsstruktur, hoher Verstädterungsgrad und ausreichende Dichte des Städtenetzes*
Die DDR verfügt über eine Siedlungsstruktur, die in allen Bezirken und Kreisen der Bevölkerung günstige Bedingungen für ein hohes Lebensniveau und Voraussetzungen für einen weiter wachsenden Leistungsanstieg bietet.

Im ausreichend dichten Netz der Städte nehmen neben der herausragenden Rolle der Hauptstadt der DDR, Berlin, auch die anderen Groß- und Mittelstädte einen besonderen Platz ein. In ihnen lebt fast die Hälfte der Bevölkerung des Landes. Die Funktionen dieser städtischen Zentren von Bevölkerung, Produktion, Wissenschaft, Kultur usw. müssen weiter entwickelt und qualitativ ausgestaltet werden. Das gilt besonders für die Bezirks- und Kreisstädte. Auch die Beziehungen dieser Städte zu ihrem Umland lassen sich weiter intensivieren.

Eine Neubildung oder wesentliche exstensive Erweiterung von Städten und Dörfern ist in der DDR unter den Bedingungen der umfassenden Intensivierung der Produktion und den speziellen Bedingungen der Bevölkerungsreproduktion prinzipiell nicht notwendig.

Zwischen den Siedlungen bestehen enge Verflechtungen auf der Grundlage eines dichten Kommunikationssystems, dessen Leistungsfähigkeit weiter zu erhöhen ist.

– *Ein in allen Landesteilen relativ hohes Lebensniveau*
Mit der Entwicklung des Sozialismus wurden die Arbeits- und Lebensbedingungen in allen Bezirken, Kreisen, Städten und Gemeinden grundlegend verbessert. Gleichzeitig wurden die als historisches Erbe vom Kapitalismus übernommenen gravierenden territorialen Unterschiede in den Arbeits- und Lebensbedingungen im wesentlichen überwunden. Das Lebensniveau wird für die Bewohner aller Städte und Gemeinden durch planmäßige Sicherung der Arbeitsplätze, ständige Verbesserung der Arbeitsbedingungen sowie ausreichende infrastrukturelle Grundversorgung[1] gekennzeichnet.

Territoriale Unterschiede im Lebensniveau zeigen sich noch in unterschiedlicher Qualität der Arbeitsbedingungen und der infrastrukturellen Versorgung. Sie können zunehmend durch Modernisierung und rationelle Nutzung der vorhandenen Produktions- und Infrastruktur überwunden werden. In einzelnen Territorien wird die Komplexität der infrastrukturellen Ausstattung, sofern sie nicht ausreicht, entsprechend dem sozialpolitischen Programm der Partei nach den ökonomischen Möglichkeiten planmäßig weiter erhöht. Größere territoriale Unterschiede in natürlichen Lebensbedingungen (Naherholungsmöglichkeiten, Reinheit des Wassers und der Luft u. ä.) können nur langfristig ausgeglichen werden. Sie sollten bei der weiteren Verbesserung der infrastrukturellen Versorgung und der Gestaltung der Arbeitsbedingungen verstärkt berücksichtigt werden.

– *Hohe Beanspruchung der territorialen Reproduktionsbedingungen[2] in allen Landesteilen*
In der DDR gibt es in keinem Territorium mehr nennenswerte Arbeitskräftereserven. Natürliche Ressourcen, wie Fläche und Wasser, werden überall bereits hochgradig, meist mehrfach genutzt. In der technischen Infrastruktur ist jede extensive Erweiterung mit höherem volkswirtschaftlichem Aufwand als in der Vergangenheit verbunden. Auch neue Energie-, Rohstoff- sowie Wasserressourcen sind nur mit höherem territorialökonomischen Aufwand zu erschließen. Deshalb sind mehr ressourcensparende Technologien erforderlich. Mit den Plänen Wissenschaft und Technik auf zentraler staatlicher Ebene und auf der Ebene der Kombinate, Betriebe, Einrichtungen, Kooperationsgemeinschaften der Landwirtschaft und Genossenschaften muß darauf eingewirkt werden, daß die territorialen Reproduktionsbedingungen sparsam und rationell genutzt werden. Bei der Anwendung ressourcensparender und umweltschonender Technologien muß nach territorialen Schwerpunkten vorgegangen werden. Die notwendige Vielfachnutzung territorialer Ressourcen und infrastruktureller Bedingungen muß insbesondere in den industriellen Ballungs- und Verdichtungsgebieten zur Durchsetzung bewährter und Anwendung neuer Formen der territorialen Rationalisierung führen.

Dieses Entwicklungsniveau der Territorialstruktur ist Grundlage für die weitere Durchsetzung einer erfolgreichen Wirtschafts- und Sozialpolitik im Gesamtterritorium der DDR und in allen Bezirken und Kreisen. Die künftige Standortpolitik kann auf die Nutzung und weitere Vervollkommnung des geschaffenen Standortgefüges gerichtet werden, nicht mehr vorrangig auf seine Veränderung.

Die erreichte Territorialstruktur der gesellschaftlichen Reproduktion in der DDR ist Bedingung und Gegenstand der weiteren umfassenden Intensivierung der Volkswirtschaft.

3. *Die umfassende Intensivierung der Volkswirtschaft bezieht die Territorialstruktur ein. Insbesondere der wissenschaftlich-technische Fortschritt führt langfristig zu Veränderungen der Territorialstruktur. Gezielte Nutzung und Vervollkommnung der territorialen Reproduktionsbedingungen fördert maßgeblich die Erschließung und Entfaltung der Triebkräfte des Sozialismus und eröffnet qualitativ neue Triebkräfte.*

Karl Marx wies auf die territoriale Bindung des Reproduktionsprozesses hin, indem er die Erde als Standort des Arbeiters und Wirkungsraum des Arbeitsprozesses bezeichnete. Die Differenziertheit der gegenständlichen territorialen Bedingungen des gesellschaftlichen Reproduktionsprozesses, der territorialen Reproduktionsbedingungen, widerspiegelt sich im Ergebnis der territorialen Arbeitsteilung, in unterschiedlicher territorialer Spezialisierung, Konzentration, Kombination und Kooperation der Produzenten und ebenso in der materiell-technischen Basis der Produktion, in territorialer Differenziertheit der technischen und sozialen Infrastruktur, in differenzierten Lage- und Umweltbedingungen u. dgl.

Beim Übergang zur umfassenden Intensivierung gewinnen alle diese territorialen Reproduktionsbedingungen zunehmende Bedeutung. Durch ihre intensive Nutzung und planmäßige territoriale Organisation können volkswirtschaftliche Effektivität und zugleich die materiellen und geistig-kulturellen Lebensbedingungen der Bevölkerung erhöht werden.

Ihre Einbeziehung in die planmäßige Steuerung des gesellschaftlichen Reproduktionsprozesses setzt die Ökonomie des Raumes, des Territoriums, als territoriale Seite und Bedingung der Wirkung des Gesetzes der Ökonomie der Zeit durch. Die Ökonomie des Territoriums wird zu einem wichtigen Faktor bei der weiteren effektiven Gestaltung der entwickelten sozialistischen Gesellschaft.

Die territorialen Reproduktionsbedingungen sind einerseits wichtige Bedingungen für die Durchsetzung des wissenschaftlich-technischen Fortschritts als Hauptweg zur umfassenden Intensivierung der Volkswirtschaft. Sie zeichnen sich durch verhältnismäßig hohe Stabilität aus, die sich mit nationaler und internationaler Veränderung der Vergesellschaftungsprozesse noch weiter erhöht.

Andererseits verändert wissenschaftlich-technischer Fortschritt die territorialen Reproduktionsbedingungen langfristig. Das betrifft die Anforderungen der Kombinate und Betriebe an das Territorium (Standortanforderungen) und die territorialen Reproduktionsbedingungen (Standortbedingungen). Die Tendenz dieser Entwicklung ist eine relative Senkung der Anforderungen an das Territorium (Senkung des spezifischen Verbrauchs von territorialen Ressourcen je Produktionseinheit) bei gleichzeitig wachsenden Ansprüchen an die Qualität der territorialen Reproduktionsbedingungen.

Zugleich ermöglicht der wissenschaftlich-technische Fortschritt eine Rationalisierung der territorialen Organisation der Produktion und des gesellschaftlichen Lebens. Die Mobilisierung der territorialen Reproduktionsbedingungen für die Durchsetzung des wissenschaftlich-technischen Fortschritts ist erstrangige Aufgabe in allen Territorien. Vorzugsbedingungen dafür bieten die Ballungsgebiete mit ihrem hohen Vergesellschaftungsgrad der Produktion sowie hoher Konzentration von Arbeitsvermögen und Infrastruktur. Wissenschaftlich-technische Neuerungsprozesse, die zeitweilig zusätzliche Anforderungen an territoriale Ressourcen stellen, erfordern entsprechende Freisetzungsmaßnahmen in den entsprechenden Territorien. Dasselbe gilt für die territoriale Sicherung von Strukturveränderungen in der Rohstoff- und Energiewirtschaft sowie prinzipiell für alle Anforderungen an das Territorium im Zusammenhang mit der Einführung neuer Erzeugnisse und Technologien.

Bei der planmäßigen Durchsetzung des wissenschaftlich-technischen Fortschritts sind vor allem folgende territoriale Zusammenhänge zu beachten:

- Veränderungen des Produktionsprofils in den Territorien durch territoriale Einordnung neuer und Aussonderung bisheriger Produktionsaufgaben,
- wachsende Verflechtung von Wissenschaft und Produktion in den Territorien,
- Veränderungen der territorialen Spezialisierung und Kooperation der Produktion bei gleichzeitiger Rationalisierung der Kommunikation, wobei ein Wechselverhältnis zwischen fernräumlicher Kooperation und nahräumlicher Kombination zu beachten ist,
- vollständige Nutzung der einheimischen Rohstoff- und Energiebasis auf dem Wege der Veredlung,
- erhöhte Anforderungen an die Qualität und Kontinuität von Leistungen der technischen und sozialen Infrastruktur sowie
- rationellster Einsatz von Leistungen der technischen Infrastruktur und eine flexible Nutzung von Einrichtungen der sozialen Infrastruktur und
- erweiterte Möglichkeiten für die sparsame Inanspruchnahme von Naturressourcen zur Erhöhung ihrer Verfügbarkeit und zum Schutz der natürlichen Umwelt.

Die umfassende Intensivierung der Volkswirtschaft durch wissenschaftlich-technischen Fortschritt erhöht besonders die volkswirtschaftliche Funktion der Städte im Territorium und ermöglicht auf lange Sicht eine stabile Entwicklung der Dörfer.

Die Vielfalt und Kompliziertheit dieser Zusammenhänge zwischen umfassender Intensivierung und Territorialstruktur erfordern, daß die territorialen Reproduktionsbedingungen ständig sorgfältig wissenschaftlich analysiert und prognostiziert werden, gerade in einem relativ kleinen sozialistischen Land wie der DDR mit hohem Erschließungs- und Nutzungsgrad der Ressourcen. Die Territorialstruktur der gesellschaftlichen Reproduktionsbedingungen langfristig vorausschauend auf neue Anforderungen der gesellschaftlichen Entwicklung einzustellen und anzupassen, trägt in weitem Sinne maßgeblich zur Erschließung und Entfaltung der Triebkräfte des Sozialismus bei.

Entsprechend dem Programm der SED werden mit den Zielen und Wegen für die weitere Gestaltung der entwickelten sozialistischen Gesellschaft stets zugleich auch die Entwicklung ihrer Territorialstruktur festgelegt und die Werktätigen und alle Bürger in den Bezirken, Kreisen, Städten und Gemeinden für deren Verwirklichung mobilisiert. Auf diesem Weg wird der dialektische Widerspruch zwischen den Erfordernissen der sozialistischen Gesellschaft als Ganzes und den Bedingungen ihrer territorialen Einheiten auf qualitativ höherer Stufe gelöst. Grundlage dafür ist das sozialistische Eigentum an den Produktionsmitteln, das prinzipielle Übereinstimmung zwischen gesamtgesellschaftlichen, zweiglichen und territorialen Entwicklungszielen und -erfordernissen gewährleistet. Das geschieht unter Führung der Partei der Arbeiterklasse über die konsequente Verwirklichung des Prinzips des demokratischen Zentralismus.

Dementsprechend müssen die Aktivitäten in den Bezirken, Kreisen, Städten und Gemeinden darauf gerichtet werden, durch effektive Organisation des Reproduktionsprozesses im Territorium alle hier verfügbaren

Kräfte und Mittel zur höchstmöglichen Effektivität des gesellschaftlichen Reproduktionsprozesses einzusetzen. Auf diesem Weg tragen sie zur Erhöhung des gesellschaftlichen Reichtums und damit zur ständigen Verbesserung der materiellen und geistig-kulturellen Existenzbedingungen im eigenen Territorium bei.

Die Qualität der territorialen Bedingungen und ihr Bewußtwerden bei der Bevölkerung lösen neue Triebkräfte für das Handeln im Sinne des gesellschaftlichen Fortschritts aus.

Damit erweist sich die ständige bewußte Herstellung der Übereinstimmung zwischen gesamtgesellschaftlichen, zweiglichen und territorialen Zielstellungen als Stimulanz für die Lösung der Hauptaufgabe in ihrer Einheit von Wirtschafts- und Sozialpolitik.

Von herausragender Bedeutung hierfür sind optimale Proportionen von Produzieren, Bilden, Wohnen, Versorgen und Betreuen innerhalb und zwischen allen Territorien. Diese territorialen Verflechtungen wurden vom X. Parteitag der SED als wesentliche volkswirtschaftliche Zusammenhänge charakterisiert. Ihre planmäßige Gestaltung ist ein zentrales Anliegen der sozialistischen Volkswirtschaftsplanung bei der Durchsetzung der Gesellschaftsstrategie der Partei der Arbeiterklasse.

Daraus ergeben sich hohe Anforderungen an die zentrale, zweigliche und territoriale Leitung und Planung. Ihre Qualität wird entscheidend von der Vervollkommnung der Analyse und Prognose gesamtgesellschaftlicher, zweiglicher und territorialer Prozesse und ihrer frühzeitigen Koordinierung bestimmt.

4. *Bei insgesamt etwa gleichbleibender Gesamtzahl der DDR-Bevölkerung erhalten die territorial differenzierten Entwicklungen und Strukturveränderungen der Bevölkerung und des gesellschaftlichen Arbeitsvermögens ein besonderes Gewicht für die effektive Gestaltung des gesellschaftlichen Reproduktionsprozesses.*

Die Bevölkerungsverteilung im DDR-Territorium bleibt nach Bezirken bis zum Jahre 2000 etwa gleich. Im Ergebnis der territorialen Bevölkerungsreproduktion sowie der Migration verändern sich jedoch im einzelnen die Tendenzen der territorialen Bevölkerungsentwicklung nach Kreisen sowie nach Stadt und Land. Aus dieser Entwicklung ergeben sich wichtige Schlußfolgerungen zur Leistungsentwicklung der Volkswirtschaft und zur Verbesserung der Arbeits- und Lebensbedingungen im Territorium.

Das gilt besonders für die nach Kreisen unterschiedliche

- Entwicklung der Bevölkerungszahl und der Größe des gesellschaftlichen Arbeitsvermögens;
- Veränderung der Altersstruktur der Bevölkerung, wobei die tendenzielle Erhöhung des Durchschnittsalters der Bevölkerung im arbeitsfähigen Alter besonders volkswirtschaftliches Gewicht hat;
- Veränderung der Geschlechterstruktur der Bevölkerung bei allgemeiner Tendenz zur ausgeglichenen Geschlechterproportion in allen Territorien.

Die territoriale Bevölkerungsreproduktion ist in der DDR dadurch gekennzeichnet,
daß eine weitgehende Angleichung des Reproduktionsniveaus zwischen den Bezirken, Stadt- und Landkreisen sowie Gemeindegrößengruppen erfolgt, wobei sich die Reproduktion auf dem Land dem der Städte annähert.

Daraus resultieren langfristig insbesondere ökonomische und soziale Konsequenzen für die Entwicklung in den Ballungsgebieten und den Landkreisen der DDR.

Für die Reproduktion des gesellschaftlichen Arbeitsvermögens ergibt die wissenschaftliche Vorausschau, daß analog zur Gesamtbevölkerungszahl die Zahl der Bevölkerung im arbeitsfähigen Alter insgesamt langfristig etwa gleich bleibt, sich aber territorial stark differenziert entwickelt. Das führt zu einem weiteren Zuwachs des Arbeitskräftepotentials in den Städten und zu einem Rückgang vorwiegend in Landkreisen der Bezirke mit industriellen Ballungsgebieten sowie im Bezirk Neubrandenburg.

Damit erhöhen sich die Ansprüche an strategisch-konzeptionelle Maßnahmen der Zweige und der örtlichen Organe zur Einsparung von Arbeitsplätzen bzw. zum effektiven Einsatz des territorial differenziert heranwachsenden Arbeitsvermögens.

Infolge unterschiedlicher Entwicklung einzelner Altersgruppen der Bevölkerung im arbeitsfähigen Alter erhöht sich das Durchschnittsalter des gesellschaftlichen Arbeitsvermögens in allen Kreisen der DDR. Diese Entwicklung zeigt sich zuerst und am deutlichsten in den Landkreisen der Ballungsgebiete.

Die Erhöhung des Durchschnittsalters der Bevölkerung und insbesondere der Berufstätigen wirkt sich auf die rationelle Nutzung und den effektiven Einsatz des gesellschaftlichen Arbeitsvermögens sowohl in ökonomischer als auch in sozialer Hinsicht aus. Infolge höheren Altersdurchschnitts der Berufstätigen wird das mit der Anwendung der Schwedter Initiative und konsequenten Durchführung der Rationalisierung zu gewinnende Arbeitsvermögen einen steigenden Anteil höherer Altersgruppen aufweisen. Das ist beim planmäßigen und qualifikationsgerechten Einsatz und der Qualifizierung dieser Personengruppe für neue Berufe zu beachten.

Prinzipielle Veränderungen ergeben sich bis 1990 und darüber hinaus hinsichtlich der Zuführungen zum gesellschaftlichen Arbeitsvermögen über die verschiedenen Wege der beruflichen Ausbildung. Sie resultieren aus der spürbaren Reduzierung der Bevölkerungszahl im Lehrlingsalter, die in allen Territorien zu einem beträchtlichen Rückgang des Berufsnachwuchses führt. Mit der territorialen Bilanzierung der Jugendlichen für eine Berufsausbildung muß deshalb durch die Bezirke und Kreise eine stärker differenzierte Planung des Berufsnachwuchses nach zweiglichen Schwerpunkten durchgesetzt werden.

Aus den Veränderungen in der territorialen Entwicklung der Zahl der Personen im Lehrlingsalter, die in sehr kurzen Zeitabschnitten ablaufen, entstehen neue Anforderungen an die Steuerung der Ausbildungs- und Einsatzstruktur des Berufsnachwuchses.

Die Geschlechterstruktur der Bevölkerung im arbeitsfähigen Alter verändert sich bis zum Jahre 2000 in allen Bezirken und Kreisen der DDR zugunsten eines höheren Anteils männlicher Personen. Die damit zu erwartenden grundlegenden territorialen Verschiebungen in der Zahl der männlichen und weiblichen Bevölkerung im arbeitsfähigen Alter müssen in den Konzeptionen zum Einsatz und zur effektiven Nutzung des gesellschaftlichen Arbeitsvermögens standortkonkret und zweigspezifisch berücksichtigt werden:

- Groß- und Mittelstädte haben Zuwachs an männlicher und weiblicher Bevölkerung im arbeitsfähigen Alter. Diese günstigen Bedingungen der Arbeitskräftereproduktion müssen mit dem Plan entsprechend den volkswirtschaftlichen Erfordernissen effektiv wirksam gemacht werden.
- In den meisten Landkreisen der DDR mit Zuwachs der männlichen bei gleichzeitiger Abnahme der weiblichen Bevölkerung im arbeitsfähigen Alter müssen alle Möglichkeiten der zielgerichteten und komplexen Rationalisierung genutzt werden, um Arbeitsplätze für Frauen im vollen Umfang des Frauenrückgangs zu vermindern. Das zuwachsende männliche Arbeitsvermögen ist sehr begrenzt und kann nur im Ausnahmefall als kompensierender Faktor für den weiblichen Arbeitskräfterückgang eingesetzt werden.
- In den Kreisen der Bezirke mit Ballungsgebieten mit Abnahme der männlichen und weiblichen Bevölkerung im arbeitsfähigen Alter ist ein qualitativ neuer Rationalisierungsschub Voraussetzung für einen weiteren hohen volkswirtschaftlichen Leistungszuwachs. Substitution weiblichen Arbeitsvermögens durch männliche Arbeitskräfte ist dort prinzipiell nicht möglich.

Ausgehend vom erreichten Niveau der Standortverteilung der Produktivkräfte sowie den Erfordernissen, die sich aus der sozialistischen Intensivierung für die Entwicklung und Nutzung des territorialen Arbeitsvermögens am Standort ergeben, kommt der Steuerung und Beachtung der Wirkungen der Binnenwanderung in der DDR eine wachsende Bedeutung zu.

Volkswirtschaftlich relevant ist die Binnenwanderung in der DDR durch erhebliche Unterschiede zwischen Struktur der Migranten einerseits und Struktur der Bevölkerung andererseits sowie durch konkrete Wanderungsströme.

Gegenüber der Gesamtbevölkerung besteht die Population der Migranten in hohem Maße aus jüngeren Bürgern und Fachkräften. Mehr als 2/3 der an der Binnenwanderung beteiligten Personen befinden sich im arbeitsfähigen Alter, darunter etwa die Hälfte in der Altersgruppe 18 bis 30 Jahre. Damit ergeben sich auch wesentliche Einflüsse auf die Qualifikations- und Berufsstruktur der Bevölkerung im Territorium.

Bevölkerungszuwanderung konzentriert sich seit Jahren konstant auf die Hauptstadt der DDR, Berlin, die Mehrzahl der Bezirksstädte und mehrere andere Städte, die bevorzugte Standorte der industriellen Entwicklung und des Wohnungsbaus waren.

Unter den Bedingungen des gegenwärtigen, weitgehend ausgeglichenen Reproduktionsniveaus der Bevölkerung in den Bezirken, Stadt- und Landkreisen sowie Gemeinden wird eine Einschränkung gesellschaftlich nicht gewollten Bevölkerungsrückgangs in Landkreisen, insbesondere Landgemeinden unter 2000 Einwohnern, durch eine wesentliche Reduzierung der Zuwanderung in die Städte angestrebt.

Bei der indirekten Einflußnahme auf die Binnenwanderung in der DDR müssen stärker qualitative Anforderungen in den Vordergrund treten. Gesellschaftlich nicht notwendige und ökonomisch uneffektive Binnenwanderung muß weiter reduziert werden. Die gezielte Einflußnahme auf die Binnenwanderung muß stärker qualifikations- und berufsspezifische Anforderungen erfüllen.

Ebenfalls ist von wachsender Bedeutung, daß sich tendenziell sowie in einer territorial als auch sozialstrukturell differenzierten Weise die Struktur (damit auch Rang und Gewichtung) der Wanderungsgründe und -motive ändert. Im gesellschaftlichen Maßstab wird auch in den nächsten Jahren der Wohnungsbau das wichtigste Steuerungsinstrument bleiben. Die Qualität der Wohnung und der Wohnumwelt, die Zahl der Wohnräume und die Wohnungsgröße erlangen wachsende Bedeutung.

Dabei darf die Einflußwirkung einzelner Bedingungen und Faktoren auf die Binnenwanderung nicht verabsolutiert werden. Bei der gezielten Steuerung der Binnenwanderung wachsen die Anforderungen an eine bewußte Einflußnahme auf die Gesamtheit der Lebensbedingungen des jeweiligen Wohnorts bzw. -gebiets in der Komplexität von Arbeits-, Ausbildungs- und Wohnbedingungen, der Möglichkeiten einer sinnvollen Freizeitgestaltung und der Beschaffenheit der Umwelt- und Erholungsmöglichkeiten.

Eine weitergehende Erforschung der Ursachen der Binnenwanderung, deren Gesetzmäßigkeiten und Wirkungen ist dafür unerläßliche Voraussetzung.

5. *Wachstum und Effektivitätssteigerung der Produktion können sich im wesentlichen im Rahmen ihrer gegebenen Standortverteilung vollziehen. Dieses Standortgefüge der Produktion kann durch Rationalisierung der zweiglichen und territorialen Produktionsverflechtungen sowie durch Modernisierung der materiell-technischen Basis auf ein qualitativ höheres Niveau geführt werden. In diesem Prozeß wird zugleich die Ressourcennutzung intensiviert und der spezifische Transportaufwand gesenkt.*

Die Dynamik des Leistungsvermögens der gegebenen Produktion hängt heute und zukünftig von der Vervollkommnung und Weiterentwicklung ihres gegebenen Standortgefüges ab, nicht mehr vorrangig von einer Veränderung ihrer Standortverteilung. Durch entsprechende Spezialisierung und Kooperation, Konzentration und Kombination können im Rahmen der umfassenden Intensivierung die Verflechtungen zwischen den Produktionsstandorten weiter rationalisiert werden.

Durch gemeinsame konzeptionelle Arbeit von Kombinaten, Betrieben und örtlichen Organen kann insbesondere über ein höheres Niveau der territorialen Rationalisierung die territoriale Organisation der Produktion vervollkommnet werden. Dazu gehören u. a. die Verarbeitung der einheimischen Rohstoffe an den Standorten ihres Vorkommens, die Rationalisierung der Standortverteilung der Industrie in den Städten in enger Verbindung mit den Erfordernissen des innerstädtischen Bauens sowie die Herstellung rationeller territorialer Produktionsverflechtungen in der Industrie, zwischen den Produktionsstufen und -standorten der Land- und Nahrungsgüterwirtschaft, zwischen den Standorten der Bau-

stoffgewinnung und -aufbereitung, der Vorfertigung und des Bauens auf der Grundlage der Produktions-Transport-Optimierung.
In diesem Zusammenhang ist auch die standörtliche und technologische Zersplitterung der Produktion und des Forschungspotentials einzuschränken und ein optimales Verhältnis zwischen territorialer Konzentration und relativ gleichmäßiger Verteilung der Produktivkräfte anzustreben. Um die territorialen Reproduktionsbedingungen besser auszuschöpfen und gleichzeitig die Produktionsfunktionen aller Siedlungen zu erhöhen, müssen Produktionskapazitäten verschiedener Größenordnungen (Groß-, Mittel- und Kleinbetriebe der zentral- und bezirksgeleiteten Kombinate) beibehalten bzw. weiter entwickelt werden.

In industrialisierten Landkreisen mit rückläufiger Arbeitskräfteentwicklung und generell in Siedlungen mit begrenztem Arbeitsvermögen gewinnt die Modernisierung und Spezialisierung von Mittel- und Kleinbetrieben zur gezielten Reduzierung der Zahl der Arbeitsplätze bei Aufrechterhaltung eines möglichst vielfältigen Arbeitsplatzangebotes wachsende Bedeutung.

Wissenschaftlich-technische Neuerungsprozesse und volkswirtschaftliche Strukturveränderungen vollziehen sich vorrangig an den gegebenen Standorten der Produktion. Sie werden teilweise allerdings auch zu erheblichen Neuprofilierungen dieser Standorte führen. Die spezifische standörtliche Ausprägung „des Geschicks der Arbeiter" (ihrer produktionsspezifischen Qualifikation) in Verbindung mit der sozialen Bindung der Werktätigen an den Wohn- und Arbeitsort, die Standortverteilung der Produktionsmittel, insbesondere der fest installierten Arbeitsmittel und in der extraktiven Industrie auch der Arbeitsgegenstände, wirken unter diesen Umständen als dominierende Standortfaktoren für die Lokalisierung neuer Aufgaben.

Die Dynamik der Volkswirtschaft wird aber auch künftig zur Herausbildung neuer Elemente im Standortgefüge der Produktion führen. Neulokalisationen und Erweiterungsinvestitionen größeren Ausmaßes sind insbesondere im Zusammenhang mit der Erweiterung der einheimischen Energie- und Rohstoffbasis, der Gewinnung und Verarbeitung von Sekundärrohstoffen und der höheren Veredlung der Rohstoffe zu erwarten. Hier ist die Standorteinordnung durch die Bindung an Lagerstätten, an das Wasserdargebot, aber auch an bereits lokalisierte Produktionen zwecks technologischer Verkettung weitgehend vorgegeben. Auch in der verarbeitenden Industrie können insbesondere aus wissenschaftlich-technischen Neuerungsprozessen prognostisch gewisse Veränderungen in der Standortverteilung notwendig werden.

Die vielfältigen Auswirkungen solcher Veränderungen in der Standortverteilung der Produktion müssen sorgfältig analysiert und prognostiziert werden. Einen besonderen Platz nimmt dabei die Beherrschung des Zusammenhangs von ressourcen- und infrastruktursparenden und -fordernden Wirkungen bei der Einführung des wissenschaftlich-technischen Fortschritts in die Produktion ein. Das gilt ebenso für volkswirtschaftliche Strukturveränderungen und Neuprofilierungen der Produktion.

Durch ausgewogene territoriale und zeitliche Kombination beider Wirkungsrichtungen sind die territorialen Einheiten zu befähigen, mit den gegebenen bzw. sich entwickelnden Ressourcen und der entsprechenden Infrastruktur die wachsenden Aufgaben zu lösen. Prinzipiell sind ressourcenfordernde neue Aufgaben durch Vorlaufrationalisierung mit ressourcenfreisetzenden Effekten im Territorium zu sichern. Umfangreiche zwischenbezirkliche Umverteilungen von Ressourcen sind im Prinzip nicht mehr möglich. Dabei ist stets besonders zu beachten, daß durch die Entwicklung und Vervollkommnung der Standortverteilung der Produktion sowohl die rationelle Nutzung des gesellschaftlichen Arbeitsvermögens als auch die Vollbeschäftigung gewährleistet werden müssen. Die Lösung sozialer Probleme des Wiedereinsatzes freigesetzter Arbeitskräfte ist fester Bestandteil der entsprechenden territorialen Konzeptionen.

6. *Ausreichende Kapazitäten, Funktionstüchtigkeit und hohes qualitatives Niveau der Leistungen der Infrastruktur*[3] *sind territoriale Grundvoraussetzungen für die umfassende Intensivierung in allen Zweigen und Bereichen der Volkswirtschaft und für die immer bessere Befriedigung der Bedürfnisse der Bevölkerung. Die Infrastruktur im Territorium besitzt eine Schlüsselrolle unter den territorialen Reproduktionsbedingungen und wird organisch in die umfassende Intensivierung einbezogen.*

Die Infrastruktur ist ein bedeutender Bestandteil der materiell-technischen Basis des Sozialismus. Sie hat eine Schlüsselrolle unter den Reproduktionsbedingungen der Volkswirtschaft im Territorium. Die Infrastruktur im Territorium beeinflußt sowohl die ökonomische Leistungsfähigkeit aller Betriebe und Einrichtungen als auch das Lebensniveau. Sie ist ein wesentlicher Faktor bei der Durchsetzung der gesellschaftlichen Zielstellungen der Partei der Arbeiterklasse.

Die Infrastruktur hat in der DDR und allen ihren Landesteilen einen auch international beachtlichen Entwicklungsstand erreicht. Im Ergebnis der Wirtschafts- und Sozialpolitik der Partei wurden in nur 40 Jahren gravierende Niveauunterschiede in der infrastrukturellen Versorgung zwischen den Bezirken und Kreisen sowie zwischen Stadt und Land verringert bzw. beseitigt. Insgesamt wurde ein hohes Ausstattungs- und Versorgungsniveau erreicht.

So konnte bereits in allen Landesteilen eine fast ausreichende quantitative Wohnraumversorgung (jeder Haushalt eine Wohnung) erreicht werden. Noch vorhandene Rückstände werden bis 1990 beseitigt. Die Qualität der Wohnungen hat wesentlich zugenommen (1971 hatten 39 Prozent der WE Bad oder Dusche, 1981 bereits 68 Prozent). Die Einrichtungen der Volksbildung sichern allen Kindern gleiche Bildungsmöglichkeiten. Es besteht eine volle Versorgung mit Kindergartenplätzen. Die materiell-technische Basis für die ambulante medizinische Versorgung ist überall gesichert, ebenso die Versorgung mit Waren des täglichen Bedarfs durch den Handel. In der Versorgung mit Krippenplätzen, im Anschlußgrad der Wohnungen an eine zentrale Trinkwasserversorgung, in der Dichte des öffentlichen Personenverkehrs auch auf dem Lande nimmt die DDR

Spitzenpositionen in der Welt ein. Die Energieversorgung ist überall gesichert.

Dieses dichte Netz der Infrastruktur im ganzen Territorium der DDR reicht prinzipiell auch langfristig für die Versorgung von Bevölkerung und Produktion aus.

Einige Kapazitätsarten der Infrastruktur müssen in allen Territorien noch extensiv erweitert werden. Das betrifft z. B. Anlagen zur Abwasserbehandlung, zur zentralen Wärmeversorgung, der Kommunalwirtschaft, der Fernsprechversorgung. Darüber hinaus aber können Extensivmaßnahmen der Infrastruktur auf die Erschließung und Versorgung weniger neuer städtischer Wohngebiete und einiger neuer Industrie- und Bergbauvorhaben beschränkt bleiben. Der Hauptweg zur Entwicklung der Infrastruktur wird, wie in allen Bereichen der Volkswirtschaft, die Intensivierung sein.

Durch Intensivierung in der Infrastruktur können eine höhere Qualität und Kontinuität der Leistungen bei besserer Auslastung der Kapazitäten und Senkung der spezifischen Kosten erreicht werden. Dazu müssen neue wissenschaftliche Erkenntnisse und Technologien sowohl für die einfache und erweiterte Reproduktion infrastruktureller Fonds als auch in der territorialen Organisation der Versorgungssysteme genutzt werden. Diese Orientierung gilt für die soziale und die technische Infrastruktur gleichermaßen.

Eine Besonderheit der technischen Infrastruktur besteht darin, daß sie begrenzt vorhandene Naturressourcen aufbereitet und vermittelt (Wasserwirtschaft, Energiewirtschaft) und daß sie selbst sehr energie- (Verkehrswesen) und flächenintensiv ist. Die volkswirtschaftliche Orientierung zum sparsamsten und rationellsten Einsatz von Energie und Wasser wird damit zum wichtigsten Ausgangspunkt der Intensivierung der technischen Infrastruktur. Die Produktion muß in den nächsten Jahrzehnten ohne bzw. mit geringstem Zuwachs an Energie- und Wassereinsatz und an Tansportbedarf gesteigert werden. Reserven in den Einrichtungen und Anlagen, die mit wenig Aufwand leicht erschlossen werden können, sind in der Infrastruktur kaum noch vorhanden. In noch stärkerem Maße als bisher müssen deshalb Forschung und Entwicklung langfristig auf ökonomisch realisierbare neue Lösungen zur Einsparung von Energie und Wasser, von Transportraum und Transportwegen orientiert werden.

Bei der Durchsetzung von Lösungen des wissenschaftlich-technischen Fortschritts muß zukünftig stärker von den konkreten territorialen Bedingungen ausgegangen werden.

Der wissenschaftlich-technische Fortschritt in Industrie, Landwirtschaft und den nichtmateriellen Bereichen wird neue Anforderungen an die technische Infrastruktur stellen (z. B. Energieversorgung, Abwasserbehandlung, Informationsübertragung) und damit auch neue technische Verfahren und Systeme innerhalb der technischen Infrastruktur erforderlich machen. Von der Qualität dieser Vorleistungen für die Produktion wird deren Effektivität künftig noch stärker abhängen. Mit der zunehmenden Bedeutung der technischen Infrastruktur sind der Havariesicherheit und optimalen Reservehaltung sowie den Anforderungen der Landesverteidigung größere Aufmerksamkeit zu widmen.

Besondere Bedeutung für die volkswirtschaftliche Effektivität hat die Verkehrsinfrastruktur als materielle Voraussetzung der Ortsveränderung im gesellschaftlichen Reproduktionsprozeß.

Ausgehend von der Einschätzung, daß das Verkehrsnetz im Territorium der DDR ausreichend ausgebaut ist, muß die langfristige Entwicklung vor allem auf die weitere Erhöhung der Qualität und Leistungsfähigkeit der Anlagen und Netze auf den wichtigen Verkehrstrassen gerichtet sein.

Zur intensiven Nutzung der vorhandenen Verkehrsinfrastruktur sollten die Methoden der Transportoptimierung, vor allem die Produktions-Transport-Optimierung, in ihrer engen Verflechtung von Zweigeffektivität und territorialer Rationalisierung, umfassend angewendet werden.

Die rationelle Befriedigung der Verkehrsbedürfnisse der Bevölkerung trägt wesentlich zu einem hohen Lebensniveau in allen Landesteilen bei. Schwerpunkte sind die Verbindung von Arbeits- und Wohnstandorten, insbesondere der Berufsverkehr, die Verbindung zu den städtischen und ländlichen Versorgungszentren sowie zunehmend zu den Erholungszentren.

Die Intensivierung in den Infrastrukturbereichen selbst ist geprägt durch die Doppelfunktion der Infrastruktur, wichtige Lebensbedingungen für alle Menschen zu sichern und zu verbessern und gleichzeitig die Produktion kontinuierlich zu versorgen.

Erstrangige Aufgabe der Infrastruktur in der Volkswirtschaft ist es, die territorialen Reproduktionsbedingungen zu gewährleisten. Der Effekt der Intensivierung der Infrastruktur ist dem untergeordnet.

Er zeigt sich häufig nicht in der Ökonomie der Infrastruktur, sondern der Produktion und in der Verbesserung des Lebensniveaus. Er ist in beiden Fällen nicht oder nur schwer zu quantifizieren.

Bei der Einbeziehung der Infrastruktur in die umfassende Intensivierung müssen unterschiedliche Stufen der Bedarfskonzentration wie für dichtbesiedelte Territorien, insbesondere für Städte und für Territorien mit zersplittertem Bedarf, d. h. im ländlichen Siedlungsnetz, unterschieden werden. Davon hängt auch die weitere Vertiefung der Arbeitsteilung in der Infrastruktur ab und die für einen ökonomischen Einsatz moderner Anlagen, Technologien und Organisationsformen erforderliche Konzentration von Infrastrukturkapazitäten.

Unabhängig davon gibt es jedoch in allen Territorien Reserven durch Reduzierung überhöhter, volkswirtschaftlich nicht gerechtfertigter Ansprüche an die Infrastruktur im Territorium auf einen realen, gesellschaftlich anerkennbaren Bedarf mit Hilfe produktionsorganisatorischer oder technologischer Maßnahmen. Bedeutende Reserven wurden mit der territorialen Rationalisierung bereits erschlossen durch gemeinschaftliche Nutzung von Betriebspolikliniken, -kulturhäusern, Krippen und Kindergärten, von Anlagen der Wärmeversorgung, Wasserförderungsanlagen, Fuhrparks u. dgl. Sie sind aber noch nicht voll ausgeschöpft. Derartige Einrichtungen und Anlagen sind oft mit geringem Aufwand im Gemeinschaftsinteresse ausbaufähig. Umgekehrt können in einer Reihe von Betrieben uneffektive Anlagen der Infrastruktur ausgesondert werden.

Basis für die Erschließung aller Reserven ist eine konzentrierte, langfristig aufeinander abgestimmte Nutzung und Entwicklung aller Bestandteile der Infrastruktur im Territorium.

7. *Die Stabilität der Siedlungsstruktur – als komplexe territoriale Strukturform – ist wesentlich für die Effektivität der gesellschaftlichen Reproduktion. Die umfassende Intensivierung schafft günstige Bedingungen für die weitere Entwicklung der Siedlungsstruktur und den weiteren Annäherungsprozeß zwischen Stadt und Land.*

Zeitlich und territorial ist die Entwicklung der Siedlungsstruktur an das grundlegende sozialökonomische Verhältnis von Stadt und Land gebunden. Die weitere Veränderung dieses Verhältnisses hat auch bei der künftigen Gestaltung der entwickelten sozialistischen Gesellschaft eine grundlegende Bedeutung. Dabei besteht als strategisches Ziel, schrittweise weitere wesentliche soziale Unterschiede zwischen Stadt und Land zu überwinden. Die planmäßige proportionale Entwicklung und Gestaltung der Siedlungsstruktur in ihrer funktionellen und territorialen Differenziertheit ist Ausdruck dieses Prozesses und bildet dafür eine komplexe territoriale Bedingung.

Beim Aufbau des Sozialismus in der DDR war das Verhältnis zwischen Stadt und Land durch einen den gesellschaftlichen Erfordernissen entsprechenden territorialen Angleichungsprozeß gekennzeichnet. Dabei entwickelten sich die geringer urbanisierten und industrialisierten Bezirke und Kreise mit überdurchschnittlicher Dynamik auf dem Weg vorwiegend extensiv erweiterter Reproduktion in der materiellen Produktion und in der Infrastruktur. Arbeitskräfte, Investitionen in der Produktion, vor allem in der Industrie und Infrastruktur wurden auf ausgewählte Groß- und Mittelstädte gelenkt. Damit erfolgte auch in diesen Territorien eine hohe territoriale Konzentration der Produktivkräfte. Für eine Fortführung dieses Prozesses, insbesondere der damit verbundenen Funktions-, Bevölkerungs-, Arbeitskräfte- und Substanzreduzierung auf dem Lande – in Kleinstädten und Dörfern –, besteht künftig prinzipiell keine Notwendigkeit mehr.

Mit dem Übergang zur umfassenden Intensivierung der Volkswirtschaft bei der weiteren Gestaltung der entwickelten sozialistischen Gesellschaft ergeben sich für die Entwicklung der Siedlungsstruktur und die weitere Annäherung zwischen Stadt und Land folgende günstige Bedingungen:

- Der für die Groß- und Mittelstädte noch erforderliche Einwohner- und Arbeitskräftezuwachs ist zunehmend durch die demographische Reproduktion ihres eigenen Einwohnerpotentials gewährleistet.
  Damit ist die Reproduktion des gesellschaftlichen Arbeitsvermögens für die hauptsächlich in den Groß- und Mittelstädten konzentrierte Industrie gesichert. Sie wird auf dem Wege der Intensivierung und insbesondere der sozialistischen Rationalisierung weiter entwickelt. Eine Fortsetzung der Zuwanderung aus den Kleinstädten und Dörfern in der Größenordnung der siebziger Jahre ist bis auf wenige Ausnahmen nicht mehr erforderlich.
- Die weitere stabile ökonomische und soziale Entwicklung der Dörfer und intensive Entwicklung der Landwirtschaft erfordern eine Stabilisierung der Bevölkerungs- und Arbeitskräfteentwicklung auf dem Lande. Das Migrationspotential der ländlichen Territorien ist im Gesamtmaßstab der DDR bereits seit Ende der siebziger Jahre ausgeschöpft.
- Mit dem Übergang zur umfassenden Intensivierung im Wohnungs- und Städtebau nimmt der Anteil des Wohnungsneubaus für Ersatzzwecke auf innerstädtischen Standorten besonders in den Groß- und Mittelstädten zu. Der Anteil der Modernisierung am Wohnungsbau wächst. Diese Wohnungen können zunehmend für die weitere Verbesserung der Wohnverhältnisse der in den Städten bereits ansässigen Bürger eingesetzt werden. Gleichzeitig wird bei der komplexen Reproduktion der Wohnbausubstanz in Einheit von Erhaltung, Modernisierung und Neubau eine gleichmäßigere Standortverteilung zugunsten der ländlichen Territorien, der Kleinstädte und Dörfer möglich.

Die strategischen Entwicklungsziele für die weitere planmäßige Ausgestaltung der Siedlungsstruktur in ihrer funktionellen und territorialen Differenziertheit müssen künftig stärker durch wissenschaftliche Untersuchungen untersetzt werden.

8. *Die seit 1952 entstandene politisch-territoriale Gliederung des DDR-Territoriums hat zur Folge, daß sich die Bezirke zu grundlegenden objektiven Wirtschaftsgebieten mit arbeitsteiliger Wirtschaftsstruktur innerhalb der Volkswirtschaft entwickelt haben. Gebietstypische Reproduktionsbedingungen müssen für die umfassende Intensivierung zur Geltung gebracht werden.*

Historisch herausgebildete wirtschaftliche Spezialisierungen und Verflechtungen waren bereits bei der Neubildung der Bezirke der DDR berücksichtigt worden. Mit der seither über mehr als 30 Jahre stabil gehaltenen politisch-territorialen Gliederung des DDR-Territoriums entwickelte und festigte sich die wirtschaftliche Struktur der politisch-territorialen Einheiten einschließlich großräumiger Wirtschaftsgebiete innerhalb der Bezirke und über Bezirksgrenzen hinweg.

Die weitere Rationalisierung dieser gebietswirtschaftlichen Beziehungen ist eine Quelle weiterer Effektivitätserhöhung der Volkswirtschaft und ein wichtiger Faktor für die umfassende Intensivierung.

Dieses Anliegen wird dadurch gefördert, daß die politisch-territorialen Einheiten gleichzeitig mit den Bezirks- und Kreisleitungen der Partei der Arbeiterklasse, den anderen Parteien und Massenorganisationen, mit den gewählten örtlichen Volksvertretungen und ihren Organen, eine tragende Strukturform der sozialistischen Demokratie sind, die sich fest im Bewußtsein und Heimatgefühl der Bürger verwurzelt hat. Die politisch-territoriale Gliederung ist also eine Rahmenbedingung für die Mobilisierung der Initiativen der Werktätigen und aller Bürger, um die territorialen Reproduktionsbedingungen voll für die dynamische Leistungsentwicklung der Volkswirtschaft zu erschließen.

Der erforderliche eigene Beitrag aller Bezirke und

Kreise der DDR zum Leistungszuwachs der Volkswirtschaft erfordert Maßnahmen der umfassenden Intensivierung entsprechend den spezifischen Reproduktionsbedingungen der Bezirke und Kreise. Die örtlichen Volksvertretungen und ihre Organe haben mit diesen Maßnahmen die ihnen unterstellten Betriebe und Einrichtungen entsprechend den zentralen wirtschafts- und sozialpolitischen Beschlüssen zur Durchführung der Hauptaufgabe eigenverantwortlich zu höchstmöglichen Beiträgen für die Effektivität der Volkswirtschaft und für das Lebensniveau zu führen. Sie gewährleisten gleichzeitig, daß alle in ihrem Territorium ansässigen Kombinate und Betriebe die bestmöglichen territorialen Reproduktionsbedingungen für die umfassende Intensivierung auf dem Hauptweg des wissenschaftlich-technischen Fortschritts erhalten.

Die zentrale staatliche Leitung und Planung muß dazu immer bessere gesamtgesellschaftliche und -volkswirtschaftliche Rahmenkonzeptionen für die langfristige ökonomische und soziale Entwicklung der Hauptstadt sowie der Bezirke schaffen. Besonderer Aufmerksamkeit bedürfen dabei die Städte, insbesondere die Bezirks- und Kreisstädte.

Mit diesen zentralen Konzeptionen, an deren Erarbeitung die örtlichen Organe aktiv mitwirken, muß die funktionsteilige Einheit der gesellschaftlichen Reproduktion in den erforderlichen Zweig- und Territorialproportionen gewährleistet werden. Dabei ist bereits die Weiterentwicklung der gesellschaftlichen Arbeitsteilung einschließlich der territorialen Arbeitsteilung einzubeziehen und damit auch die weitere Funktionsspezialisierung der Bezirke und Kreise sowie der Städte.

Auch diese Aufgabe erhöht die Ansprüche an den entsprechenden wissenschaftlichen Vorlauf zur Standortverteilung der Produktivkräfte in der DDR.

Gegenwärtig lassen sich nach den territorialen Reproduktionsbedingungen folgende hauptsächliche Gebietstypen mit differenziertem Entwicklungsstand der Produktivkräfte und differenzierten Entwicklungstrends unterscheiden:

- Die *Hauptstadt der DDR, Berlin,* nimmt infolge der höchsten Konzentration von politischen, ökonomischen, sozialen, wissenschaftlichen und kulturellen Funktionen im funktions- und arbeitsteiligen System der Volkswirtschaft und der gesellschaftlichen Reproduktion als Zentrum der Arbeiter- und Bauernmacht insgesamt eine besondere Stellung ein. Die Hauptstadt hat aufgrund ihres spezifischen Produktionsprofils und der lokalen Konzentration und Kombination von Produktion und Wissenschaft als größte Industriestadt der DDR auch eine besondere Rolle bei der weiteren Entwicklung und Durchsetzung des wissenschaftlich-technischen Fortschritts.
- Als Werk der ganzen Republik wird die Ausgestaltung des sozialistischen Berlin als Hauptstadt der DDR so weitergeführt und vollendet, daß in ihr die großen politischen, sozialen und ökonomischen Errungenschaften des Sozialismus konzentriert zum Ausdruck kommen. Auf der Basis einer so wachsenden Einwohner- und Arbeitskräftezahl wird sich auf der Grundlage der spezifischen Reproduktionsvorzüge und -erfordernisse die gesamtgesellschaftliche Bedeutung der Hauptstadt durch kontinuierlichen Leistungszuwachs und wachsende Leistungen für die Verbesserung der Arbeits- und Lebensbedingungen der Bürger weiter erhöhen. Ihre Stellung als politisches, wirtschaftliches, wissenschaftliches und geistig-kulturelles Zentrum des gesamten Landes wird weiter ausgebaut.
- Als weitere *Ballungsgebiete* haben sich großräumige (jeweils mehrere Kreise umfassende) Territorien mit hochgradiger Verdichtung von Bevölkerung, Produktion, Wissenschaft und Infrastruktur in den Bezirken Halle, Leipzig, Karl-Marx-Stadt und Dresden entwikkelt.
  Die darin liegenden Vorzugsbedingungen für die Effektivität der Volkswirtschaft, insbesondere für die umfassende Intensivierung, müssen um so dringlicher ausgeschöpft werden, als das gesellschaftliche Arbeitsvermögen in diesen Territorien rückläufig sein wird. Mit zunehmender innergebietlicher Komplexität und durch Ausschöpfung aller Möglichkeiten der rationellen Kooperation und Kombination auf engem Raum benachbarter Produktions- und Wissenschaftskapazitäten bei ausgebauter technischer Infrastruktur lassen sich die Beiträge der Ballungsgebiete zum Leistungsvermögen der Volkswirtschaft weiter erhöhen. Im Zusammenhang damit müssen eine ständig höhere Verfügbarkeit der Naturressourcen gesichert und schrittweise ein ausgewogenes Verhältnis von Ökonomie und Ökologie in den Ballungsgebieten angestrebt werden.
- Weitere *Industriegebiete* konzentrieren sich in der DDR auf die den Ballungsgebieten benachbarten Kreise sowie auf weitere Kreise der Bezirke Erfurt, Gera, Suhl, Cottbus und Magdeburg.
  Diese Territorien haben trotz geringeren territorialen Konzentrationsgrades ähnliche Merkmale wie die Ballungsgebiete und ähnliche Reproduktionsvorzüge, verstärkt durch eine im wesentlichen gleichbleibende Bevölkerungsentwicklung. Unter Nutzung dieser territorialen Vorzüge kann vor allem durch weitere Rationalisierung der innergebietlichen Reproduktionsbeziehungen, den weiteren Ausbau der Beziehungen zwischen den städtischen Zentren und ihrem Umland und der zwischengebietlichen Kooperation ein stetiges Leistungswachstum gefördert werden.
- *Mischgebiete,* deren Wirtschaftsfunktionen gleichermaßen durch Landwirtschaft und Industrie bestimmt werden, sind in den Bezirken Neubrandenburg, Rostock und Schwerin verbreitet, aber auch in Teilen der anderen Bezirke. Die Industrieentwicklung ist hier vielfach erst ein Ergebnis der sozialistischen Entwicklung.
  Durch intensive Nutzung der mit den gegebenen industriellen Potenzen, z. T. auch durch eine Verstärkung der innergebietlichen Kooperationsbeziehungen zwischen den Industriebetrieben sowie zwischen Industrie und Landwirtschaft, lassen sich in diesen Territorien weitere Leistungsreserven erschließen. Dabei hat die qualitative Weiterentwicklung der Kreisstädte besondere wirtschafts- und sozialpolitische Bedeutung.
- *Agrarische Gebiete mit entwickelten städtisch-industriellen Zentren* haben sich vor allem im mittleren und nördlichen Teil des DDR-Territoriums herausgebildet.

Mit ihrem z.T. bedeutenden ökonomischen, z.T. auch wissenschaftlichen, sozialen und kulturellen Potential fördern die Zentren durch ihre eigene Entwicklung zugleich die Entwicklung des Umlandes.

- *Agrarische Gebiete* im Norden der DDR werden überwiegend durch die Land- und Nahrungsgüterwirtschaft profiliert. Ihre Spezialisierung auf diesen Bereich der Produktion steht im Zusammenhang mit spezifischen natürlichen Bedingungen sowie der territorialen Qualifikation und Arbeitserfahrung der Werktätigen.
  Ihr entsprechen Besonderheiten der Siedlungsweise und der Bevölkerungsstruktur. Die Spezifik dieser agrarischen Gebiete kann durch Erweiterung der Produktionsfunktionen, vor allem durch eine an die landwirtschaftliche Produktion gebundene weitere Industrialisierung oder auch durch den Ausbau von Dienstleistungsfunktionen, des Erholungswesens u.a.m. stärker zur Geltung gebracht werden.
  Auch hier spielt die qualitative Weiterentwicklung der städtischen Zentren, insbesondere der Kreisstädte, eine wichtige Rolle.

Die gebietstypischen Reproduktionsbedingungen sind eine Quelle für kontinuierlichen Effektivitätszuwachs der Volkswirtschaft und für die weitere Entwicklung der Lebensbedingungen im ganzen Land.

9. *Naturressourcen und natürliche Umwelt bilden standortgebundene Vorzugsbedingungen von Territorien für die gesellschaftliche Reproduktion. Es sind die Voraussetzungen zu schaffen, die ihre Verfügbarkeit entsprechend den Erfordernissen der intensiv erweiterten Reproduktion der Volkswirtschaft ständig erhöhen.*

Die Naturbedingungen in den Territorien werden hauptsächlich durch

- Minderung des Anfalls von Abprodukten durch Entwicklung und Einführung abprodukt-, wasser- und energiearmer Verfahren,
- ständig bessere Verwertung anfallender umweltbelastender Abprodukte und Erhöhung der Verfügbarkeit der regenerierbaren Naturressourcen Luft, Wasser, Boden, Flora, Fauna durch langfristige Maßnahmen der Wertstoffrückgewinnung aus Abprodukten und Abwasser

rationell genutzt und geschützt.

Verfahren zur rationelleren stoffwirtschaftlichen Verwertung von Primärrohstoffen, zur Schaffung geschlossener Stoffkreisläufe, Verfahren für die Wertstoffrückgewinnung aus Abprodukten und für die industrielle Nutzung biotechnologischer Prozesse, energiesparende Verfahren und effektive Energieumwandlungsprozesse sowie wassersparende und wasserlose Verfahren müssen entsprechend der territorial differenzierten Belastung der Umwelt eingesetzt werden. Vorrang haben die industriellen Ballungsgebiete. Hier wird zugleich der größte volkswirtschaftliche Effekt erzielt. Maßnahmen zur Rauchgasentschwefelung, zur weiteren Reduzierung der Stickstoffemission und zur Entstaubung in Verbindung mit Schadstoffrückhaltung und -verwertung müssen außer auf die Ballungsgebiete vor allem auf Erholungsgebiete und Wälder konzentriert werden. Maßnahmen zur Rückgewinnung von Wertstoffen aus dem industriellen und kommunalen Abwasser sollten vorrangig in den Flußgebieten von Elbe, Saale, Mulde und Spree durchgeführt werden.

Die Rückgewinnung von Wertstoffen aus Abprodukten hat immer einen doppelten Effekt. Sie reduziert Umweltbelastungen im Territorium und reduziert die volkswirtschaftlich notwendige Gewinnung einheimischer Rohstoffe und den Import. Das hat für die DDR um so größere Bedeutung, als der gebietswirtschaftliche Aufwand sich immer mehr erhöht und zu einer Schlüsselfrage des volkswirtschaftlich vertretbaren Aufwands bei allen mineralischen Rohstoffen geworden ist.
Ebenso kann in den Territorien durch geeignete Maßnahmen für den Schutz und die rationelle Nutzung von Naturressourcen zu einer weiteren Stabilisierung der Erträge in der Land- und Forstwirtschaft sowie zur Erhaltung der Gesundheit der Bürger beigetragen werden.

Einzelmaßnahmen von Kombinaten, Betrieben und örtlichen Organen zur Nutzung und zum Schutz von Naturressourcen sowie zur planmäßigen Gestaltung der natürlichen Umwelt müssen verstärkt im territorialen Zusammenhang koordiniert werden. Das muß zunehmend durch ökonomische Hebel in Verbindung mit modernen Mitteln und Methoden der Leitung und Planung des Umweltschutzes unterstützt werden. Ökonomische Hebel setzen Aufwand-Nutzen-Vergleiche im territorialen Maßstab voraus.

10. *Das Generalschema trägt den Charakter eines Vorplanmaterials und ist Bestandteil der konzeptionellen Vorbereitung der Volkswirtschaftspläne.*

Als Instrument der Prognostizierung der Standortverteilung der Produktivkräfte in der DDR ist das Generalschema eine Anwendung sowjetischer Erfahrungen auf die konkreten Bedingungen der DDR als einem kleineren sozialistischen Land mit entwickelter Zweig- und Territorialstruktur der Reproduktion.

Die Aufgabenstellung des Generalschemas basiert auf den Beschlüssen der Sozialistischen Einheitspartei Deutschlands zur Gesellschafts- und Wirtschaftsstrategie bei der Gestaltung der entwickelten sozialistischen Gesellschaft.

Zu ausgewählten Schwerpunkten der Standortverteilung der Produktivkräfte werden problemorientiert Analysen und Prognosen erarbeitet. Die Arbeit am Generalschema ist damit zugleich praxisorientiert.

Die Schwerpunkte werden unter dem Aspekt ausgewählt, daß im Ergebnis der Analysen und Prognosen eine Gesamtaussage möglich ist, die dem komplexen Charakter der Territorialstruktur des gesellschaftlichen Reproduktionsprozesses in seiner Einheit von politischen, ökonomischen, sozialen, militärökonomischen und natürlichen Faktoren entspricht.

Folgende Komplexe haben sich als unbedingt erforderliche Bestandteile des Generalschemas erwiesen:

- Territorialstruktur der Bevölkerung und des gesellschaftlichen Arbeitsvermögens,
- Standortverteilung der mineralischen Rohstoffwirtschaft,

- Standortverteilung der verarbeitenden Industrie,
- Standortverteilung der Land- und Nahrungsgüterwirtschaft,
- Standortverteilung des Bauwesens,
- Standortverteilung der technischen und sozialen Infrastruktur,
- Entwicklung ausgewählter Gebiete,
- territoriale Entwicklung von Naturressourcen und Umweltbedingungen.

Das Generalschema trägt den Charakter eines Vorplanmaterials. Es stellt eine wissenschaftlich fundierte Entscheidungshilfe für zentrale und örtliche Partei-, Staats- und Wirtschaftsorgane dar. Das Vorplanmaterial dient der Vorbereitung des nächstfolgenden Fünfjahrplanes der Volkswirtschaft. Es ist kein Plan und liefert keine umfassende territoriale Vorbilanzierung der Volkswirtschaft.

Die Forschungsarbeit zum Generalschema wird interdisziplinär als Gemeinschaftsarbeit von Vertretern der Wirtschaftswissenschaft und anderer Gesellschaftswissenschaften, wie Soziologie, Demographie, Philosophie sowie von Natur- und Technikwissenschaften organisiert.

Außer wissenschaftlichen Einrichtungen arbeiten am Generalschema zentrale und örtliche Staatsorgane (Ministerien bzw. Räte der Bezirke und Kreise) sowie deren wissenschaftliche Institute mit.

Ein hohes Niveau der Forschungsarbeit wird besonders dann erreicht, wenn die für die Prognose der Produktivkräfte verantwortlichen Einrichtungen auch die Prognose der Standortverteilung dieser Produktivkräfte erarbeiten.

Die aus den Analysen und Prognosen resultierenden Schlußfolgerungen und Vorschläge zur weiteren Gestaltung der Territorialstruktur der Reproduktion werden nach staatlichen Verantwortungsebenen adressiert.

Der Zeithorizont des Generalschemas beträgt etwa 15 bis 20 Jahre. In Abhängigkeit vom Ablauf der Reproduktionszyklen und ihrer Überschaubarkeit wird er für die einzelnen Teilstrukturen differenziert gewählt.

Übereinstimmend mit sowjetischen Erfahrungen wird die Arbeit am Generalschema als ein ständiger kontinuierlicher Prozeß der Gemeinschaftsarbeit organisiert.

Anmerkungen

[1] Infrastrukturelle Grundversorgung im Territorium ist gekennzeichnet durch:
- ausreichende Wohnraumversorgung und zukünftig auch volle sanitäre Ausstattung der Wohnungen,
- Einkaufsmöglichkeit für Waren des täglichen Bedarfs in angemessener Entfernung vom Wohnort,
- Anschluß an Elektroenergienetz und zentrale Trinkwasserversorgung,
- Erreichbarkeit von Schule bzw. Kindergarten mit zumutbarem Zeitaufwand,
- gesicherte allgemeine medizinische Versorgung,
- Möglichkeit, sich überall am gesellschaftlichen Leben zu beteiligen,
- für jedes Dorf Erreichbarkeit einer qualitativ höheren infrastruktuellen Ausstattung in ländlichen Siedlungszentren oder Städten durch Anschluß an die Kommunikationsnetze

[2] Territoriale Reproduktionsbedingungen sind im engeren Sinne die ubiquitären Elemente der Territorialstruktur, das gesellschaftliche Arbeitsvermögen, die natürlichen Ressourcen, wie Fläche und Wasser, und die Infrastruktur. Im weiteren Sinne wird dazu auch die territoriale Spezialisierung, Konzentration, Kombination und Kooperation der Produktion gerechnet.

[3] Unter Infrastruktur wird die Gesamtheit der Einrichtungen und Anlagen verstanden, die als allgemeine Produktions- und Lebensbedingungen in jedem Territorium vorhanden sein müssen. Wichtige Merkmale der Infrastruktur sind:
a) Sie dient der Versorgung der Bevölkerung und ist für die Funktionsfähigkeit aller Betriebe und Einrichtungen eines Territoriums erforderlich.
b) Sie muß jederzeit entsprechend dem tages- und jahreszeitlichen unterschiedlichen Bedarf verfügbar sein.
c) Sie muß für Bevölkerung und Wirtschaft in ihrer Komplexität vorhanden sein.
d) Durch hohe Fondsintensität und durch ihre standörtliche Verflechtung zu ihren Nutzern ist sie sehr standortstabil und langlebig.

Die soziale Infrastruktur umfaßt die Einrichtungen und Anlagen, die ausschließlich der Bevölkerung dienen und über die Reproduktion der Arbeitskraft die Wirtschaft beeinflussen.

Die technische Infrastruktur dient direkt sowohl der Bevölkerung als auch der Wirtschaft.

2. REFERAT

Werner Ostwald

Die Territorialstruktur der gesellschaftlichen Reproduktion als Bedingung und Gegenstand der umfassenden Intensivierung

Das Programm der Sozialistischen Einheitspartei Deutschlands[1] enthält wichtige Anforderungen zur Gestaltung territorialer Proportionen des Reproduktionsprozesses der sozialistischen Gesellschaft und schließt sie organisch in die grundsätzlichen Erfordernisse zur Erfüllung der historischen Mission der Arbeiterklasse ein.

Auf dem X Parteitag der SED begründete der Generalsekretär des Zentralkomitees, Erich Honecker, daß „die Leitung und Planung der territorialen Entwicklung zunehmend Bedeutung für die weitere Intensivierung des volkswirtschaftlichen Reproduktionsprozesses erhält. Vor allem geht es darum, im jeweiligen Territorium ein richtiges Verhältnis zwischen der Arbeit, den Bildungsmöglichkeiten, den Wohn- und Erholungsbedingungen, der Betreuung und Versorgung der Bürger zu sichern. Jedes Staatsorgan, gleich welcher Ebene, muß beachten, daß alle Entscheidungen in den Bezirken, Kreisen, Städten und Gemeinden, besonders Investitionsentscheidungen, langfristige Wirkungen auslösen. Daher müssen sie stets auch auf die Erfordernisse späterer Entwicklungsphasen ausgerichtet sein."[2]

Erneut wies Erich Honecker in seinen Reden auf der 7. und 9. Tagung des Zentralkomitees sowie vor den ersten Kreissekretären auf die Wichtigkeit der territorialen Reproduktionsbedingungen für die Erschließung aller Potenzen zur umfassenden Intensivierung hin.[3]

Das Programm der SED macht zu einem politischen Grundanliegen, die wesentlichen Unterschiede zwischen Stadt und Land allmählich zu überwinden. Es fixiert für die planmäßige Gestaltung der entwickelten sozialistischen Gesellschaft dazu ein strategisches Ziel, das bis in die Perspektive des allmählichen Übergangs zur höheren Phase der kommunistischen Gesellschaftsformation reicht.

Damit wird ein vom Marxismus-Leninismus wissenschaftlich-begründetes Ziel aufgenommen und historisch konkretisiert.

Marx, Engels und Lenin haben bekanntlich in ihren Arbeiten der territorialen Struktur des Reproduktionsprozesses der Gesellschaft große Aufmerksamkeit gewidmet. Marx schrieb in diesem Zusammenhang, daß alle Elemente und Prozesse der gesellschaftlichen Entwicklung objektiv an Standorte der Erde, an ein Territorium gebunden sind.[4] Das gesellschaftliche Leben der Menschen, ihre Produktion, die Befriedigung aller Bedürfnisse vollziehen sich unter konkreten territorialen Bedingungen, die von Natur aus und im Ergebnis der gesellschaftlichen Tätigkeit der Menschen von Ort zu Ort, von Gebiet zu Gebiet verschieden sind[5] und in dieser Verschiedenheit die Effektivität der wirtschaftlichen Tätigkeit mitbestimmen. Die Klassiker kennzeichneten die Erde, das Territorium, als gegenständliche Bedingung für das Stattfinden des Arbeitsprozesses, das dem Arbeiter den Standort und seinem Arbeitsprozeß den Wirkungsraum gibt, wie Karl Marx im Kapital schrieb.[6] Die Klassiker erkannten, daß die gesellschaftlichen Prozesse aufgrund der territorialen Arbeitsteilung gebietlich differenziert verlaufen und sich deshalb alle wirtschaftlichen Prozesse in Abhängigkeit von ihren territorialen Organisationsformen vollziehen.[7] Dieser territorialen Differenziertheit und der territorialen Organisation, also der Territorialstruktur der gesellschaftlichen Reproduktion, gaben sie einen elementaren Stellenwert für die Effektivität der Reproduktion.

Die Sozialistische Einheitspartei Deutschlands hat von Anbeginn des Aufbaus und der Gestaltung der sozialistischen Gesellschaftsordnung diesen Lehren der Klassiker konsequent und kontinuierlich entsprochen.

Die bewußte Gestaltung des Verhältnisses zwischen Stadt und Land, die planmäßige Entwicklung der Bedingungen der Produktion und des gesellschaftlichen Lebens, unter Einbeziehung der wirtschafts- und sozialstrukturellen Besonderheiten von Bezirken, Kreisen, Städten und Gemeinden sowie der Proportionen zwischen ihnen, gehören zum politischen Grundanliegen der sozialistischen Gesellschaftsordnung in der Deutschen Demokratischen Republik.
Sie fanden in allen Beschlüssen der SED über gesellschaftsstrategische Zielstellungen und Maßnahmen ihren Niederschlag. Unter Führung der Partei der Arbeiterklasse werden sie durch die sozialistische Staatsmacht organisch in die Durchführung der Wirtschafts- und Sozialpolitik einbezogen.

Von diesem Grundanliegen wird auch bei der Gestaltung des politisch-territorialen Gesellschafts- und Staatsaufbaus als einem System sozialer Gemeinschaften auf den Ebenen der Bezirke, Kreise, Städte und Gemeinden ausgegangen. Die politische und staatliche Leitung nach diesem System bewährt sich seit mehr als 30 Jahren und wird entsprechend den Prinzipien des demokratischen Zentralismus zunehmend vervollkommnet. In den territorialen Einheiten wird die enge Verbindung von ökonomischen und sozialen Prozessen, die für den Übergang zur umfassenden Intensivierung kennzeichnend und notwendig ist, konkret und planmäßig hergestellt.

Das erweist sich u.a. bei der Schwedter Initiative, wenn es darum geht, zur Erhöhung der Arbeitsproduktivität die Gewinnung von Werktätigen für andere Arbeitsaufgaben in Betrieb und Territorium von vornherein mit den Werktätigen so vorzubereiten und durchzuführen, daß keine sozialen und arbeitsrechtlichen Konflikte entstehen.

Die Einbeziehung des territorialen Aspekts in die planmäßige Gestaltung des Reproduktionsprozesses erschließt Triebkräfte des Sozialismus und löst neue aus. Die Einheit von Zweig- und Territorialprinzip in der Leitung und Planung der Volkswirtschaft ist dabei Gegenstand und Bedingung der intensiv erweiterten Reproduktion.

Bei der Verwirklichung dieses Grundanliegens konnten wir uns in allen Phasen auf die großen historischen Erfahrungen der Sowjetunion stützen, woran es sich zum 40. Jahrestag der Befreiung vom Faschismus besonders zu erinnern gilt. Praxis der sowjetischen Wirtschaft und Gesellschaft, der wirtschaftlichen und sozialen Politik der KPdSU sowie marxistisch-leninistische Gesellschafts- und Wirtschaftstheorie der Sowjetwissenschaft liegen als historische Erfahrungen vor. Der territoriale Aspekt der Produktion und des gesellschaftlichen Lebens nimmt seit Jahrzehnten einen herausragenden Platz bei der Gestaltung der entwickelten sozialistischen Gesellschaft ein. Dies ist nicht allein der Größe des Territoriums der UdSSR geschuldet, sondern gehört in Übereinstimmung mit den Lehren der Klassiker des Marxismus-Leninismus zu den wesentlichen Fragen der Theorie und Praxis des Sozialismus überhaupt.[8]

Wir sind in diesem Sinne geprägt von vier Jahrzehnten des Lernens von der Sowjetunion, angefangen von der Anwendung sowjetischer Erfahrungen bei der Industrialisierung von Agrargebieten bis zur Übernahme so umfassender wissenschaftlicher Instrumentarien, wie es z. B. das Generalschema für die Standortverteilung der Produktivkräfte darstellt, wovon auf der heutigen Tagung die Rede sein soll.

Als Ergebnis der zielstrebigen und kontinuierlichen Integration des territorialen Aspekts in die Wirtschafts- und Sozialpolitik der Sozialistischen Einheitspartei Deutschlands kann historisch abgerechnet werden, daß in der Deutschen Demokratischen Republik eine Territorialstruktur geschaffen wurde, deren Wesenszüge und Grundproportionen in wesentlichen den Erfordernissen der entwickelten sozialistischen Gesellschaft entsprechen.

Durch teilweise Umschichtung zweiglicher und territorialer Strukturen der Volkswirtschaft wurden die gravierenden territorialen Disproportionen, die uns die kapitalistische Vergangenheit und die imperialistische Spaltung hinterlassen hatten, mit dieser Politik im wesentlichen überwunden.

Überwunden wurde der bedeutende wirtschaftliche und soziale Rückstand einzelner Territorien, wie des ehemaligen Mecklenburg und des Eichsfeldes.

Überwunden wurde durch die sozialistische Industrialisierung, daß das ehemalige Land Sachsen im Jahre 1950 mit nur 16 % der Fläche 37 % der Industrieproduktion erbrachte, die Länder Mecklenburg und Brandenburg mit 50 % der Fläche dagegen nur 14 % der Produktion. In den Jahren 1955 bis 1975 entfielen auf diese bis 1945 rückständig gewesenen Territorien nahezu 60 % des Zuwachses der Industriebeschäftigten der DDR im Zusammenhang mit der Neulokalisierung oder Erweiterung von Industriebetrieben.

Überwunden wurde im Prozeß der Industrialisierung gleichzeitig die disproportionale territoriale Verteilung der Arbeiterklasse und der übrigen Klassen und Schichten der Bevölkerung im Territorium. In allen Bezirken der DDR ist inzwischen eine politisch und fachlich hochqualifizierte Arbeiterklasse angesiedelt. Statistisch drückt sich das in einem Anteil der in Industrie und Bauwesen Beschäftigten (also des Kerns der Arbeiterklasse) zwischen 30 und 56 % aus. In den Bezirken Schwerin und Neubrandenburg lag dieser Anteil im Jahre 1955 bei 16 bzw. 13 %, heute bei etwa 32 bzw. 30 %. Der Anteil der Arbeiterklasse hat sich in diesen Territorien im Sozialismus also teilweise mehr als verdoppelt.

Eine solche territoriale Verteilung der Arbeiterklasse sichert die führende Rolle der Partei in allen Landesteilen, sowohl in wirtschafts- und sozialpolitischer Beziehung als auch hinsichtlich der Standhaftigkeit der Territorien.

Der Prozeß der Industrialisierung und einer gewissen territorialen Umverteilung der Arbeiterklasse war verbunden mit einer Vervollkommnung des Netzes unserer Städte als den territorialen Zentren der Arbeiterklasse, als Zentren der Produktion, der Wissenschaft, des Wohnens, der Versorgung, der Bildung und des geistig-kulturellen Lebens. Selbst die Bezirke der Deutschen Demokratischen Republik mit der geringsten Bevölkerungsdichte haben heute eine Stadt auf 1000 km^2, Netzdichten von fast 10 km Eisenbahn und mehr als 50 km Straße je 100 km^2 Fläche.

Das sind im europäischen Vergleich hohe Werte der Erschließung des Territoriums der DDR.

Die Infrastruktur wurde dazu in diesem historischen Prozeß ebenfalls in allen Landesteilen entwickelt, sowohl die technische Infrastruktur zur Energie-, Wasser- und Verkehrsversorgung im Territorium als auch die Wohnstätten und die gesamte übrige soziale Infrastruktur. Die Infrastruktur in den Städten mußte dabei teilweise oder sogar völlig neu investiert werden.

Zugleich wurde mit der Entwicklung der sozialistischen Agrarproduktion und der nichtlandwirtschaftlichen Produktion auf dem Lande eine durchgreifende quantitative und qualitative Verbesserung der Arbeits- und Lebensbedingungen in den ländlichen Siedlungen durchgesetzt. Der als kapitalistisches Erbe übernommene Rückstand der Infrastruktur-Ausstattung der Dörfer gegenüber den Städten, der besonders kraß in den vom Großgrundbesitz geprägten ländlichen Territorien war, wurde weitgehend überwunden.

Die Beseitigung grundlegender territorialer Disproportionen zwischen industriellen Ballungsgebieten und ehemals rückständigen Agrargebieten sowie zwischen Stadt und Land wurde überdies so vollzogen, daß trotz einer gleichmäßigeren Standortverteilung der Produktivkräfte die bestehende territoriale Konzentration der Bevölkerung und aller materiell-gegenständlichen Produktivkräfte in den Ballungsgebieten als Konzentration der Arbeiterklasse, der Produktion, der Wissenschaft und Technik mit all ihren Fühlungsvorteilen nicht beseitigt wurden, sondern daß dieser Reproduktionsvorzug für die Volkswirtschaft erhalten blieb.

Mit dieser erfolgreichen Bilanz der Politik der Partei der Arbeiterklasse bei der Herstellung wirtschaftlicher und sozialer Proportionalität in der territorialen Verteilung der Produktivkräfte soll keineswegs über einige noch vorhandene oder sich auch neu herausbildende Widersprüche in der Territorialstruktur hinweggesehen werden. Das betrifft z. B. territoriale Unterschiedlichkeiten in der Effektivität des Ressourceneinsatzes, in der Intensität des Energie- und Materialverbrauchs, in der Arbeitsproduktivität. Es geht aber auch um territoriale Unterschiedlichkeiten in den Wohnbedingungen, den Bedingungen zur Naherholung der Bürger, überhaupt den Umweltbedingungen, um Unterschiedlichkeiten in der Leistungsfähigkeit der technischen und sozialen Infrastruktur im Zusammenhang mit unterschiedlichem Bauzustand und Verschleißgrad u. ä.

Das sind nicht gerechtfertigte territoriale Niveauunterschiede, die nicht hingenommen werden, weil sie in einigen Territorien einer vollen Entfaltung aller Triebkräfte des Sozialismus entgegenstehen.

Ihre planmäßige Überwindung steht im Mittelpunkt jedes Planansatzes. Fortschritte hierzu sind ständig abrechenbar, beispielsweise in der überdurchschnittlichen Zuwachsrate bei der modernen sanitärtechnischen Ausstattung der Wohnungen im Bezirk Karl-Marx-Stadt, einem Bezirk mit einem bisher im Zusammenhang mit dem Alter der Wohnsubstanz unterdurchschnittlichen Ausstattungsniveau.

Solche im Prozeß der weiteren erfolgreichen Gestaltung der sozialistischen Gesellschaft zu überwindenden territorialen Niveauunterschiede haben nichts zu tun mit den ehemals gravierend gewesenen territorialen Disproportionen aus kapitalistischer Vergangenheit und imperialistischer Spaltung, mit denen wir noch vor drei Jahrzehnten konfrontiert waren.

Die im Ergebnis der Wirtschafts- und Sozialpolitik der Sozialistischen Einheitspartei Deutschlands planmäßig herausgebildete Territorialstruktur ist im Landesmaßstab der DDR den Anforderungen bei der weiteren Gestaltung der entwickelten sozialistischen Gesellschaft gewachsen. Sie enthält Reserven für den Prozeß der weiteren umfassenden Intensivierung, für die Leistungsentwicklung der Produktion und für die weitere Verbesserung der Arbeits- und Lebensbedingungen der Bevölkerung.

Im Gegensatz zu diesen Erfolgen der sozialistischen Standortpolitik in der DDR steht die erfolglose Raumordnungspolitik in den entwickelten kapitalistischen Industrieländern.

Trotz einer umfangreichen analytischen und konzeptionellen Forschungsarbeit zur Standortverteilung der Produktivkräfte in diesen Ländern, der sogenannten Raumforschung, die teilweise interessante technische Ergebnisse hervorbringt, kann die kapitalistische Raumordnungspolitik nicht verhindern, daß der Gegensatz zwischen Stadt und Land fortbesteht und sich in vielen Ländern weiter verschärft. Das äußert sich vor allem im Wachstum von Zentren moderner Industrien einerseits und wirtschaftlicher Stagnation sowie Bevölkerungsschwund vieler Agrargebiete andererseits. Dabei ist die Arbeitslosigkeit selbst in den Zentren des ökonomischen Wachstums beträchtlich. Dem Zerfall vieler Innenstädte, dem Mietwucher insbesondere in den Großstädten, der hohen Umweltbelastung in den Ballungszentren folgt eine fortschreitende Suburbanisierung, verbunden mit relativen Bedeutungsverlusten vieler Großstädte und traditioneller Zentren. Dem entspricht ein gewisser Bedeutungsgewinn von mittleren und kleineren Städten, in denen das Kapital unter den Bedingungen des wissenschaftlich-technischen Fortschritts bessere Verwertungsbedingungen findet. Zum Beispiel sei hier der Einsatz von Robotern und Mikroelektronik in kleineren Betrieben, die in kleineren Siedlungen lokalisiert sind, genannt.

Insgesamt wird die territoriale Struktur der kapitalistischen Gesellschaft weiterhin wesentlich durch den Gegensatz zwischen Stadt und Land geprägt.[9]

Hinzu kommt, daß die chronische Finanznot der Länder und Gemeinden zu Zugeständnissen an die Monopole beim Einsatz von regionalen und lokalen Ressourcen führt. Das alles wird noch begünstigt durch die politisch-territorialen Reformen. Mit ihnen wurde zum Beispiel in der BRD das Territorium der Städte ständig vergrößert, das der Kreise in zehn Jahren (1968 bis 1978) mehr als verdoppelt. Die Zahl der kreisfreien Städte ging in diesen zehn Jahren von 135 auf 91 zurück, die der Kreise wurde von 400 auf 200 halbiert und die Zahl der kreisangehörigen Gemeinden sogar von 24000 auf 8000, d. h. auf ein Drittel, reduziert.

Entsprechend der Erkenntnis, daß das Territorium zunehmend zu einem Schwerpunkt für die weitere Durchsetzung der ökonomischen Strategie wird, wurde die Territorialforschung mit dem Zentralen Forschungsplan der marxistisch-leninistischen Gesellschaftswissenschaften der DDR 1981 bis 1985[10] beauftragt, eine problem- und praxisorientierte Analyse der Standortverteilung der Produktivkräfte in der DDR einschließlich einer Prognose für deren weitere Entwicklung bis zum Jahr 2000 anzufertigen. Die Arbeit trägt den Charakter eines Vorplanmaterials und hat die Aufgabe, Vorlauf für den Ansatz zum Fünfjahrplan 1986 bis 1990 zu schaffen.

Das Generalschema für die Standortverteilung der Produktivkräfte in der DDR wurde im Zusammenwirken mehrerer Wissenschaftsdisziplinen sowie zentraler und örtlicher Staatsorgane nach sowjetischem Vorbild erarbeitet und vor der Leitung der Staatlichen Plankommission und dem Hauptgebietsrat für Fragen der Standortverteilung der Produktivkräfte erfolgreich verteidigt.

Danach wurde neben der Praxisumsetzung an einer theoretischen Verallgemeinerung der erzielten Erkenntnisse gearbeitet. Zu der heutigen Tagung wurde dazu eine ausführliche Diskussionsgrundlage vorgelegt.

Ohne Anspruch auf Vollständigkeit sollen anhand von vier Merkmalen Wesensmerkmale und zunehmender Stellenwert der Territorialstruktur der DDR für die umfassende Intensivierung näher erläutert werden.

Erstens sehen wir in einer größeren Gleichmäßigkeit der Standortverteilung der Produktivkräfte einen Ausdruck für das Wirken einer Tendenz zur territorialen Angleichung des Entwicklungsstandes der Produktivkräfte und der Ausprägung der sozialistischen Produktionsverhältnisse in allen Landesteilen. Wir möchten diese Tendenz aufgrund unserer praktischen Untersuchungen theoretisch verallgemeinernd den Rang einer objektiven ökonomischen Gesetzmäßigkeit geben.

Diese Tendenz zur territorialen Angleichung des Produktions- und Lebensniveaus im Sozialismus – im Gegensatz zum Kapitalismus – führt zu einer relativ ausgewogenen und stabilen Territorialstruktur der gesellschaftlichen Reproduktion im Maßstab des Landes, wie wir am Beispiel der DDR im Generalschema beweisen.

Wir haben die historisch in unserem Territorium erzielte größere Gleichmäßigkeit der Standortverteilung der Produktivkräfte hauptsächlich mit der Bevölkerungsstruktur und ihrer Klassen- und Sozialstruktur belegt. Nach unserer Meinung besteht ein kausaler Zusammenhang zwischen dem Prozeß der Überwindung wesentlicher Unterschiede im territorialen Entwicklungsniveau der Produktivkräfte, im Produktions- und Lebensniveau, insbesondere zwischen Stadt und Land einerseits und der territorialen Verteilung der Bevölkerung und ihres gesellschaftlichen Arbeitsvermögens andererseits.

Die Stabilität der Bevölkerungsverteilung im Territorium der DDR, die langfristig wirkt, ist prinzipiell positiv zu bewerten. Sie stellt eine relativ sichere, berechenbare Grundlage für die weitere Leitungs- und Effektivitätsentwicklung der Volkswirtschaft dar.

Das heißt jedoch nicht, daß die relative Stabilität der Bevölkerungsverteilung im Territorium für die Volkswirtschaft problemlos wäre. Es besagt lediglich, daß sich bestimmte Tendenzen über die nächsten Jahrzehnte mit hoher Wahrscheinlichkeit fortzusetzen. Daraus ergeben sich Wirkungen für die Ökonomie der lebendigen Arbeit, insbesondere für den Einsatz des gesellschaftlichen Arbeitsvermögens, die teilweise sogar sehr einschneidende Konsequenzen haben.

Die mit der Erarbeitung des Generalschemas durchgeführte Reproduktionsrechnung der Bevölkerungsentwicklung nach Alter und Geschlecht einschließlich eingeschätzter Migration, die wir mit mehr als 200 kreisspezifischen Koeffizienten bis zum Jahre 2000 durchgeführt haben, ergibt in der Hochrechnung eine bis zur Jahrtausendwende annähernd gleichbleibende Gesamtzahl der DDR-Bevölkerung und der Personen im arbeitsfähigen Alter.

Aber *drei Struktureffekte*, die vor allem territoriale Struktureffekte sind, schränken dieses Gesamtergebnis wesentlich ein. Das gilt vor allem hinsichtlich der Bevölkerung im arbeitsfähigen Alter.

Der *erste* Struktureffekt besteht darin, daß die Altersgruppe der Bevölkerung im arbeitsfähigen Alter zwar in den Städten anwachsen, auf dem Lande dagegen weiter zurückgehen wird. Das ist hauptsächlich altersstrukturell, aber auch durch die voraussichtlich anhaltenden weiteren Migrationsströmc zwischen den Bezirken und Kreisen bedingt. Zuwachs an Arbeitskräften werden vorwiegend die Städte der DDR über 20000 Einwohner haben. Er wird erst gegen Ende der 90er Jahre nachlassen.

Als *zweiter* Struktureffekt tritt auf, daß insbesondere in den Kreisen, wo Industrie konzentriert ist, sich das Durchschnittsalter der Werktätigen stark erhöhen wird. Insbesondere in den Ballungsgebieten wird schon im nächsten Fünfjahrplan wesentlich weniger Berufsnachwuchs zur Verfügung stehen als bisher.

Ein *dritter* Struktureffekt ergibt sich daraus, daß in den Ballungsgebieten, aber auch in einigen agrarischen Kreisen, die Anzahl der Frauen im arbeitsfähigen Alter rückläufig sein wird.

Diese polarisierende Entwicklung ist nur schwer zu beeinflussen. Sie muß aber zum Anlaß genommen werden, um

- einmal in den größeren Städten mit ihrem Arbeitskräftezuwachs ein Höchstmaß an Einsatzeffektivität des gesellschaftlichen Arbeitsvermögens zu erreichen und damit einen entscheidenden Beitrag dieser Städte zur Leistungs- und Effektivitätsentwicklung sowie zur Strukturentwicklung der Volkswirtschaft durchzusetzen, und
- zum anderen in den Territorien mit stark rückläufiger Arbeitskräfteentwicklung, insbesondere in allen Ballungsgebieten, wirksame Maßnahmen zur Einsparung lebendiger Arbeit zu organisieren.

Verursacht ist diese differenzierte Entwicklung, wie gesagt, durch die herausgebildete unterschiedliche Altersstruktur und zum Teil durch die Binnenwanderung zwischen den Bezirken und Kreisen.

Die Binnenwanderung hat in unserem Land eine relativ geringe Dimension. Wir sehen darin einen Ausdruck des hohen Lebensniveaus unserer Bevölkerung in allen Landesteilen, der relativ ausgeglichenen Territorialstruktur und insgesamt einen Vorzug des Sozialismus.

Die polarisierende volkswirtschaftliche Wirkung der Binnenwanderung, die sich aus dem bereits seit Jahrzehnten anhaltenden Wanderungsverlauf aus den ländlichen Territorien in die größeren Städte und aus den Ballungsgebieten der Bezirke Halle und Leipzig insbesondere in Territorien mit extensiver Entwicklung ergibt, ist auch weiterhin Veranlassung, die Motive der Migration in ihrer territorialen Differenziertheit sorgfältig zu erforschen und Vorschläge für ihre Beeinflussung zu erarbeiten.

Ein *zweites* Merkmal der Territorialstruktur besteht in der entwickelten Siedlungsstruktur unseres Landes, d. h. in dem erreichten hohen Grad der Verstädterung und der Dichte des Städtenetzes in der DDR. Wir schätzen sie prinzipiell als ausreichend für eine lange zukünftige Entwicklungsperiode der entwickelten sozialistischen Gesellschaft ein.

Bei der weiteren planmäßigen Gestaltung des Prozesses der sozialistischen Urbanisierung in der DDR kommt es für die nächsten Jahrzehnte auf eine intensive Entwicklung der Städte an. Die volkswirtschaftliche und gesellschaftliche Leistungsfähigkeit der Städte der DDR als Zentren der Arbeiterklasse und der gesamten Bevölkerung, die Potenzen der Städte als Zentren der Produktion, der Wissenschaft und der Kultur lassen sich noch weitergehend, intensiver erschließen und nutzen.

Wir treten dafür ein, eine extensive Erweiterung der Einwohnerzahl der Städte durch Zuwanderung prinzipiell zu vermeiden, abgesehen von wenigen politisch und volkswirtschaftlich begründeten Ausnahmen, wie zum Beispiel der Hauptstadt Berlin.

Auch für eine weitere flächenmäßige Ausdehnung der Städte und Ausdehnung der städtischen Bebauung auf immer weitere Teile des Umlandes gibt es prinzipiell keine volkswirtschaftliche Notwendigkeit. Sie würden den Erfordernissen der umfassenden Intensivierung widersprechen. Es ist überhaupt herangereift, mit der Ressource „Fläche“ noch sorgfältiger umzugehen, die Effektivität der Flächennutzung zu berechnen und wirksame Maßnahmen für die Anwendung des sozialistischen Sparsamkeitsprinzips auf die Flächennutzung vorzuschlagen. Darauf komme ich zurück.

Noch nicht überall ist ein konsequenter Standpunkt zur intensiven Entwicklung der Städte durchgesetzt. Deshalb ist hierzu auch ein größeres Engagement der Wirtschaftswissenschaft nötig. Sie muß mit ihren Analysen Überzeugungen vermitteln und Wege für die Lösung des schwierigen Problems aufzeigen. Einerseits müssen künftige volkswirtschftlich notwendige Erweiterungen der Produktion und auch der Aufbau neuer Produktionen prinzipiell in den Städten erfolgen, weil sie die besten Voraussetzungen dafür bieten. Andererseits aber ist in diesen Städten die Gesamtzahl der Arbeitsplätze nicht wesentlich zu vergrößern und die bebaute Stadtfläche im Prinzip nicht auszuweiten.

Wir halten diese Aufgabe prinzipiell für lösbar. Sie verlangt aber neue Schritte der umfassenden Intensivierung in den größeren Städten. Sie erfordert tiefergehende Untersuchungen zur gezielten Freisetzung von Arbeitskräften und zur rationellen Flächennutzung. Das schließt Forschungsarbeiten zur planmäßigen Leitung dieser Prozesse ein.

Das Gleiche gilt für die Problematik der verstärkten innerstädtischen Bebauung, insbesondere der Wohnbebauung. Die Sozialistische Einheitspartei Deutschlands hat bereits wichtige Beschlüsse zur intensiven Entwicklung der Städte als Bestandteil der umfassenden Intensivierung der Volkswirtschaft gefaßt. Diese Beschlüsse müssen überall noch konsequenter verwirklicht werden.

Das Spektrum der dazu erforderlichen Maßnahmen muß sehr breit gefaßt werden, wenn mit der Entwicklung der Städte zu einer neuen Qualität der umfassenden Intensivierung beigetragen werden soll. Dazu gehören unter anderem auch Maßnahmen

- zur Verbesserung der städtischen Strukturen durch rationellere Gestaltung der Beziehungen zwischen den Arbeits- und den Wohnstandorten sowie den Standorten der gesellschaftlichen Einrichtungen,
- zur Reduzierung der standörtlichen Zersplitterung der Produktion in den Städten,
- zur Erhöhung der Leistungsfähigkeit der städtischen Infrastruktur auf dem Wege der Rekonstruktion und Modernisierung der vorhandenen Einrichtungen beziehungsweise ihres Ersatzes,
- zur generellen Durchsetzung strengster Rationalität bei der Verwendung aller territorialen Ressourcen in den Städten, neben dem gesellschaftlichen Arbeitsvermögen und den Flächenressourcen auch der Wasserressourcen sowie der Transportleistungen und aller übrigen Leistungen der Infrastruktur.

Eine solche umfassend intensive Entwicklung der Städte in Einheit von rationeller und kulturvoller Gestaltung liegt im Sinne der vom Politbüro des ZK der SED beschlossenen Grundsätze für die sozialistische Entwicklung von Städtebau und Architektur.

Neue Lösungen sind vor allem für die Zeit nach 1990 erforderlich, wenn beispielsweise die heute noch vorhandenen innerstädtischen Freiflächen mit Wohnungen bebaut sein werden, aber die Forderung nach rationeller Flächennutzung bei gleichzeitig guten Wohnbedingungen in den Städten zu Recht weiter bestehen bleibt.

Zur intensiven Entwicklung der Städte als territorialen Schwerpunkten der umfassenden Intensivierung der Volkswirtschaft entstehen also vielfältige neue Fragen und Probleme, die insgesamt einer verstärkten Mitwirkung der Wirtschaftswissenschaften bedürfen, auch über die Territorialökonomie als wirtschaftswissenschaftlicher Teildisziplin hinaus.

Mindestens ebenso großer Aufmerksamkeit wie die intensive Entwicklung der größeren Städte bedürfen die ländlichen Siedlungen, das heißt die Dörfer und die Kleinstädte. In den Kleinstädten der DDR (2000 bis 10000 Einwohner) leben mehr als drei Millionen Bürger, das ist fast ein Fünftel (18,7% – 1983) unserer Bevölkerung. Diese Städte haben wichtige Produktionsfunktionen, vor allem aber Versorgungsfunktionen für ländliche Territorien. Solche Funktionen der Kleinstädte können und müssen ausgebaut und stabilisiert werden. Das kann ein wichtiger Beitrag zur Stabilisierung der landwirtschaftlichen und auch der industriellen Produktion sein und ein Beitrag zur umfassenden Intensivierung der Volkswirtschaft. Möglichkeiten dazu haben in allen Bezirken vor allem jene Kleinstädte, die nicht Kreisstadtfunktion ausüben. Das gilt sowohl für die kleinen Industriestädte in den Bezirken Halle, Leipzig, Karl-Marx-Stadt und Dresden, als auch für die Kleinstädte im agrarischen Umland in den Bezirken Rostock, Schwerin, Neubrandenburg, Potsdam, Magdeburg, Frankfurt (Oder).

Die meisten von ihnen sind aufnahmefähig für volkswirtschaftliche und gesellschaftliche Funktionen.

Sie brauchen gleichzeitig solche Funktionen als Ausgangspunkt für ihre eigene weitere Entwicklung, für die Lösung ihrer Entwicklungsprobleme, für die Erhöhung ihrer Anziehungskraft und eine gesellschaftliche Aufwertung, für die Beendigung der Bevölkerungsabwanderung aus diesen Städten. Dabei müßte es sich vorwiegend um Produktionsfunktionen handeln, zum Beispiel im Rationalisierungsmittelbau. Die in diesen Städten vorhandenen baulichen Substanzen sind ein ausreichender Ansatzpunkt für eine solche Entwicklung. Eine funktionelle Aufwertung der Kleinstädte würde dann auch wirksame Maßnahmen ermöglichen, um den hohen Verschleißgrad der Infrastrukturfonds in diesen Städten abzubauen.

Über die große Bedeutung der Dörfer für die volkswirtschaftliche Leistungsentwicklung, nicht nur, aber in allererster Linie für die Agrarproduktion, haben wir im Wissenschaftlichen Rat für die wirtschaftswissenschaftliche Forschung in letzter Zeit ausführlich gesprochen.[11] Ich brauche hier nur kurz zu wiederholen, daß von den Wohn- und Lebensbedingungen in den Dörfern, vom Versorgungsniveau und den Möglichkeiten zur Befriedigung geistig-kultureller Bedürfnisse, vor allem der Bedürfnisse der Jugend, außerordentlich viel abhängt für die Sicherung der Agrarproduktion. Stabile Dörfer und effektive Agrarproduktion sind nach unseren Untersuchungsergebnissen eine Einheit.

Es gibt in allen Bezirken und Kreisen der DDR inzwischen viele Beispiele, wie die gewählten örtlichen Volksvertretungen und die Bürgermeister in den Dörfern die landwirtschaftlichen Betriebe unterstützen können und umgekehrt, wie also Agrarpolitik und Kommunalpolitik als Einheit im Territorium durchgesetzt werden können.

Aus den Ergebnissen unserer Untersuchungen möchten wir noch besonders darauf hinweisen, daß neben den Wohn- und Lebensbedingungen in den Dörfern vor allem die Arbeitsbedingungen in der Pflanzen- und Tierproduktion für die Stabilität des Arbeitsvermögens eine ausschlaggebende Rolle spielen. Die Infrastruktur zählt heute nicht mehr in erster Linie und nicht isoliert von anderen Faktoren zu den Abwanderungsmotiven der ländlichen Bevölkerung. Die Erleichterung körperlich schwerer Arbeit in der Landwirtschaft muß parallel zur weiteren Verbesserung der Wohnbedingungen, gezielt und territorial konkret zur Agrarproduktion und der Dörfer beitragen.

Für diese Stabilität sind auch eine gewisse Vielfalt des Arbeitsplatzangebots und verbesserte Verkehrsverbindungen zu den Arbeitsstätten und zu den Infrastruktureinrichtungen in den ländlichen Siedlungszentren wichtig.

Um insbesondere für peripher gelegene Dörfer eine hohe Qualität der Versorgung mit Einrichtungen der Infrastruktur zu sichern, sind mehr territoriale Initiativen zur Nutzung aller Möglichkeiten und Reserven der ländlichen Verkehrsversorgung erforderlich. Hierbei können wir davon ausgehen, daß die DDR im Weltmaßstab bereits eines der dichtesten Netze des öffentlichen Personenverkehrs auf dem Lande hat.

Ein *drittes* Merkmal der Territorialstruktur ist das relativ hohe Lebensniveau in allen Teilen der DDR.

Wir verstehen darunter die Lebens- und ausdrücklich auch die Arbeitsbedingungen, d. h. die Sicherung der Arbeitsplätze, die ständige Verbesserung der Arbeitsbedingungen und eine ausreichende infrastrukturelle Grundversorgung, die wir in der Diskussionsgrundlage definiert haben.

Die Kennzeichnung beziehen wir sowohl auf die technische als auch auf die soziale Infrastruktur.

Im Zusammenhang mit dem Lebensniveau im Territorium einige Bemerkungen zur Infrastruktur im Territorium der DDR überhaupt, obwohl die Infrastruktur bekanntlich sowohl die Bevölkerung als auch die Wirtschaft versorgt und sozusagen eine Querschnittsfunktion im Reproduktionsprozeß hat, wie Helmut Koziolek in seinem Buch „Reproduktion und Nationaleinkommen“ bereits prinzipiell dargestellt hat.[12]

Bei der technischen Infrastruktur in der DDR heben wir nach unseren Untersuchungen im Generalschema besonders die ausreichende Dichte ihrer Netze hervor, die ebenfalls ein Ergebnis jahrzehntelanger Standortpolitik ist.

Die von Norden nach Süden zunehmende Netzdichte der technischen Infrastruktur entspricht der Struktur der Standortverteilung der Produktivkräfte und der Siedlungsstruktur.

Dabei konnte die DDR aus der kapitalistischen Vergangenheit eigentlich nur im Verkehrswesen relativ ausgebaute Netze übernehmen. Die Energieverteilungsnetze mußten trotz vorhanden gewesener hoher Anschlußgrade bedeutend erweitert und den territorialen Anforderungen entsprechend gestaltet werden.

Die Übertragungsnetze für Elektroenergie, die Netze des Verkehrs- und Nachrichtenwesens erreichen alle Gemeinden und Siedlungen.

Was die Wasserversorgung betrifft, hatten nach dem zweiten Weltkrieg in den heutigen Bezirken Rostock, Schwerin und Neubrandenburg nur vier bis fünf % aller Gemeinden eine zentrale Wasserversorgung. Nach vier Jahrzehnten sozialistischer Entwicklung werden 90 % aller DDR-Bewohner durch zentrale Trinkwasserversorgungsanlagen versorgt. Zur stabilen Versorgung der industriellen Ballungsgebiete wurde ein umfassendes System von Speichern und Fernwasserleitungen geschaffen, das als Nebeneffekt auch Hochwasserschäden ausschließt.

Insgesamt ist das Netz der technischen Infrastruktur in der DDR so ausgebaut, daß langfristig alle Bedürfnisse auf dem Weg der umfassenden Intensivierung befriedigt werden können, d. h. auf dem Weg der Instandhaltung, Instandsetzung, Rekonstruktion und Modernisierung des Vorhandenen, nicht der Neuinvestition.

Die Einrichtungen und Netze der sozialen Infrastruktur waren im Kapitalismus auf dem heutigen Territorium der DDR insgesamt unzureichend und zudem territorial sehr ungleichmäßig verteilt.

Der Verwertungsprozeß des Kapitals erforderte nur in den industriellen Ballungsgebieten des Südens mit ihren großen Städten eine entwickelte, gebildete Arbeiterklasse und eine entsprechende soziale Infrastruktur. Im ländlischen Norden gab es für die Landarbeiter nur unzureichende Bildungs- und Kultureinrichtungen.

Die soziale Infrastruktur der DDR macht die Errungenschaften eines sozialistischen Staates besonders eindrucksvoll deutlich. Mit Hilfe des Wohnungsbauprogramms als Kernstück der Sozialpolitik der SED hat die DDR wie der Generalsekretär des Zentralkomitees, Erich Honecker, vor den ersten Kreissekretären abrechnete, mit fast 7 Millionen Wohnungen, das sind 400 Wohnungen pro 1000 Einwohner, eine Spitzenposition im internationalen Vergleich erreicht. Die Ausstattung der Wohnungen mit Bad und Dusche hat sich allein in den letzten 15 Jahren von 29 auf 74 % erhöht.

In den Bezirken mit der niedrigsten Ausstattung verlief dieser Prozeß noch rascher. Im Bezirk Karl-Marx-Stadt z. B. mit den vielen alten Industriestädten hatten noch 1971 weniger als 29 % der Wohnungen Bad oder Dusche, zehn Jahre später waren es bereits 60 %. Die Qualität der Wohnungen wird in Verwirklichung des Wohnungsbauprogrammes in allen Bezirken weiter wesentlich verbessert. Gleichzeitig konnten die territorialen Niveauunterschiede in der Wohnungsqualität zwischen den Bezirken von 30 bis 17 Prozentpunkte gesenkt werden.

Bei Schulen und Kindergärten gibt es überall eine ausreichende und gute Versorgung. Bei Kinderkrippen liegt der Versorgungsgrad (1983) zwischen 57 % im Bezirk Karl-Marx-Stadt und 78 % in der Hauptstadt. Das bedeutet ebenfalls ein überall sehr hohes Niveau, was natürlich nicht ausschließt, daß es in einzelnen Orten noch einen höheren Bedarf gibt.

Der im Zusammenhang mit der Lösung der Wohnungsfrage als soziales Problem im Jahr 1990 in der Hauptstadt Berlin und in den Bezirken erreichte Wohnungsbestand ermöglicht es, den Wohnungsbedarf in der DDR zu decken. Der Wohnungsneubau kann dann u. a. dem Ersatz verschlissener Wohnungen und dem Abbau territorialer Niveauunterschiede in der Ausstattung dienen.

Diese Prognose geht allerdings davon aus, daß die Wohnungsbereitstellung nur noch in Ausnahmefällen ein Mittel sein wird, um Arbeitskräfte in einem Territorium neu anzusiedeln, um also Bevölkerung im Territorium umzuverteilen. Sie geht davon aus, daß grundsätzlich alle Kombinate und Betriebe ihren Arbeitskräftebedarf zur höheren Grundfondsauslastung oder zur Inbetriebnahme neuer Kapazitäten prinzipiell aus dem am Standort vorhandenen gesellschaftlichen Arbeitsvermögen und seinen Reproduktionsquellen decken.

Auch die soziale Infrastruktur kann auf dem Weg der Intensivierung weiter entwickelt werden, das heißt vorwiegend durch Rekonstruktion und Modernisierung der vorhandenen Substanz.

Das *vierte* herausgearbeitete Merkmal der Territorialstruktur weist auf die überall hohe Ressourcenbeanspruchung sowie auf die hohe Beanspruchung der technischen Infrastruktur im Territorium hin.

Der Kern dieser Aussage ist, daß unsere Volkswirtschaft vor einer Schwelle steht, wo jede zusätzliche Beanspruchung von Fläche und Wasser und von Leistungen der technischen Infrastruktur künftig mit einem sprunghaft erhöhten Aufwand bezahlt werden muß.

Das verfügbare Wasserdargebot in unserem Territorium reicht gegenwärtig noch aus, um den Bedarf zu befriedigen, allerdings in einigen Territorien, die Grundwasserdefizite haben, nur mit einem sehr hohen volkswirtschaftlichen Aufwand für Speicher und Fernwasserleitungen. Mit dem Wohnungsbau und generell mit der weiteren Erhöhung des Lebensniveaus unserer Bevölkerung wächst auch der Bedarf der Bevölkerung an Wasser sehr rasch – jede Neubauwohnung bedeutet einen zusätzlichen Bedarf von $1\,m^3/d$, jede rekonstruierte Wohnung von etwa $0{,}5\,m^3/d$ Wasser. Dieser wachsende Bedarf muß selbstverständlich vorrangig befriedigt werden.

Außerdem sind für das Bewässerungsprogramm der Landwirtschaft bedeutende zusätzliche Mengen an Oberflächen- und Grundwasser für die Steigerung der landwirtschaftlichen Produktion erforderlich. Auch dieser Bedarf muß gedeckt werden.

Hinzu kommt nach unseren Ermittlungen zum Generalschema ein wachsender Bedarf der Industrie für Kühlzwecke, obwohl seit Jahren mit Erfolg auf eine Senkung des spezifischen Verbrauchs an Brauchwasser in der Industrie orientiert wird.

Insbesondere in der Industrie sind wissenschaftlich-technisch neue Lösungen zur Wassereinsparung dringend erforderlich. Den wachsenden Bedarf an Trink- und Brauchwasser aus dem prinzipiell gleichbleibenden natürlichen Wasserdargebot in unserem Territorium zu decken und außerdem die erforderliche Wasserqualität zu sichern, wird künftig höhere volkswirtschaftliche Aufwendung erfordern als bisher.

Das wird territorial differenziert eintreten, zuerst in den Kreisen, in denen für den Braunkohlentagebau Grundwasser abgesenkt werden muß.

Bei der Ressource „Fläche" wird die hohe Beanspruchung und die Verknappung zur Zeit noch nicht in gleicher Weise sichtbar, zumal Flächeninanspruchnahme für einige Bereiche, z. B. für den Wohnungsbau, noch so gut wie nichts kostet und ökonomische Hebel die Anwendung des sozialistischen Sparsamkeitsprinzips im Hinblick auf die Flächenressourcen nur ungenügend fördern. Dem müssen wir gemeinsam mit wissenschaftlichen Untersuchungen und Vorschlägen entgegenwirken. Entzug landwirtschaftlicher Nutzfläche, die bergbauliche Flächeninanspruchnahme und der Flächenbedarf des komplexen Wohnungsbaus werden künftig mit noch wesentlich höheren volkswirtschaftlichen Investitions- und Kostenaufwendungen verbunden sein.

Soviel zu den im Generalschema herausgearbeiteten Merkmalen der Territorialstruktur und zur Begründung des Vorschlags aus der Forschung, die weitere Standortpolitik in der DDR vorrangig auf die Nutzung und weitere Vervollkommnung des geschaffenen Standortgefüges zu richten und weniger auf seine Veränderung. Die bestehende Territorialstruktur erhält also für die intensiv erweiterte Reproduktion zunehmende Bedeutung und muß weiter zu einem wesentlichen Gegenstand der umfassenden Intensivierung gemacht und als Bedingung der umfassenden Intensivierung genutzt werden. Dabei ist im Ergebnis unserer Untersuchungen die schon zitierte Feststellung Erich Honeckers auf dem X. Parteitag zu bekräftigen, daß es sich bei den territorialen Bedingungen der Reproduktion immer um einen komplexen Zusammenhang vieler spezifischer Bedingungen und Abhängigkeiten handelt.

Das Generalschema, als Vorschlag zu einer Strategie bis zur Jahrtausendwende, ist darauf gerichtet, gerade diesen Komplex wirtschaftlicher, sozialer, demographischer, natürlicher u. a. Komponenten als Faktor für die Steigerung der Arbeitsproduktivität und die Erhöhung des Lebensniveaus besser zu erschließen.

Dieses Generalschema ist das Ergebnis interdisziplinärer wissenschaftlicher Zusammenarbeit.

Alle Beteiligten sind bereit, diese Gemeinschaftsarbeit fortzusetzen. Der Auftrag der Staatlichen Plankommission, bis Juni 1988 eine weiterführende und präzisierte Fassung des Generalschemas zur Verwendung für den Planansatz zur Entwicklung der Volkswirtschaft in den Jahren 1991 bis 1995 vorzulegen, gibt dazu die notwendige Grundlage.

Die Schwerpunkte für die Hauptforschungsrichtung zur Standortverteilung der Produktivkräfte in der DDR im Arbeitszeitraum bis 1990 sollen im folgenden kurz dargestellt werden:

Erstes Anliegen ist, zu weit mehr territorialen Reproduktionsbedingungen quantifizierte, d. h. mit Rechnungen und Bewertungen untersetzte Vorschläge zu unterbreiten, um grundsätzliche und längerfristige Entscheidungen der Staatlichen Plankommission und der örtlichen Organe vorbereiten zu helfen und um auch zu fundierteren theoretischen Ergebnissen zu gelangen. Im Generalschema sind Ergebnisse solcher Rechnungen enthalten zur Bevölkerungsreproduktion im Territorium, zum territorial differenzierten Aufwand und Ergebnis bei der Erschließung mineralischer Rohstoffe, zur Standortverteilung und Reproduktion im Bauwesen und zur natürlichen Umwelt.

Bei der mineralischen Rohstoffwirtschaft wurde zum Beispiel für jedes Rohstoffvorkommen im Territorium der DDR der territorial bedingte Aufwand für eine Erschließung berechnet, d. h. der Aufwand an Fläche, Arbeitskräften, Wasser, Transportleistungen und anderen gebietswirtschaftlichen Aufwendungen, wie Wohnungsbau, Straßenbau, Eisenbahn, wasserwirtschaftliche und Umweltmaßnahmen u. ä.

Dabei konnte unter anderem nachgewiesen werden, daß der territorial bedingte Aufwand pro Mark Primärinvestition in der Braunkohle von bisher zwanzig auf künftig fünfzig Pfennig und mehr anwächst. Das ist bei den anderen mineralischen Rohstoffen nicht anders. Damit wird eine Schlüsselstellung des territorial bedingten Aufwands für den volkswirtschaftlichen Gesamtaufwand sichtbar.

Zweites Anliegen der Forschung besteht darin, mehr und fundierte Aussagen zur Standortverteilung der Industrie zu erzielen.

Zur Industrie konnte im Generalschema der Nachweis geführt werden, daß die bisher bekannten Schritte zur Leistungsentwicklung der Industriekombinate im Prinzip im Rahmen der bestehenden Betriebe und vorhandenen Gebäude realisiert werden können.

Ergänzend wurde empfohlen, eine notwendige Neuschaffung von Produktionskapazitäten prinzipiell auch möglichst an den Standorten bestehender Betriebe zu lokalisieren, weil sie dadurch vielfältige Möglichkeiten zur Minimierung des gebietswirtschaftlichen Aufwandes erschließen lassen – vorhandener qualifizierter Betriebskollektive, vorhandener Produktionsanlagen, Infrastruktur und dgl.

Außerdem wurden Vorschläge zur Rationalisierung der territorialen Organisation der Produktion in der verarbeitenden Industrie entwickelt hinsichtlich der Gebäude- und Flächenausnutzung, der Organisation von Hilfs- und Nebenprozessen der Produktion an den Standorten usw.

Da die Standortverteilung der Industrie das Kernstück der Standortverteilung der Produktivkräfte ist, werden die Arbeiten hierzu verstärkt.

Eine Aufgabe besteht darin, die Territorialstruktur der Industrie systematisch zu analysieren und herauszuarbeiten, wie die territorialen Bedingungen noch gezielter für die Industriekombinate genutzt werden können.

Im Mittelpunkt stehen dabei

- das Wechselverhältnis zwischen territorialer Wirkung bzw. Erfordernissen des wissenschaftlich-technischen Fortschritts der Industrie und den territorialen Reproduktionsbedingungen,
- Zusammenhänge zwischen umfassender Intensivierung, Freisetzung von Arbeitskräften und Vollbeschäftigung in den Territorien,
- Vervollkommnung der territorialen Organisation der Produktion unter den Bedingungen der umfassenden Intensivierung, insbesondere hinsichtlich der territorialen Rationalisierung,
- Zusammenhänge zwischen Produktionsprofilierung, Rationalisierung der Kooperationsbeziehungen zwischen den Kombinaten und Betrieben und Senkung des volkswirtschaftlichen Transplortaufwandes sowie
- die Spezifik der Standortverteilung ausgewählter Industriezweige und Kombinate und ihre Berücksichtigung bei der planmäßigen Gestaltung ihrer Reproduktionsprozesse.

Auch zu diesen Arbeiten werden Berechnungen zu Aufwand und Ergebnis gehören, beispielsweise im Zusammenhang mit der Einschränkung der standörtlichen Zersplitterung von Produktionskapazitäten.

Das dritte Anliegen richtet sich schließlich darauf, mit unseren Forschungsarbeiten noch tiefer in die territorial differenzierten Reproduktionsbedingungen einzudringen und möglichst rasch zu praktisch verwertbaren Ergebnissen und zu neuen theoretischen Erkenntnissen zu gelangen. Dazu gehört auch die bereits zitierte Problematik der Flächennutzung, zu der das Institut für Geografie und Geoökologie der Akademie der Wissenschaften in Leipzig einen beachtlichen Teil seiner Forschungskapazität zur Verfügung stellt, um gesellschaftliche und natürliche Grundlagen zur Nutzung und Gestaltung des Flächenfonds der DDR zu gewinnen und Voraussetzungen für ihre Einbeziehung in die Territorialplanung zu schaffen.

Auch zur natürlichen Umwelt im Territorium werden neue Fragestellungen aufgegriffen.

Nachdem im vorliegenden Generalschema zu den 17 meistbelasteten Territorien der DDR Analysen und Vorschläge für eine schrittweise Verbesserung der natürlichen Umweltbedingungen vorgelegt worden sind, werden in den weiterführenden Arbeiten verstärkt territorial spezifische Möglichkeiten zum Beispiel zu einer volkswirtschaftlich effektiveren Aufbereitung und Verwertung der Siedlungsabfälle und ähnliche Fragen untersucht. Damit wird es möglich, den Zusammenhang zwischen Abproduktverwertung und Umweltschutz als Grundanliegen unserer Umweltpolitik speziell im territorialen Zusammenhang noch deutlicher zu machen und einen Beitrag zur Erhöhung der Verfügbarkeit der regenerierbaren Naturressourcen in der DDR zu leisten.

Für diese Arbeiten konnte neben dem Zentrum für Umweltgestaltung auch die Mitwirkung des Zentralinstituts für Kybernetik und Informationsprozesse der Akademie der Wissenschaften erreicht werden.

Bei allen weiteren interdisziplinären Forschungsarbeiten zur Standortverteilung der Produktivkräfte werden die Ballungsgebiete der DDR einen besonderen Platz einnehmen. Gemeinsam mit den betreffenden Bezirks- und Kreisplankommissionen sind noch überzeugender die Reproduktionsvorzüge der Ballungsgebiete für die Volkswirtschaft der DDR herauszuarbeiten und noch besser für die Leistungs- und Effektivitätsentwicklung der Volkswirtschaft zu erschließen.

Das Referat sollte Ergebnisse des Generalschemas und daraus abgeleitete theoretische Standpunkte in einigen Schwerpunkten deutlich machen. Es konnte nicht umfassend und vollständig sein. Die Diskussion wird das weiter ergänzen.

An den Schluß meiner Ausführungen gehört die nochmalige Betonung, daß alle Ergebnisse das Werk einer organisierten interdisziplinären Zusammenarbeit sind, für deren Zustandekommen und jahrelanges kontinuierliches Durchhalten in einer sehr schöpferischen Atmosphäre ich mich bei allen beteiligten Genossen herzlich bedanken möchte.

Eine solche Gemeinschaftsarbeit ist nur möglich dank der Institution des Wissenschaftlichen Rates für die wirtschaftswissenschaftliche Forschung.

Wir möchten an dieser Stelle besonders herzlich dem Vorsitzenden unseres Rates, Helmut Koziolek, danken, der sich seit Jahren persönlich dafür engagiert, die Effektivitätspotenzen einer rationellen

Standortverteilung der Produktivkräfte in der DDR wissenschaftlich zu aktivieren.

Ebenso danken wir Richard Müller, der als staatlicher Auftraggeber und Hauptanwender der Forschungsergebnisse mit anspruchsvollen Aufgabenstellungen und Hinweisen die Forschungsarbeit voranbringt.

Wir danken vor allem auch den zuständigen Abteilungen des Zentralkomitees unserer Partei für die kameradschaftliche Hilfe beim Generalschema.

Die Genossen aus allen Wissenschaftsdiziplinen, aus den Bezirken und den zentralen staatlichen Organen haben ihre Zusage gegeben, die Arbeit gemeinsam fortzusetzen. Die Territorialökonomie als Teildisziplin der Wirtschaftswissenschaft ist bereit, diese Gemeinschaftsarbeit weiterhin zu organisieren und wissenschaftlich zu führen. Auch hinsichtlich der territorialen Aspekte der Reproduktion soll damit der Orientierung des Generalsekretärs unserer Partei in seinem prinzipiellen Artikel zum 40. Jahrestag[13] entsprochen werden, daß die wichtigsten Entscheidungen der Gesellschaftspolitik unserer Partei auf dem Feld der Ökonomie liegen.

Zur wissenschaftlichen Vorbereitung solcher Entscheidungen möchten wir bei der weiteren Vorbereitung des XI. Pateitages der SED einen Beitrag leisten.

Anmerkungen

1 Programm der SED, Dietz Verlag, Berlin 1976, S. 19 ff.

2 Bericht des ZK der SED an den X. Parteitag der SED, Berichterstatter: Honecker, E., Berlin, 1981, S. 117.

3 Vgl. 7. Tagung des ZK der SED, Aus der Diskussionsrede, E. Honeckers, Berlin 1983, S. 24 ff.;
9. Tagung des ZK der SED, Aus dem Bericht des PB an das ZK der SED, Berichterstatter: E. Honecker, Berlin 1985, S. 51;
Beratung des Sekretariats des ZK der SED mit den 1. Sekretären der Kreisleitungen, Referat E. Honecker, ND 2./3. Februar 1985.

4 Vgl. Karl Marx: Das Kapital. Erster Band. In: Marx/Engels Werke, Band 23, S. 374.

5 Vgl. Friedrich Engels: Herrn Eugen Dührings Umwälzung der Wissenschaft (Anti-Dühring). In: Marx/Engels Werke, Band 20, S. 48.

6 Karl Marx: Das Kapital. Erster Band. In: Marx/Engels Werke, Band 23, S. 195.

7 Vgl. Lenin, W. I.: Die Entwicklung des Kapitalismus in Rußland. In: W. I. Lenin, Bd. 3, S. 440.

8 Vgl. N. N. Nekrassow: Territorialökonomie, Berlin 1979. Wirtschaft, Berlin 1979.

9 Vgl. S. Grundmann in: Materialien zur Stadtentwicklung in kapitalistischen und sozialistischen Ländern, Akademie für Gesellschaftswissenschaften beim ZK der SED, Berlin 1984.

10 Vgl. Einheit 12/80, S. 1209 ff.

11 Vgl. Theorie und Praxis der ökonomischen Strategie in der Landwirtschaft der DDR, Abhandlung der Akademie der Wissenschaften der DDR, W 3 1984 Berlin 1984.

12 Vgl. H. Koziolek: Reproduktion und Nationaleinkommen, Berlin 1979.

13 Vgl. Neues Deutschland vom 9. 5. 1985, S. 6.

3. Diskussion

Helmut Koziolek

Umfassende Intensivierung und Infrastruktur

Von den Ergebnissen unserer wirtschaftlichen Entwicklung ausgehend, zog Erich Honecker auf der 10. Tagung des ZK der SED den Schluß, „daß die Entwicklung unserer Volkswirtschaft heute bereits weitgehend von neuen qualitativen Faktoren bestimmt wird, den Faktoren der Intensivierung. Das gilt für die Industrie, aber auch für die anderen volkswirtschaftlichen Bereiche“[1].

In diesem Prozeß der umfassenden Intensivierung, bei der Schaffung ihrer dauerhaften Grundlagen auf dem Wege der ökonomischen Nutzung von Wissenschaft und Technik erhalten die indirekt wirkenden Elemente der gesellschaftlichen Reproduktion wachsendes Gewicht, die stofflich nicht unmittelbar (wie Verkehrs- und Energieleistungen) oder nur in geringem Maße (wie Wasser) in die erzeugten gegenständlichen Gebrauchswerte eingehen, aber unabdingbar für das Funktionieren der gesellschaftlichen Produktion und Reproduktion und für die Befriedigung konsumtiver Bedürfnisse sind.

Eine leistungsfähige Infrastruktur ist unerläßliche Bedingung für die Durchsetzung der umfassenden Intensivierung im Rahmen der ökonomischen Strategie. Ihr Niveau hat entscheidenden Einfluß auf die Beschleunigung des Kreislaufes der Reproduktion, auf die Produktivität und Effektivität der gesellschaftlichen Produktion sowie auf das Verhältnis von Aufwand und Ergebnis in allen Bereichen des gesellschaftlichen Lebens.

Die Erzeugung und Verwendung von Energie-, Transport- und wasserwirtschaftlichen Leistungen erlangt in der Wirtschaft des entwickelten Sozialismus zunehmendes Gewicht – als Element der Konsumtion und als Produktivkraft. Es handelt sich hier um die Leistungen von Zweigen der materiellen Produktion, die in der Literatur — bei aller Unterschiedlichkeit des Herangehens und der Begriffsbestimmung – übereinstimmend als technische oder auch produktive Infrastruktur bezeichnet werden.

Unter Infrastruktur wird die Gesamtheit der Einrichtungen und Anlagen verstanden, die als allgemeine Produktions- und Lebensbedingungen in jedem Territorium vorhanden sein müssen.

Die technische Infrastruktur dient direkt sowohl der Bevölkerung als auch der Wirtschaft und umfaßt vor allem das Transport- und Nachrichtenwesen – die modernen Kommunikationsmittel eingeschlossen – sowie die Energie- und Wasserversorgung. Die soziale Infrastruktur umfaßt die Einrichtungen und Anlagen, die ausschließlich der Bevölkerung dienen und über die Reproduktion der Arbeitskraft die Wirtschaft beeinflussen. Dazu gehören vor allem die Einrichtungen der kulturell-sozialen Betreuung, wie Kindereinrichtungen, Schulen, Krankenhäuser, Arztpraxen, Feierabend- und Pflegeheime, Einzelhandels- und Dienstleistungseinrichtungen, kommunale und stadtwirtschaftliche Dienste.

Marx kannte den Begriff der Infrastruktur in diesem Sinne nicht. Im Blickpunkt stand derzeit vor allem die Entwicklung des Transportwesens. An ihren Erscheinungen vor allem entwickelte er ihre Charakteristik als die „allgemeinen Bedingungen der Produktion ...“, die „die Zirkulation erleichtern oder gar erst möglich machen, oder auch die Produktivkraft vermehren“. An anderer Stelle schreibt er von „den gemeinschaftlichen, allgemeinen Bedingungen der gesellschaftlichen Produktion, im Unterschied zu denen des besondren Kapitals und seines besondren Produktionsprozesses“ und von „außer dem unmittelbaren Produktionsprozeß liegenden Bedingungen“[2].

Dieser Beitrag widmet sich speziell Fragen der technischen Infrastruktur.

Die Leistungen der technischen Infrastruktur spielen bei der kontinuierlichen Durchführung der Hauptaufgabe in ihrer Einheit von Wirtschafts- und Sozialpolitik eine ausschlaggebene Rolle. Die technische Infrastruktur stellt selbst einen wichtigen Bereich materieller Produktion dar, der materielle Leistungen erzeugt, und ist ein ausschlaggebender Faktor bei der Gestaltung volkswirtschaftlicher Grundproportionen. Indem die Leistungen der technischen Infrastruktur zu hoher Wirksamkeit der Produktion beitragen, schaffen sie letztlich auch die Voraussetzungen für ein entsprechend hohes Niveau der Konsumtion. Zugleich dienen sie unmittelbar der Bedürfnisbefriedigung. Bewußt wird deshalb diese Seite an den Anfang gestellt. Energie, Transport- und Kommunikationsleistungen sowie Wasser sind wesentliche Elemente der Konsumtion, des individuellen und gesellschaftlichen Verbrauchs der Bevölkerung, Voraussetzung der Entwicklung sozialistischer Arbeits- und Lebensbedingungen der Werktätigen sowie des Funktionierens der materiellen Versorgung und der kulturell-sozialen Betreuung der Bevölkerung im Territorium. Diesen wachsenden und sich qualtitativ wandelnden Bedarf gilt es in vollem Umfang und auf rationellste Weise zu befriedigen.

Es braucht hier nicht näher begründet zu werden, daß die Leistungen aller Hauptsäulen der technischen Infrastruktur unabdingbar und aus dem Leben unserer Menschen nicht wegzudenken sind; es genügt, auf die Wirkungen von zeitweiligen Störungen und Mängeln hinzuweisen.

In der DDR werden umfangreiche gesellschaftliche Mittel für den laufenden Verbrauch der Bevölkerung an Energie, Beförderungsleistungen und Wasser aufgewendet. In den Kennziffern der persönlichen Einkommen und Ausgaben kommt das Gewicht des individuellen Verbrauchs an diesen infrastrukturellen Leistungen nur beschränkt zum Ausdruck.

So ist der Anteil z.B. der bezahlten Leistungen für Strom und Gas am Verbrauch der Arbeiter- und Angestelltenhaushalte 1983 gegenüber 1970 auf 1,3% zurückgegangen; gleiches gilt für den Anteil der Mieten, er beträgt 2,4%. Es ist aber zu berücksichtigen, daß erstens diese bezahlten Verbrauchspositionen absolut um fast ein Drittel gestiegen sind und 1983 zusammen 76 Mark je Haushalt und Monat betragen. Wesentlich stärker ist zum zweiten der Verbrauch der unentgeltlichen Leistungen gestiegen, die aus gesellschaftlichen Fonds finanziert werden; allein die Positionen Wohnungsbau und Erhaltung sowie Sonstige unbezahlte Leistungen (außer für Volksbildung und Kultur, Gesundheits- und Sozialwesen) stiegen gegenüber 1970 bis 1983 auf über das Dreifache und betrugen 1983 170 Mark je Haushalt und Monat. Hierin schlagen sich in erheblichem Umfang die bedeutend erhöhten Leistungen für die Bevölkerung aus den gesellschaftlichen Fonds nieder. Die Aufwendungen aus dem Staatshaushalt für Wärme-, Warmwasser- und Energieversorgung (sowie für Müllabfuhr, Begrünung und andere Wirtschaftsaufwendungen) haben sich gegenüber 1971 bis 1983 mehr als verzehnfacht und betrugen 1983 2,3 Mrd. Mark. Mehr als 3 Mrd. Mark betrugen 1983 die gesellschaftlichen Aufwendungen für die Sicherung stabiler Fahrpreise für die Bevölkerung, für Preisermäßigungen u.ä. gegenüber 1,7 Mrd. Mark 1971. Bedeutsam von der Qualität her ist der Anteil des unmittelbaren individuellen Bevölkerungsverbrauchs am Gesamtverbrauch von Leistungen der technischen Infrastruktur und das absehbare Steigen des absoluten Umfangs dieser Leistungen.

Die Bevölkerung verbraucht unmittelbar rd. ein Viertel des Gesamt-Gebrauchsenergieverbrauchs der gesamten Volkswirtschaft und rd. 17% des gesamten Wassers bzw. etwa die Hälfte der nutzbaren Wasserabgabe aus dem öffentlichen Netz. Der Berufsverkehr erfaßt 60% der Personen, die der öffentliche Verkehr befördert. Im Sinne unserer Sozialpolitik gilt es, ihn qualitativ zu vervollkommnen. Einsparung an ökonomisch nicht notwendigen Beförderungsleistungen im Berufsverkehr und die Erhöhung seiner Effektivität sind Teil der umfassenden Intensivierung. Schwerpunkte des Bevölkerungsverbrauchs und absehbare Entwicklungstendenzen verdeutlicht die Struktur der Verwendung dieser Leistungen durch die Bevölkerung.

Die Bevölkerung verbrauchte 1980 im individuellen Bereich ihren Anteil an der Gebrauchsenergie zu 75% für die Beheizung der Wohnung. Rund 12% können dem Verbrauch von flüssigen Brennstoffen bzw. von Vergaser- und Dieselkraftstoffen zugeschrieben werden. In einer modernen Wohnung verwendet die Bevölkerung rd. 75%[3] des Wassers für Körperhygiene und Toilette, etwa 15% werden durch wasserintensive Haushaltsgeräte verursacht.

Im Personentransport ist eine wachsende Reisehäufigkeit und Reiseentfernung zu verzeichnen. Nach Berechnungen von Verkehrsökonomen macht der gestiegene individuelle Kraftfahrzeugverkehr bereits heute mehr als die Hälfte der Personenbeförderungsleistungen aus; auch hierfür sind gesellschaftliche Aufwendungen notwendig – 5000 bis 7000 Mark je PKW.[4]

Es ist absehbar, daß alle verbrauchssteigenden Faktoren auch weiterhin wirken. Dafür sprechen vor allem unser Wohnungsbauprogramm, der Neubau, die Rekonstruktion und Modernisierung, die damit verbundene weitere Vervollkommnung der sanitärtechnischen Ausstattung und moderne Heizungssysteme, die Technisierung der Haushalte und die wachsende Ausstattung mit Haushaltsgeräten, der weiter wachsene individuelle Motorisierungsgrad. Auch hier besteht die Aufgabe wissenschaftlich-technischer Arbeit darin, verbrauchssenkende Lösungen zu verwirklichen.

Die Infrastruktur erfüllt ihre Produktionsfunktionen durch die Versorgung der Produktion in allen Zweigen mit Transportleistungen, Energie und Wasser, sie macht die Durchführung der materiellen Produktion erst möglich und beeinflußt mit der Effektivität bei der Erzeugung dieser Leistungen und der Qualität der Leistungen, wie Verfügbarkeit, Kontinuität und Stabilität, Bedarfsgerechtheit der Struktur der Leistungen u.a. den Nutzeffekt der Produktion unmittelbar. Ihre Leistungen ermöglichen den reibungslosen Vollzug des Gesamtkreislaufs der Reproduktion und sind Voraussetzung für die Anwendung moderner hocheffektiver und produktivitätssteigender Technologien und Verfahren.

In der DDR werden umfangreiche Mittel und Kräfte für den Ausbau und die wachsende Leistungsfähigkeit der Infrastruktur aufgewendet. Im Zuge intensiv erweiterter Reproduktion wurden 1971 bis 1984 über 1000 km Eisenbahnstrecke elektrifiziert, beschleunigt vor allem seit 1980. Rund 2350 km waren Ende 1984 elektrifiziert; 23% der Transportleistungen werden mit Elektrolokomotiven erbracht. Im Zeitraum 1971 bis 1983 wurde die Länge der Autobahnen um 430 km, die der Fernverkehrsstraßen um 250 km und die der Bezirkstraßen um 800 km erweitert. Verdoppelt wurde die Länge der Rohrleitungen für Transport von Erdöl, Gas u.ä., seit 1970 sind mehr als 620 km dazugekommen.[5]

Die installierte Leistung der Kraftwerke der Industrie stieg bis 1984 gegenüber 1950 auf das Viereinhalbfache, 1984 erreichte die Elektroenergieerzeugung in der Volkswirtschaft der DDR 163% des Standes von 1970.[6] Die maximalen Tageskapazitäten an Trink- und Brauchwasser der Wasserversorgungsbetriebe wurden 5,1 Mio m^3 pro Tag 1970 auf 7,6 Mio m^3 1983 erhöht; die nutzbare Wasserabgabe wurde in diesem Zeitraum auf 139% erhöht.[7]

Die Verwendung von Energie-, Transport- und Nachrichtenleistungen und Wasser als Hilfsstoff und Hilfsleistungen in den Zweigen der materiellen Produktion ist zum überwiegenden Teil unmittelbar technologisch bedingter Produktionsverbrauch. Bereits hieraus ergibt sich, daß die Senkung des Bedarfs und des Verbrauchs technisch-infrastruktureller Leistungen und des Aufwandes dafür, die steigende Effektivität bei der Erzeugung dieser Leistungen und ihre rationelle, ökonomisch wirksamste Verwendung in der materiellen Produktion zwei wesentliche Seiten der umfassenden Intensivierung sind. Diesen für die Infrastruktur allgemeingültigen Zusammenhang hat Günter Mittag am konkreten Beispiel der Energie nachdrücklich unterstrichen: „Auf die stabile Versorgung mit Energie und auf die Effektivität der

Energiewirtschaft hat natürlich nicht nur die Produktion Einfluß. Genauso entscheidend ist dafür die Plandisziplin bei den Verbrauchern. Jede Tonne Kohle, die durch disziplinierte Einhaltung der Verbrauchsnormen und durch vielfältige energiewirtschaftliche Maßnahmen zur Senkung des spezifischen Energieverbrauchs weniger benötigt wird, ist ein Gewinn für die Volkswirtschaft und umgekehrt ist jede Tonne Kohle, die durch Disziplinlosigkeit oder auch Gleichgültigkeit zuviel verbraucht wird, ein Verlust."[8]

Einhaltung der Verbrauchsnorm und Senkung des spezifischen Energieverbrauchs sind wichtige Faktoren, um die Senkung des Produktionsverbrauchs zur Quelle für das Wachsen des volkswirtschaftlichen Endprodukts und des verfügbaren Nationaleinkommens werden zu lassen. Im Gesamtumfang sinkender Produktionsverbrauch an Leistungen der technischen Infrastruktur ist die Voraussetzung, um den wachsenden Bedarf der Bevölkerung zu befriedigen und die Möglichkeiten für den Export von materiellen Dienstleistungen zu erweitern.

Gleichzeitig ist die Senkung des Produktionsverbrauchs in Gestalt von Energie, Transportleistungen und Wasser ein wichtiger Posten bei der Senkung des volkswirtschaftlichen Aufwandes, der gesellschaftlichen Kosten bei der Erzeugung materieller Produkte, also ein Weg, um das Verhältnis von Aufwand und Ergebnis entscheidend zu verbessern.

Bereits in den „Grundrissen" verwies Marx darauf, daß die räumliche Bewegung des Produkts ein notwendiges Element der Produktion ist und als „reale Zirkulation" im Raum Bestandteil seiner Herstellung ist und die Kosten dieser Bewegung daher auch Teil seiner Herstellungskosten sind, daß diese Bewegung im Unterschied zum Formelwandel Ware-Geld im materiellen Kreislaufprozeß geschieht und daß die Verringerung des Transportaufwandes durch die Entwicklung der Produktivkräfte zur Senkung der Transportkosten führt.

„Was ... die Transportindustrie verkauft, ist die Ortsveränderung ...", schreibt Marx[9]. Die räumliche Bewegung des Produkts ist wichtig, formuliert Marx in den Grundrissen, „insofern die Ausdehnung des Marktes, die Austauschmöglichkeit des Produkts damit zusammenhängt. Die Abkürzung dieser realen Zirkulation (im Raum) gehört in die Entwicklung der Produktivkräfte des Kapitals, Verminderung der Kosten seines Wertes"[10].

Seit den 70er Jahren schlagen sich die Fortschritte bei der intensiv erweiterten Reproduktion spürbar auch im Verbrauch von infrastrukturellen Leistungen nieder. Ihr absoluter Verbrauch stieg verlangsamt bzw. war rückläufig. So stieg der absolute Elektroenergieverbrauch in der Industrie bis 1980 gegenüber 1974 auf 111%, bis 1983 lediglich um weitere 4 Prozentpunkte. Der absolute Verbrauch von Gebrauchsenergie insgesamt in der Industrie wuchs bis 1979 auf knapp 106% und sank bis 1982/83 fast auf das Niveau von 1975. Der Binnengütertransport erreichte 1980 mit 116% gegenüber der Transportleistung von 1975 den absoluten Höhepunkt, um bis 1983 auf knapp 106% zurückzugehen. Der absolute Umfang des Wasserverbrauchs in der Industrie ging in diesem Zeitraum Jahr um Jahr zurück und betrug 1983 87% des Verbrauchs von 1975.

Hierbei schlug vor allem das anhaltende und sich verstärkende Tempo bei der Senkung des spezifischen Verbrauchs zu Buche; er sank in der Industrie bis 1983 gegenüber 1975 bei der Gebrauchsenergie insgesamt auf 71%, bei der Elektroenergie auf 80% und beim Wasserverbrauch auf 61%. Der spezifische Transportaufwand der Volkswirtschaft ging auf 77% zurück.[11]

Auch 1984 waren Sparsamkeit und rationellere Verwendung von Leistungen der technischen Infrastruktur ein wesentlicher Faktor, um den Produktionsverbrauch der Volkswirtschaft je Einheit produziertes Nationaleinkommen um 3% zu verringern.[12] Die Senkung des spezifischen Verbrauchs von volkswirtschaftlich wichtigen Energieträgern, Roh- und Werkstoffen erreichte annähernd 5%. Gegenüber 1983 verringerte sich mit 4,6% der spezifische Transportaufwand erheblich und die Industriebetriebe reduzierten den spezifischen Wasserverbrauch um weitere 5%.[13]

Die generelle Tendenz, die Erzeugung materieller Produkte zu steigern bei insgesamt stagnierendem und absolut sinkendem Produktionsverbrauch an technisch-infrastrukturellen Leistungen ist der Hauptweg, um den zeitweilig oder punktuell zunehmenden Bedarf an diesen Leistungen in den Bereichen der materiellen Produktion zu decken.

Eine vorwiegend qualitative Entwicklung der technisch-infrastrukturellen Leistungen und ihre rationelle Verwendung ist nicht zuletzt deshalb ein Gebot wirtschaftlicher Vernunft, weil auf diesen Gebieten ein großes Potential unseres gesellschaftlichen Arbeitsvermögens und unseres materiellen Nationalreichtums eingesetzt ist.

Auch für die Entwicklung der technischen Infrastruktur gilt, daß die Erhöhung der Effektivität durch die umfassende Intensivierung die Quelle des Wachstums selbst ist; Quelle für das Wachstum der Leistungen und für die Erwirtschaftung der Mittel für den weiteren Effektivitätsanstieg, daß mit Blick auf morgen bereits in der Gegenwart die naheliegenden Schritte zu tun sind.

Wir haben gute Fortschritte bei der Verlagerung von Straßentransporten auf die Schiene und auf die Binnenschiffahrt und bei der Elektrifizierung der Eisenbahn gemacht. Das ist ein energie- und kostensenkender Weg. Er führt zu bedeutenden strukturellen Veränderungen im Aufkommen und im Verbrauch von Transportleistungen. Vorrangige Entwicklung des Schienentransports und seine forcierte Elektrifizierung erfolgt selbst bei Anwendung neuer wissenschaftlich-technischer Erkenntnisse. Beim Ziehen der Oberleitungsnetze liegen jahrzehntelange Erfahrungen vor, heute sind dafür neue energie-, material- und zeitsparende Technologien und Erzeugnisse gefragt. Notwendig sind nicht nur eine größere Anzahl Elektroloks, die gegen die Diesel- und Dampfloks ausgewechselt werden, sondern bessere, d.h. leistungsstärkere, im Verhältnis zu ihren Vorgängern selbst energiewirksamere und -sparende, langlebige und betriebssichere und bedienungsfreundliche Zugmittel. Gefragt sind Spezialwaggons und neue Waggontypen, die eine hohe Transportqualität gewährleisten und den beschleunigten Umschlag des Transportgutes an den Knotenstellen sichern. Zum Einsatz kommen leistungsfähige und funktionssichere Energieübertragungsanlagen, Umspannwerke, moderne Streckensicherungstechnik, automatisierte Technik für den Rangierdienst und den Güterumschlag u. a. m. Mit dem Blick auf künftige Lösungen werden die nächstliegenden Schritte auf der Grundlage ökonomischer effektiver Technologien vollzogen, wie Rekonstruktion der Gleisanlagen, um den höheren Lasten und Geschwindigkeiten zu entsprechen, Legen von streckenweise zusätzlichen Gleisen, Heben von Straßenbrücken, Eröffnen von neuen oder stillgelegten Zufahrtstellen der Eisenbahn für den Kraftverkehr u. a. m. Dies und anderes mehr sind aktuelle Anforderungen unserer Gegenwart, um den gesellschaftlich notwendigen Transportbedarf zu decken und zwar ökonomisch immer effektiver.

Marx hat bereits und gerade an die Besonderheiten der Reproduktion der Infrastruktur anknüpfend – wie hohe Fondsintensität der Leistungen und der Arbeit, relativ hohe Bodengebundenheit, Langfristigkeit in der Produktion solcher Anlagen (also der Investitionsdurchführung) sowie ihrer Langlebigkeit u. a. – Grundgedanken entwickelt, die heute zu den theoretischen Leitsätzen und zur praktischen Leitungstätigkeit bei der Modernisierung der Grundfonds unserer Volkswirtschaft gehören. Die Herstellung infrastruktureller Anlagen bindet längerfristig zirkulierendes Kapital, bevor es produktiv als fixes Kapital wirksam wird, schreibt Marx. Gesellschaftlich gesehen stellt die langfristige Bindung von Fonds – „bevor sie irgend einen Nutzeffekt liefern“ – einen ökonomisch zunächst belastenden Faktor dar. Andererseits ist die stoffliche Dauerhaftigkeit infrastruktureller Anlagen und der daraus resultierende langsame Umschlag der eingesetzten Grundfonds eine ökonomisch vorteilhafte Besonderheit. Mit der Länge der Lebensdauer der Arbeitsmittel wächst der „Grad der Fixität“ der fungierenden Fonds. „Da das Arbeitsmittel, wie jeder andre stoffliche Träger von konstanten Kapital, nur Wert an das Produkt abgibt in dem Maß, worin es mit seinem Gebrauchswert seinen Wert verliert, so ist es klar, daß je langsamer sein Gebrauchswert verlorengeht, je länger es im Produktionsprozeß ausdauert, um so länger die Periode, worin konstanter Kapitalwert in ihm fixiert bleibt“.[14] Die Unterschiedlichkeit der Lebensdauer und daher der Umschlagszeiten von einzelnen Bestandteilen des fixen Kapitals kennzeichnet Marx generell als gültig. Besonders unterstreicht er durch namentliche Hervorhebung diese Unterschiedlichkeit in der Infrastruktur. Marx zieht am Beispiel der Eisenbahn bei der Analyse des Umschlags des fixen Kapitals und seines stofflichen Ersatzes (in natura) verallgemeinernd „für alle solche dauerhaften Werke, Kanäle, Docks eiserne und steinerne Brücken etc.“[15] Schlüsse. „In derselben Kapitalanlage haben die einzelnen Elemente des fixen Kapitals eine verschiedne Lebenszeit, daher auch verschiedne Umschlagszeiten. In der Eisenbahn z. B. haben Schienen, Schwellen, Erdarbeiten, Bahnhofsgebäude, Brücken, Tunnels, Lokomotiven und Wagen verschiedne Funktionsdauer und Reproduktionszeit, also auch das in ihnen vorgeschoßne Kapital verschiedne Umschlagszeiten. Während einer langen Reihe von Jahren bedürfen die Gebäude, Perrons, Wasserbehälter, Viadukte, Tunnels, Bodeneinschnitte und Dämme ... keiner Erneuerung. Die hauptsächlichsten Gegenstände des Verschleißes sind der Schienenweg und das Transportmaterial.“[16] Sicher geht es heute im Detail um anderes und mehr, aber das Prinzip ist allgemeingültig.

Auch in der Energie verbinden wir die Orientierung auf dauerhafte zukunftsträchtige Lösungen für das Energieaufkommen mit der Durchführung der Gegenwartsaufgaben. Alternative Energiequellen werden – von begrenzter Bedeutung – eine Rolle spielen. Erkennbar sind starke energiesparende Wirkungen aus der Anwendung biotechnologischer Wirkprinzipien und absehbar ist der Zeitpunkt, ab dem der Zuwachs an Elektroenergieaufkommen vornehmlich auf der Basis der Kernkraft erfolgt. Die Nachrichtenbeförderung und -übermittlung, die Dienste und Leistungen des Post- und Fernmeldewesens, des Rundfunks und des Fernsehens u. ä. haben bereits in ihren traditionellen Formen ein großes Gewicht bei der Befriedigung der Nachrichten- und Kommunikationsbedürfnisse der Bevölkerung, der Wirtschaft und aller anderen Bereiche des gesellschaftlichen Lebens. In der Gegenwart gehen gravierende qualitative Veränderungen in den Informationstechniken und Kommunikationstechnologien, vor allem durch das Verschmelzen von Rechen- und Nachrichtentechnik in Verbindung mit der Mikroprozessor- und Lichtleitertechnik, vor. Die stürmische Entwicklung von Mikroelektronik und Informationstechnik sind wesentliche Elemente einer neuen Phase der wissenschaftlich-technischen Revolution.

Von der notwendigen Konzentration auf zukunftsbestimmende Forschungsrichtungen und Schlüsseltechnologien ausgehend, orientierte deshalb Erich Honecker auf der 9. Tagung des ZK der SED darauf, „mit der internationalen Entwicklung der Mikroelektronik, der Robotertechnik, der Informationsverarbeitung und Kommunikationstechnologie Schritt zu halten, dafür die Grundlagenforschung effektiv einzusetzen und die Anwendung ihrer Ergebnisse zu beschleunigen“[17].

Bereits in den Jahren nach 1970 ist ein spürbares Ansteigen im Bedarf an Kommunikationsleistungen und im Niveau seiner Befriedigung sowie ein struktureller Wandel in den Kommunikationsleistungen zu erkennen. Im Vergleich zu 1970 sind bis 1984 der Umfang der Beförderung von Briefen, Päckchen und Paketen sowie die Übermittlung von Telegrammen im wesentlichen gleichgeblieben, entwickelten sich rückläufig bzw. stiegen nur wenig. Ein bedeutender Anstieg auf über das Doppelte ist vor allem bei Orts- und Ferngesprächen zu verzeichnen. Einfluß darauf hat vor allem der Ausbau des Fernsprechwesens; die Anzahl der Fernsprechzellen stieg von 2 Mill. 1970 auf über 3,5 Mill. 1984, die der Fernsprechhauptanschlüsse von 950000 auf 1,5 Mill. Die Anzahl der Telexanschlüsse wuchs in diesem Zeitraum von 8500 auf 14500. Nicht übersehen werden sollten die Leistungen des Postzeitungsvertriebes, der seinen Umsatz an Zeitungen und Zeitschriften – darunter auch im Abonnement – um ein Drittel steigerte, rund 2,9 Mrd. Exemplare werden im Jahr an die Abonnenten geliefert (das bedeutet im Durchschnitt pro Kalendertag rd. 8 Millionen). Bei Rundfunk und Fernsehen wurden die Empfangsmöglichkeiten verbessert und die Sendeleistungen erhöht. Auf mehr als 150 Stunden, d. h. um rund ein Drittel, stieg die wöchentliche Sendezeit; 90 % davon werden in Farbe gesendet, 1970 waren es erst 8 Stunden je Woche.

Dauerhafte Grundlagen für die Intensivierung der Volkswirtschaft auf lange Sicht zu schaffen bedeutet aber zugleich und gerade für die Entwicklung der Kommunikationsleistungen, auf der Grundlage zielstrebiger wissenschaftlich-technischer Arbeit durch die Anwendung neuer Kommunikationstechnologien und -techniken die Informations- und Kommunikationsbedürfnisse der Bevölkerung und der Wirtschaft nicht nur zunehmend besser, sondern auch in qualitativ neuer Weise zu befriedigen.

Auf einem entsprechend höherem Niveau der Produktivkräfte hat in der Gegenwart die Entwicklung der Kommunikationsmittel nicht nur einen enormen Einfluß auf den Zirkulationsprozeß; ihr Einfluß erstreckt sich zugleich auf die Effektivität und Qualität vor allem der wissenschaftlich-technischen Arbeit und des Produktionsprozesses.

Kaum ein anderes Gebiet der wissenschaftlich-technischen Entwicklung hat in der letzten Zeit derart weitreichende Veränderungen erfahren wie die Kommunikationstechnik und ihre Anwendung. Systeme und Geräte des Fernmeldewesens einschließlich der Massenkommunikation haben mit der Herausbildung völlig neuer Übertragungs-, Speicher- und Wiedergabeverfahren bisher unbekannte Dimensionen erreicht. Der wissenschaftlich-technische Fortschritt in der Mikroelektronik und die darauf basierende Schaffung von Computersystemen sowie der eigentlichen Kommunikationstechnologie haben die bisherigen Grenzen zwischen elektronischen Massenmedien, Satellitennutzung und Datenfernübertragung aufgehoben. Unter den heutigen Bedingungen des vom Imperialismus ausgehenden Kreuzzuges gegen den Sozialismus sind jetzt in der Welt des Kapitals Nachrichten und Informationen zu einem besonderen „Rohstoff von strategischer Bedeutung“ geworden, mit dem technologische Überlegenheit in politische und ökonomische Machtüberlegenheit umgewandelt werden soll. Eine wesentliche Rolle spielt dabei die Nutzung von Satelliten für den direkten Empfang von Rundfunk- und Fernsehprogrammen.

Ein einziger, in 36000 km Höhe operierender Satellit erlaubt es, ein Drittel der Erdoberfläche mit Rundfunk- und Fernsehsignalen zu versorgen.[18] Zugleich werden die neuen Informations- und Kommunikationstechniken und -technologien immer stärker zur unmittelbaren Produktivkraft; Informationen und ihre automatisierte Verarbeitung spielen für die Steigerung der Arbeitsproduktivität eine zunehmend große Rolle.

Die Anwendung von CAD/CAM-Techniken und Technologien ermöglicht in Verbindung mit lokalen und landesweiten, ja internationalen Kommunikationsnetzen von völlig neuer Qualität die intensiver werdenden Wechselbeziehungen und Abhängigkeiten zwischen den ökonomischen und gesellschaftlichen Prozessen in der Leitung und Planung überschaubarer und besser beherrschbarer zu machen.

Die Informationsverarbeitung auf modernstem höchstem Niveau hat wesentlichen Einfluß auf die Effektivität der gesellschaftlichen Arbeitsteilung, der Spezialisierung und Kooperation in den Kombinaten und Betrieben und zwischen ihnen, auf die Beschleunigung des Kreislaufs der Reproduktion, auf den rationellen Vollzug der Transport-, Lager- und Umschlagsprozesse, der materiellen und finanziellen Vorgänge. Die Automatisierung von Informationsprozessen ermöglicht generell, geistige Arbeit zu rationalisieren, ihren schöpferischen Anteil zu erhöhen und Bearbeitungsfristen wesentlich zu verkürzen. Eine Besonderheit der neuen Kommunikationstechnologien besteht aber vor allem gerade darin, daß im Unterschied zur bisherigen Nutzung der Rechentechnik die rechentechnischen und informationellen Dienstleistungen schritthaltend mit dem geistigen Arbeitsprozeß des Nutzens zur Verfügung stehen.[19]

Gerade in diesem Element der Infrastruktur, dem Nachrichten- und Kommunikationswesen, führt die wissenschaftlich-technische Entwicklung und ihre ökonomisch effektive Anwendung besonders stark zu enger Verbindung der Tätigkeiten in betrieblichen Einrichtungen, die gemeinschaftlich genutzt werden.

Gleichzeitig nutzen wir Wissenschaft und Technik unmittelbar in der Gegenwart dafür, um unsere energetischen Kapazitäten maximal auszunutzen und Energie auf rationellste Weise zu verwenden. Dazu gehören Ausrüstungen und Anlagen mit hohen energetischen Wirkungsgraden und niedrigen Verlusten, die Nutzung der Sekundärenergie „bis zu ihrem Maximum und ihr Wiedereinsatz in der Produktion“, um mit Marx zu sprechen, bis hin zu optimalen Fahrweisen der Erzeuger- und Verbraucheranlagen auf der Grundlage modernster mikroelektronischer Steuerungstechnik einschließlich dem Bildschirmdisplay.

Anstrengungen werden unternommen, um Schritt zu halten mit der Entwicklung der modernen Produktivkräfte, wie sie sich in der Kommunikationstechnik in Gestalt der Satelliten- und Lasertechnik, der Lichtleiterkabel, Bildschirmtechnik, moderner Vermittlungs- und Anwendergeräte u. a. vollzieht. Konsequent gilt es, unsere heutigen Möglichkeiten zu nutzen – wie Satellitenübertragung, die Anwendung der Lichtleitertechnik, der Mikroelektronik, Telefonvermittlungszentralen modernen Typs, Bordrechner im Verkehrswesen, bis hin zu Schalterdisplays bei der Post –, um Wissenschaft und Technik für neue Technologien, Erzeugnisse und Leistungen wirksam zu machen. Die DDR gehört zu den wenigen Ländern, die bei Mehrfachnutzung das gesamte natürliche Wasserangebot, Niederschlag, Zufluß, Oberflächen-, Grund- und Grubenwasser und zum Teil Bodden- und Meereswasser bei erschwerten Witterungsbedingungen nahezu ausschöpft.

Auf diesem Gebiet wurden in der DDR wahrhaft umwälzende Leistungen vollbracht, vom Hochwasserschutz an der See und an den Flüssen bis zur Trinkwasserversorgung der Bevölkerung, der Industrie und anderer Bereiche und alles mit erheblichem Aufwand. Es sei deshalb an dieser Stelle auf Marx' Hinweise zu den Gratisproduktivkräften der Natur eingegangen. Marx schreibt, daß eine Naturkraft, als „Gratisnaturproduktivkraft der Arbeit“ wirkt und nicht mitzählt „bei der Preisbestimmung, solange das mit ihrer Hilfe gelieferte Produkt für den Bedarf ausreicht. Muß aber im Fortgang der Entwicklung ein größeres Produkt geliefert werden, als mit Hilfe dieser Naturkraft hergestellt werden kann, muß also dies zusätzliche Produkt ohne Hilfe dieser Naturkraft oder unter Beihilfe von menschlichem Zutun, menschlicher Arbeit erzeugt werden“, so „findet also relativ mehr Kapitalauslage statt, um dasselbe Produkt zu erhalten. Alle anderen Umstände gleichbleibend findet Verteuerung der Produktion statt“[20].

Es ist sowohl das Erfordernis, bei Begrenztheit der Naturressource Wasser in der DDR, den absehbar wachsenden Wasserbedarf der Bevölkerung zu sichern, als auch das zwingende Gebot wirtschaftlicher Vernunft, konsequent den Weg der rationellen Verwendung von Wasser zu gehen. Zu diesem Komplex wasserwirtschaftlicher Maßnahmen gehören ebenso der Bau des Lichtestollens und die Rekonstruktion und Modernisierung solcher Wasserwerke wie in Berlin-Friedrichshagen, wie auch alle jene Schritte zur Senkung des spezifischen und absoluten Verbrauchs von Wasser, wie die Vorhaben zur Anwendung wasserarmer und -loser Technologien in den Bereichen der materiellen Produktion, Verfahren zur Kreislaufrückführung und Mehrfachnutzung des Wassers, effektive Abwasserreinigung und Wertstoffrückgewinnung, der Kampf gegen Wasserverschwendung und Wasserverluste.

Die SED und die Regierung der DDR widmen deshalb den Leistungen der technischen Infrastruktur, ihrer bedarfsgerechten und effektiven Erzeugung und ihrer immer rationelleren Verwendung große Aufmerksamkeit. Die Entwicklung der infrastrukturellen Leistungen ist orientiert an dem grundlegenden Ziel, die Hauptaufgabe in ihrer Einheit von Wirtschafts -und Sozialpolitik mit aller Konsequenz fortzusetzen und den Weg der umfassenden Intensivierung zu beschreiten. Eingeordnet in den Prozeß der volkswirtschaftlichen Reproduktion sind in der Gemeinsamen Direktive des Zentralkomitees der SED, des Ministerrates der DDR und des Bundesvorstandes des FDGB für die Ausarbeitung des Volkswirtschaftsplanes und des Staatshaushaltplanes 1986 die Schwerpunktaufgaben für die Bereiche der Infrastruktur festgelegt.

Durch gemeinsame Anstrengungen des Verkehrswesens, aller Wirtschaftszweige und der örtlichen Organe gilt es, den spezifischen Transportaufwand im Binnengütertransport zu senken und den Verbrauch von Diesel- und Vergaserkraftstoffen zu verringern.

Neue effektivere Lösungen zur Transportoptimierung sind gefragt. Mit der weiteren rationellen Gestaltung des Gütertransports der Eisenbahn durch die beschleunigte Elektrifizierung, die Ausdehnung des Güterschnellverkehrs und den verstärkten Einsatz von Containern und Paletten werden wichtige Voraussetzungen geschaffen für die weitere Verlagerung der Transporte von der Straße auf die Schiene und auf die Binnenschiffahrt.

Der Intensivierung der Transportprozesse bei der Eisenbahn dienen die maximale Auslastung der Güterwagen gemessen an Bestwerten, die Beschleunigung des Güterwagenumlaufs sowie die Entlastung der Rangierbahnhöfe durch höheren Anteil der Ganzzüge.

Auch bei der Sicherung des Außenhandels der DDR gilt es, die Transport- und Umschlagsaufgaben termingerecht und mit hoher Effektivität durchzuführen. Die Aufnahme des Fährverkehrs zwischen der DDR und der UdSSR bildet dabei einen Schwerpunkt.

Im Personenverkehr kommt es darauf an, die Beförderungsaufgaben bei Steigen ihrer Qualität und Zuverlässigkeit mit hoher Energieökonomie zu sichern. Durch die Vervollkommnung der Arbeitsteilung zwischen den Verkehrsträgern, vor allem durch den Ausbau der Straßenbahnnetze, werden die Nahverkehrssysteme attraktiver und umweltfreundlicher gestaltet.

Dem Post- und Fernmeldewesen ist die Aufgabe gestellt, die Leistungen für die Versorgung der Bevölkerung und der Wirtschaft bei weiterer Erhöhung der Qualität und mit großer Zuverlässigkeit zu sichern. Die Leistungsfähigkeit soll dabei vor allem durch die beschleunigte Rationalisierung der Betriebsprozesse sowie durch die Modernisierung und Instandhaltung der vorhandenen Grundfonds erhöht werden. Auf diesem Gebiet wird ein wichtiger Beitrag bei der weiteren Durchführung der Hauptaufgabe geleistet, indem der Kundendienst an den Postschaltern, die fernsprechmäßige Versorgung der Bevölkerung und die Empfangsmöglichkeiten für die Programme des Rundfunks und des Fernsehens der DDR, vor allem durch bessere Nutzung, Instandhaltung und Pflege der vorhandenen Einrichtungen, weiter verbessert wird.

Auch weiterhin gilt die Aufgabe, überall das Produktionswachstum mit gleichem bzw. sinkendem Energieverbrauch zu gewährleisten.

Die Effektivität der Energieumwandlung und -anwendung ist weiter zu erhöhen, alle Energieträger sind rationell und sparsam zu verwenden.

Von Wissenschaft und Technik wird ein wirkungsvoller Beitrag zu dauerhaft ökonomischem Energieeinsatz erwartet, vor allem durch hohe Energieeinsparungen bei technologischen Prozessen, bei den Umwandlungsprozessen der Rohbraunkohle zu höher veredelten Energieträgern, durch die weitere Erschließung von Sekundärenergieressourcen sowie durch die rationelle Gestaltung der Transportprozesse zur Einsparung von Dieselkraftstoff und Motorenbenzin.

Vorrangige Aufgaben auf dem Gebiet der Wasserwirtschaft bestehen in der wasserwirtschaftlichen Erschließung für das Wohnungsbauprogramm und in der Erhöhung des Versorgungsniveaus der Bevölkerung durch eine zielgerichtete Verbesserung der Trinkwasserversorgung und schadlose Abwasserbeseitigung. Rationelle Verwendung und Mehrfachnutzung ist der Weg, um zur Sicherung des wachsenden Trinkwasserbedarfs der Bevölkerung die Verfügbarkeit des Wasserdargebots zu erhöhen.

Die Erzeugung und der Verbrauch von infrastrukturellen Leistungen sind besonders stark mit Aufgaben zur Verbesserung des Umweltschutzes und der Umweltbedingungen für die Bürger verbunden. Deshalb berührt die generelle Aufgabenstellung, Modernisierungs- und Rationalisierungsvorhaben bei Produktionskapazitäten eng mit solchen leistungsfähigen Technologien zu verbinden, die den Erfordernissen des rationellen Rohstoffeinsatzes und zugleich des Umweltschutzes entsprechen, naturgemäß die Infrastruktur besonders.

Mit hoher Effektivität gilt es deshalb, vor allem Technologien mit geschlossenen Stoffkreisläufen und andere abproduktarme Verfahren anzuwenden, die festgelegten Aufgaben zur Rauchgasentschwefelung und Staubrückerhaltung sowie zur Wertstoffrückgewinnung aus Abgasen, Abwässern und festen Abprodukten durchzuführen und die vorgesehenen Maßnahmen zur Reinhaltung der Luft und des Wassers sowie zur schadlosen Beseitigung nicht nutzbarer Abprodukte und zur Minderung des Lärms fortzuführen.

Alle Vorhaben zielen darauf ab, die Bedingungen für die weitere stabile und dynamische Entwicklung der Volkswirtschaft zu sichern und das Verhältnis von Aufwand und Ergebnis noch günstiger zu gestalten und damit den Übergang zur intensiv erweiterten Reproduktion zu beschleunigen.

Anmerkungen

[1] 10. Tagung des Zentralkomitees der SED, 20./21.6.1985, Zur Vorbereitung des XI. Parteitages der SED, Aus der Rede des Genossen Erich Honeckers, Berlin 1985, S. 27.

[2] Karl Marx, Grundrisse der Kritik der politischen Ökonomie, S. 424, 429, 432;
Karl Marx, Das Kapital, Erster Band, in: MEW, Bd. 23, S. 195.

[3] Vgl. K. H. Schroeder, Komplexe Energieversorgung von Territorien, Leipzig 1983, S. 18 f.

[4] Vgl. Autorenkollektiv, Reproduktion und Verkehr, Berlin 1982, S. 112.

[5] Vgl. Statistisches Taschenbuch der DDR 1985, S. 84, 85, 88.

[6] Vgl. Ebenda, S. 56.

[7] Vgl. Statistisches Jahrbuch der DDR 1984, S. 154.

[8] Günter Mittag, Mit höchsten Leistungen den XI. Parteitag vorbereiten, Berlin 1985, S. 30.

[9] Karl Marx, Das Kapital, Zweiter Band, in: MEW, Bd. 24, S. 60.

[10] Karl Marx, Grundrisse ..., a. a. O., S. 432 f.

[11] Vgl. Statistisches Jahrbuch der DDR 1984, S. 89, 97, 140, 152–154, 212, 213.

[12] Vgl. Mitteilung der Staatlichen Zentralverwaltung für Statistik, in: Neues Deutschland vom 19./20. 1. 1985, S. 3 f.

[13] Ebenda.

[14] Vgl. Karl Marx, Das Kapital, Zweiter Band, in: MEW, Bd. 24, S. 161 (vgl. auch MEW Bd. 26.2, S. 492).

[15] Karl Marx, Das Kapital, Zweiter Band a. a. O., S. 181.

[16] Ebenda, S. 161.

[17] 9. Tagung des Zentralkomitees der SED, 22./23. 11. 1984, Aus dem Bericht des Politbüros an das Zentralkomitee der SED, Berichterstatter: Genosse Erich Honecker, Berlin 1984, S. 57.

[18] Vgl. W. Paubel/G. Händel, Neue Kommunikationstechnik – Nutzen oder Mißbrauch, in: Horizont 1/1985.

19 Vgl. Horst Tzschoppe, Über Wesen und Nutzungsmöglichkeiten der Information, in: Einheit 7/1985.

20 Karl Marx, Das Kapital, Zweiter Band, a. a. O., S. 316.

Richard Müller

Die aktive Rolle der Territorialplanung im gesellschaftlichen Reproduktionsprozeß und Anforderungen an die Forschung

Ich begrüße es, wenn der Wissenschaftliche Rat für die wirtschaftswissenschaftliche Forschung sich mit der territorialen Struktur des gesellschaftlichen Reproduktionsprozesses, mit der Standortverteilung der Produktivkräfte beschäftigt.

Die Entwicklung in den letzten Jahren hat deutlich gezeigt, daß die Einschätzung des Generalsekretärs des Zentralkomitees unserer Partei auf dem X. Parteitag über die Bedeutung des Territoriums für die dynamische Entwicklung der Volkswirtschaft seither keineswegs an Bedeutung und Aktualität verloren hat, sondern noch bedeutsamer geworden ist. Das kommt insbesondere in den Reden Erich Honeckers auf der 7. und 9. Tagung des Zentralkomitees der SED und vor den 1. Sekretären der Kreisleitungen der SED, im Referat Günter Mittags in Leipzig und in vielen Beschlüssen des Politbüros des ZK der SED zu Grundfragen der ökonomischen Struktur, zur Entwicklung von Wissenschaft und Technik, zur Grundfondsreproduktion sowie zur weiteren Vervollkommnung von Leitung, Planung und wirtschaftlicher Rechnungsführung deutlich zum Ausdruck.

Die richtige Nutzung und rationelle Gestaltung der territorialen Reproduktionsbedingungen, die Mobilisierung der spezifischen Potenzen jedes einzelnen Territoriums und aller Reproduktionsvorzüge der territorialen Struktur unserer Volkswirtschaft als Ganzes haben für den Fünfjahrplan 1986 bis 1990 und darüber hinaus zunehmende Bedeutung. Die bessere Leitung und Planung der territorialen Zusammenhänge des gesellschaftlichen Reproduktionsprozesses ist eine wichtige Reserve für die Steigerung der Leistung und Erhöhung der Effektivität in der Wirtschaft.

In der Leitung der Staatlichen Plankommission wurde das Material zum Generalschema der Standortverteilung der Produktivkräfte in der DDR beraten und der Dank für die in großer Gemeinschaftsarbeit erarbeiteten Analysen und Vorschläge den beteiligten Wissenschaftlern und Praktikern ausgesprochen. Es wird eingeschätzt: mit dem Generalschema für die Standortverteilung der Produktivkräfte in der DDR liegt ein zusammenfassendes analytisch-prognostisches Material zu den territorialen Reproduktionsbedingungen vor. Hier wurde auf das Territorium angewendet, was Günter Mittag auf der wirtschaftswissenschaftlichen Konferenz forderte, daß die von der ökonomischen Strategie bestimmte Wirtschaftspolitik stets die gesellschaftliche Entwicklung vorantreibt. Durch die gelungene Verknüpfung von Untersuchungsergebnissen zur Bevölkerungsentwicklung, zu mineralischen Rohstoffen, zur Standortverteilung von Industrie, Landwirtschaft und Bauwesen, zur technischen und sozialen Infrastruktur, zur Siedlungsstruktur und zur natürlichen Umwelt konnte in grundlegende Zusammenhänge des Reproduktionsprozesses eingedrungen werden. Besonders ist hervorzuheben, daß in allen Teilen des Materials der Einheit von politischen, ökonomischen, sozialen, geistig-kulturellen und militärökonomischen Zusammenhängen im Territorium Rechnung getragen wurde und auf diese Weise neue Erkenntnisse erzielt werden konnten.

Das Gesamtergebnis des Generalschemas hinsichtlich der territorialen Ressourcen entspricht der Einschätzung Erich Honeckers auf der 7. Tagung des Zentralkomitees der SED, daß die DDR prinzipiell in der Lage ist, mit ihren geistigen Potenzen und ihren materiellen Ressourcen den notwendigen Leistungsanstieg zu erreichen, um auch künftig die Hauptaufgabe in ihrer Einheit von Wirtschafts- und Sozialpolitik erfolgreich zu verwirklichen.

Dem Generalschema ist großes politisches Gewicht beizumessen, weil es die Erfüllung des Programms unserer Partei hinsichtlich der territorialen Entwicklung abrechnet und die gegenwärtige Territorialstruktur das Ergebnis der gezielten, kontinuierlichen Standortpolitik der SED ist.

Das Programm der SED verlangt als einen wesentlichen Grundsatz unserer gesamten Gesellschaftspolitik, daß alle strategischen und Einzelentscheidungen zur Leistungsentwicklung der Volkswirtschaft und zum Lebensniveau unserer Bevölkerung stets in der Einheit von Zweig- und Territorialprinzip vorbereitet, getroffen und durchgeführt werden.

In der Planung wurde diese Einheit von Zweig- und Territorialprinzip stets als Prinzip der Volkswirtschaftsplanung gewahrt und entwickelt. Territorialplanung führt dann zu optimalen Ergebnissen, wenn sowohl von der Staatlichen Plankommission und den örtlichen Planungsorganen als auch von den Ministerien, anderen zentralen Organen, den Kombinaten und wirtschaftsleitenden Organen der territoriale Aspekt, die günstigste Standortverteilung der Produktivkräfte, in die strategischen Entwicklungskonzeptionen und in die Durchführung der Pläne einbezogen werden. Von entscheidender Bedeutung ist dabei, mit welcher Qualität die Einheit von zweiglicher und territorialer Entwicklung bereits im zentralen Planansatz gewährleistet wird. Mit welcher Aufmerksamkeit unsere Parteiführung und Regierung gerade diesen Aspekt verfolgt, zeigt sich im neuesten Beschluß, wonach der zentrale Ansatz für den neuen Fünfjahrplan 1986 bis 1990 durch die Staatliche Plankommission mit den Ministerien, Kombinaten und Räten der Bezirke durchzuarbeiten und abzustimmen ist, und zwar vor dem XI. Parteitag der SED. Erinnern möchte ich auch an die Komplexberatungen des Ministerrates zum Volkswirtschaftsplan in jedem Bezirk, wo eine prinzipielle Übereinstimmung der Entwicklung der Zweige der Volkswirtschaft mit dem Territorium herbeigeführt wird

Aus der wissenschaftlichen Arbeit resultieren vor allem Vorschläge für die Qualifizierung des zentralen Planansatzes auf dem Gebiet der Standortverteilung, die im vorliegenden Generalschema auch enthalten sind. Zunehmende Bedeutung für die volle Nutzung des territorialen Aspektes in der Leistungs- und Effektivitätsentwicklung der Volkswirtschaft hat die Qualität der Zusammenarbeit der Kombinate mit den Räten der Bezirke. Fehlende Proportionalität zwischen Zweigen und Territorien im zentralen Ansatz kann nicht oder nur mit Verlusten auf nachfolgenden Ebenen hergestellt werden.

Im zentralen Planansatz müssen die Ziele zur Entwicklung der Territorialstruktur der Volkswirtschaft verankert sein. Dabei müssen mit Hilfe der Forschung die strategischen Ziele zur Entwicklung der Territorialstruktur bei Nachweis von Aufwand und Ergebnis noch klarer herausgearbeitet werden. In dieser Hauptrichtung sollte auch die zukünftige Forschung auf diesem Gebiet liegen.

In der Hauptstadt Berlin und in der Stadt Leipzig wurden im Auftrag der Staatlichen Plankommission durch die Bezirksplankommissionen gemeinsam mit Kombinaten, Betrieben und Forschungseinrichtungen Analysen zur Standortverteilung der Industriebetriebe innerhalb der Städte ausgearbeitet und Vorschläge zur Rationalisierung der Standortverteilung der Produktionsstätten gemacht. Den Bezirksplankommissionen war die Aufgabe gestellt, solche Vorschläge auszuarbeiten, wie ohne größere Investitionen vor allem durch bessere Nutzung der vorhandenen Produktions- und Gewerberäume zusätzliche Reserven zur Leistungsentwicklung – über Steigerung der Arbeitsproduktivität – und zur Senkung des Produktionsaufwandes mobilisiert werden können. In die Arbeiten wurden etwa 100 Kombinatsbetriebe mit ca. 800 Produktionsstätten und Lagern einbezogen. Die Standortverteilung der Industrie in der Hauptstadt der DDR, Berlin, und in der Stadt Leipzig war am Beginn der Arbeiten dadurch charakterisiert, daß die Produktions- sowie die Lagerfunktionen vieler zentral- und örtlich geleiteter Kombinatsbetriebe sich auf eine große Zahl von Produktionsstätten und Lagern aufgliederten. Zum Beispiel verfügen in der Hauptstadt Berlin die in die Untersuchung einbezogenen 27 zentralgeleiteten Kombinatsbetriebe über Gewerberaumfläche an insgesamt 337 Standorten, von denen ca. 50 % im Mietverhältnis genutzt werden. Die einbezogenen 58 bezirksgeleiteten Betriebe hatten an 259 Standorten Gewerberaum mit durchschnittlich 40 Beschäftigten je Standort der Produktion.

In der ersten Etappe der Untersuchungen in der Hauptstadt und in Leipzig erfolgte nach einer einheitlichen Methodik eine umfangreiche Analysentätigkeit zur Ermittlung der bestehenden Standortverteilung der Produktionsstätten und Lager, des Nutzungsgrades der vorhandenen Flächen, des Bauzustandes sowie der Transportverflechtungen. Ab Mitte des Jahres 1982 wurden in einer zweiten Etappe gemeinsam mit den zuständigen Kombinaten und Kombinatsbetrieben erste betriebskonkrete Rationalisierungsmaßnahmen erarbeitet.

Im Ergebnis dieser umfangreichen analytischen Arbeit wurde von der Bezirksplankommission der Hauptstadt eine „Langfristige Konzeption zur Rationalisierung der Standortverteilung der Produktion ausgewählter Kombinatsbetriebe in Berlin – Hauptstadt der DDR“ vorgelegt. Die kurzfristig durchgeführten Maßnahmen wurden mit den Ministerien abgestimmt und Bestandteil des Volkswirtschaftsplanes 1983. Auch 1984 waren die weiteren Aufgaben in den Plan einbezogen.

Die erarbeitete Konzeption – Ergebnis der sozialistischen Gemeinschaftsarbeit in der Hauptstadt – unterbreitet konstruktive Vorschläge zur Rationalisierung der Standortverteilung in Berlin sowohl für die unmittelbare Umsetzung im laufenden Planjahr, in den Folgejahren und für einen längerfristigen Zeitraum.

Daraus ergeben sich folgende Konsequenzen:

- Zur Verbesserung der Produktionsbedingungen durch standörtliche Konzentration der Produktion ist eine Reduzierung der vorhandenen Betriebsstandorte von 569 auf 345 notwendig, das entspricht 58 %. Damit verringert sich die durchschnittliche Anzahl der Standorte je Betrieb von bisher 7 auf künftig 4 bis 5. Die durchschnittliche Standortgröße wächst von ca. 3100 m^2 auf etwa 5800 m^2. Es werden 200000 m^2 Bruttofläche in Gebäuden freigesetzt. 80 % davon sind für eine Nachnutzung durch die Industrie geeignet.
- Weiternutzung von 87,8 % der vorhandenen Bruttoflächen in Gebäuden bei teilweiser Instandsetzung (bei ca. 17 % der Bausubstanz) bzw. Rekonstruktion (ca. 10 % der Bausubstanz) sowie Anpassung an die sich entwickelnden Fertigungsbedingungen.
- Reduzierung der Transportleistungen zwischen den Betriebsstandorten auf etwa 50 %, also um die Hälfte weniger Transportleistungen über die Straßen der Stadt.
- Weitergehende Nutzung der vorhandenen Netze und Anlagen des Verkehrs, der technischen Versorgung sowie der Versorgung und Betreuung der Werktätigen, verbunden mit Verbesserungen der Arbeitsbedingungen unter Einbeziehung eines teilweise geringfügigen Ausbaus für die geplante Entwicklung und Erweiterung in Einzelfällen.

Diese Arbeit wurde inzwischen auf alle Bezirksstädte ausgedehnt.

An diesem Beispiel wird deutlich: es geht beim territorialen Aspekt sowohl um die Sicherung der Leistungs- und Effektivitätsentwicklung der Kombinate als auch um die Mobilisierung zusätzlicher Reserven im Territorium, die durch die Arbeit innerhalb eines Zweiges objektiv nicht erschlossen werden können. Intensivierung muß im Komplex durchgesetzt werden. Gegenwärtig und unter den Reproduktionsbedingungen der 80er und 90er Jahre sind die inneren und äußeren Reproduktionsbedingungen unserer Volkswirtschaft so komplex geworden, daß es unbedingt der aktiven schöpferischen Entfaltung aller spezifischen Zusammenhänge zwischen Produzieren, Wohnen, Bilden, Versorgung in allen Territorien, in jedem Bezirk und Kreis, jeder Stadt und jeder Gemeinde bedarf, um alle örtlichen Reproduktionsbedingungen zu erschließen und, wie Erich Honecker auf der 9. Tagung des ZK der SED formulierte, um die Volkswirtschaft der DDR und unsere sozialistische Gesellschaft als Ganzes erfolgreich weiter voranzubringen.

Für die umfassende Intensivierung in der zweiten Hälfte der 80er Jahre und auch für das darauffolgende Jahrzehnt bis zur Jahrtausendwende genügt es nicht mehr, den einen oder anderen Intensivierungsfaktor anzupacken, in den Mittelpunkt zu stellen oder besonders zu forcieren. Die neue Qualität erfordert eine Strategie der aufeinander abgestimmten umfassenden Nutzung aller qualitativen Wachstumsfaktoren und Kriterien der intensiv erweiterten Reproduktion, wobei eine höhere Wirksamkeit von Wissenschaft und Technik selbstverständlich immer das Kernstück bleibt. Zu diesem Komplex gehören stärker als jemals zuvor die territorialen Reproduktionsbedingungen. Ich teile die Position, die dazu im Referat bezogen wurde. Das Generalschema für die Standortverteilung der Produktivkräfte in der DDR sieht die Leitung der Staatlichen Plankommission als einen wissenschaftlichen Vorlauf an, bei dem sich die Autoren bemühten, diesen neuen Erfordernissen der Komplexität bei der umfassenden Intensivierung bereits weitgehend gerecht zu werden.

Die Orientierung auf die Analyse des komplexen Zusammenwirkens aller Faktoren und Kriterien der intensiv erweiterten Reproduktion, darunter der territorialen Bedingungen, gilt besonders für einige Aufgabenkomplexe, die zur Zeit im Mittelpunkt der Arbeit der Staatlichen Plankommission zum Fünfjahrplan 1986 bis 1990 stehen. Dazu gehören aber auch die Anstrengungen im Sinne des Leipziger Seminars, das Jahr 1985 auf der Grundlage der guten Ergebnisse des Jahres 1984 zu einem Jahr höchster Leistungen zu machen.

Solche Aufgabenkomplexe, bei denen es ganz wesentlich auch auf die Mobilisierung aller territorialen Potenzen ankommt, sind:

1. Die Beschleunigung des Wachstums der Arbeitsproduktivität im Zeitraum 1986 bis 1990 vom Territorium her zu unterstützen; für die Mehrheit der Betriebe muß die Arbeitsproduktivität schneller wachsen als die Produktion.

2. Die Schaffung aller Voraussetzungen für eine breite Entwicklung und Einführung der Mikroelektronik und anderer bedeutender Technologien; die Gemeinschaftsarbeit zwischen Betrieben im Territorium entscheidet im hohen Maße über die breite Anwendung neuer Technologien und ist eine wichtige Seite der territorialen Rationalisierung.

3. Eine wirklich umfassende Verwertung aller einheimischen Rohstoffe, z. B. Braunkohle, selbstverständlich auch die volle Ausnutzung aller Reserven an einheimischem Erdgas und geothermischer Prozesse für die Beheizung von Wohnungen und der Reserven in der Forstwirtschaft. Je Bezirk muß das analysiert und sollten Vorschläge für die bessere Nutzung ausgearbeitet werden.

4. Die Ausschöpfung aller Möglichkeiten zur Leistungssteigerung der Pflanzenproduktion und die Gewährleistung der materiellen und personellen Voraussetzungen dafür.

5. Die Lösung der Wohnungsfrage in der DDR, vor allem in der Hauptstadt.

6. Die weitere Senkung der Kosten im Bauwesen, vor allem für den Gesellschaftsbau, aber auch für den Wohnungsbau, und nicht zuletzt

7. Die Nutzung des gesellschaftlichen Arbeitsvermögens.

Es kommt auf allen Ebenen – in der Staatlichen Plankommission, in den Ministerien, den Räten der Bezirke und Kreise, in den Kombinaten und Betrieben – darauf an, eine solche Haltung zu erreichen, die von der schnellen Steigerung der Arbeitsproduktivität und von den Realitäten des Aufkommens an Arbeitskräften ausgeht.

Die Leitung der Staatlichen Plankommission ist den Autoren dankbar, daß sie uns mit dem Generalschema für die Standortverteilung der Produktivkräfte eine präzise Vorausberechnung der DDR-Bevölkerung und des gesellschaftlichen Arbeitsvermögens bis zum Jahr 2000 nach Bezirken und Kreisen, Alter und Geschlecht unter Berücksichtigung der Binnenwanderung vorgelegt hat, aus der konkrete Ableitungen für wirtschaftspolitische Entscheidungen gezogen werden können. Mit dem politisch und wissenschaftlich verantwortungsbewußt erzielten Rechenergebnis der Forschung konnte nachgewiesen werden, daß die Entwicklung des Fonds an lebendiger Arbeit unserer Volkswirtschaft nach Bezirken und Kreisen, nach Stadt und Land sehr unterschiedlich verläuft und verlangt, daß sich alle Ministerien und Kombinate auf die jeweils konkrete Arbeitskräftelage im Territorium einstellen.

Es ist eine erstrangige Aufgabe, bei deren Lösung ich um noch mehr Unterstützung durch die wirtschaftswissenschaftliche Forschung bitte, die realen Bedingungen zum Ausgangspunkt zu nehmen und zu einer realistischen Einschätzung bei den örtlichen Organen und Kombinaten beizutragen.

Die komplexe Aufgabe, mit weniger Aufwand an lebendiger und vergegenständlichter Arbeit mehr zu produzieren, vor allem durch wirksame Anwendung der Erkenntnisse von Wissenschaft und Technik, muß in allen Kombinaten und Betrieben konkret untersetzt werden. Die Territorialplanung, vor allem die örtlichen Staatsorgane, fördern diesen Prozeß unter den Bedingungen der konkreten Situation im Territorium.

Das vorliegende Generalschema für die Standortverteilung der Produktivkräfte in der DDR als analytischer und prognostischer Vorlauf ist das Ergebnis einer vom Wissenschaftlichen Rat verantwortungsbewußt und initiativreich organisierten und geführten Forschungsarbeit, an der viele wissenschaftliche Disziplinen aktiv beteiligt waren. Sowohl der praktische Wert des Materials für die Arbeit am Planansatz zum Fünfjahrplan für die Entwicklung der Volkswirtschaft der DDR 1986 bis 1990 als auch die heute vorgenommene Verallgemeinerung lassen für die Leitung der Staatlichen Plankommission die Bitte entstehen, diese interdisziplinäre Gemeinschaftsarbeit fortzusetzen. Gerade in Anbetracht der vor uns stehenden neuen Qualitätsstufe der umfassenden Intensivierung, bei der es vor allem auf die komplexe Nutzung aller Intensivierungsfaktoren ankommt, macht eine solche Gemeinschaftsarbeit unumgänglich.

Dabei ist es aus unserer Sicht wünschenswert, daß sich nach Möglichkeit noch mehr Teildisziplinen der Wirtschaftswissenschaft dieser Gemeinschaftsarbeit anschließen. Ich denke dabei z. B. an die Wissenschaftler, die sich mit der weiteren Vervollkommnung der wirtschaftlichen Rechnungsführung beschäftigen. Sie sollten helfen, herauszuarbeiten, welche territorialökonomischen Zusammenhänge der Volkswirtschaft unter welchen Voraussetzungen künftig besser mit ökonomischen Hebeln beeinflußt werden können. Auch Forschungen, die sich mit Fragen der Leitung und Planung der Wirtschaft und mit ökonomischen Fragen des wissenschaftlich-technischen Fortschritts beschäftigen, müssen stärker helfen, die Territorialplanung für die Durchsetzung des wissenschaftlich-technischen Fortschritts sowie für die Erhöhung der Effektivität der Produktion noch wirksamer zu machen. Es gibt solche Hinweise, daß es dazu noch viele ungenutzte Möglichkeiten gibt, die durch Gemeinschaftsarbeit erschlossen werden können.

Mit der Standortverteilung der Produktivkräfte und der komplexen Erschließung der territorialen Reproduktionsbedingungen eng verbunden ist die gesamte Tätigkeit der örtlichen Organe der Staatsmacht. Die Diskussion des neuen Gesetzentwurfs zur Arbeit der örtlichen Volksvertretungen beginnt im Mai 1985. Ich halte diesen Schritt für eine neue Stufe der weiteren konsequenten Verwirklichung und Entfaltung des Prinzips des demokratischen Zentralismus in unserer Gesellschaft bei der Leitung und Planung der gesellschaftlichen und insbesondere ökonomischen Entwicklung.

Es sind einige der heute hier dargelegten Erkenntnisse der Forschung in die Neufassung des Gesetzes eingeflossen. Mit diesem Gesetz erhalten die örtlichen Volksvertretungen eine längerfristige Orientierung für ihr gesamtes Wirken unter den Bedingungen der umfassenden Intensivierung der Volkswirtschaft. Besonders wird ihre Verantwortung für die Verwirklichung der ökonomischen Strategie und die Erfüllung der staatlichen Pläne klar formuliert. Sie werden auf eine komplexere Leitungstätigkeit orientiert, die sie entfalten müssen, wenn sie alle volkswirtschaftlichen Verpflichtungen in ihren Territorien sichern wollen. Sie werden verpflichtet, alles zu tun, um die territorialen Potenzen für eine hohe Dynamik der Produktion zu mobilisieren und Reserven für die Verbesserung der Arbeits- und Lebensbedingungen zu erschließen. Das gilt sowohl für die koordinierte Nutzung aller territorialen Reproduktionsbedingungen für die ökonomische, soziale und kulturelle Entwicklung in den Territorien insgesamt als auch für die Durchsetzung der umfassenden Intensivierung in den ihnen unterstellten Verantwortungsbereichen.

In Übereinstimmung mit den Prinzipien des demokratischen Zentralismus wird vorgeschlagen, daß die örtlichen Räte im Auftrag ihrer Volksvertretungen auf der Grundlage der Beschlüsse der übergeordneten Organe leiten und planen, und daß der Staatsrat und der Ministerrat ein einheitliches Wirken der örtlichen Volksvertretungen und ihrer Räte gewährleisten. Mit diesem Gesetzeswerk wird eine weitere wesentliche Grundlage geschaffen, auf der die Territorialplanung im Rahmen unserer sozialistischen Volkswirtschaftsplanung wirkungsvoller auf die Effektivitätsentwicklung der Volkswirtschaft Einfluß nehmen kann.

Ich möchte zum Abschluß hervorheben, daß das vorgelegte Generalschema der Standortverteilung der Produktivkräfte eine Reihe wichtiger Vorschläge zur Qualifizierung der Arbeit in der Staatlichen Plankommission gebracht hat. Die Staatliche Plankommission wird ein aktiver, kritischer und helfender Partner bei der weiteren Forschungsarbeit auf diesem Gebiet bleiben.

Dieter Müller

Militärökonomische Aspekte der Territorialstruktur

Aus der Sicht der Landesverteidigung hat die Territorialstruktur der gesellschaftlichen Reproduktion, speziell die Standordverteilung der Produktivkräfte, wesentliche Bedeutung. Das gilt sowohl für die Organisation und Sicherstellung des Systems der Landesverteidigung im Frieden als auch für seine Vorbereitung auf den Verteidigungszustand und schließlich im Verteidigungszustand selbst. Die Territorialstruktur der gesellschaftlichen Reproduktion beeinflußt wesentlich personelle Fragen der Landesverteidigung, z. B. die Möglichkeiten der Einberufung, von Mobilmachungsmaßnahmen und die Nachwuchsgewinnung für militärische Berufe. Gleichermaßen beeinflußt sie die vielfältigsten materiellen Fragen zur ökonomischen Sicherstellung der Landesverteidigung, z. B. die Versorgung für militärische Dienststellen auf dem Territorium, die zentrale ökonomische Sicherstellung über große Entfernungen, die Nachrichten- und Transportsicherstellung.

Unter diesem Aspekt stimme ich prinzipiell der Feststellung zu, daß bei der Entwicklung der Territorialstruktur den Erfordernissen der Landesverteidigung entsprochen werden kann und muß. Es ist erforderlich, alle sich aus der Territorialstruktur ergebenden Reserven für die ökonomische Sicherstellung der Landesverteidigung zu erschließen. Das betrifft sowohl ressourcensparende Technologien wie auch die Erhöhung der Havariesicherheit und die optimale Reservehaltung.

Für sehr wesentlich erachte ich, die territorialen Reproduktionsbedingungen ständig zu analysieren und zu prognostizieren. Dabei sind vom Standpunkt der Militärökonomie folgende Grundlinien zu berücksichtigen: Die geplante Entwicklung der Produktivkräfte, ihre territoriale Verteilung und die Erreichung hoher ökonomischer Effektivität haben das Primat. Gleichzeitig gilt für uns als Ausgangspunkt die Orientierung unserer Partei- und Staatsführung, zwei strategische Aufgaben gleichzeitig zu lösen. Das ist erstens die Friedenssicherung, die gegenwärtig vor allem die Aufrechterhaltung des annähernden militärstrategischen Gleichgewichts einschließt, und zweitens die Weiterführung der Hauptaufgabe in ihrer Einheit von Wirtschafts- und Sozialpolitik. Gegenwärtig und für die weitere absehbare Zukunft müssen wir dabei mit solchen Bedingungen rechnen, daß durch die aggressiven Kräfte des USA-Imperialismus und der NATO die Hochrüstung weiter forciert wird, ausgelöst durch das Streben der imperialistischen Staaten zur Durchbrechung des militärstrategischen Gleichgewichts.

Um so mehr ist es erforderlich, die Lösung beider strategischer Aufgaben so zu verbinden, daß bei zu konzipierenden Maßnahmen beiden Aufgaben in höchstmöglichem Maße entsprochen wird. Im Grunde genommen handelt es sich darum, daß heute ein Prinzip höchster Aktualität erlangt, was M. W. Frunse bereits im Jahre 1924 wie folgt formulierte: „Bei jedem neuen – wirtschaftlichen, kulturellen und anderen – Vorhaben muß man sich stets die Frage vorlegen: Und in welchem Einklang werden die Ergebnisse dieses Beginnens mit der Sicherstellung der Verteidigung des Landes stehen? Gibt es keine Möglichkeit, es so einzurichten – ohne den friedlichen Bedürfnissen Schaden zuzufügen –, daß man auch die Erfüllung bestimmter militärischer Aufgaben gewährleistet?“[1]

Konkret bedeutet das für uns, bei zu treffenden Entscheidungen, z. B. für neue oder zu erweiternde Produktionsanlagen, Nachrichten- und Verkehrsverbindungen, Lager und andere ökonomische Objekte, eine sinnvolle Synthese zwischen ökonomischer Zweckmäßigkeit und Erfordernissen der Landesverteidigung zu suchen. Bei Entscheidungen zur Standortverteilung, zum Problem der Zentralisation oder Dezentralisation muß ein beiden strategischen Aufgaben entsprechender Kompromiß gefunden werden.

Aus der Sicht der Landesverteidigung spielen bei der weiteren Entwicklung der Territorialstruktur der DDR mindestens folgende drei Aspekte eine Rolle:

Erstens: Im Frieden wie im Krieg müssen wir uns bei der Entwicklung der Landesverteidigung von den Erfordernissen eines möglichen Krieges leiten lassen. Die schwerste Belastungsprobe würde sicher ein Kernwaffenkrieg sein. Aber unter Berücksichtigung der qualitativen Hochrüstung imperialistischer Staaten ergibt sich, daß die in naher Zukunft in den Streitkräften vorhandenen nichtnuklearen Kampfmittel in ihrer Wirkung auf taktischem und operativem Gebiet an die von Kernwaffen heranreichen.

Zweitens: Entsprechend der geographischen Lage unserer Republik in Zentraleuropa ergibt sich für sie auch eine ganze bestimmte militärstrategische Lage und Funktion für die ökonomische Sicherstellung der Landesverteidigung.

Drittens: Unter Berücksichtigung der kollektiven Organisation der Verteidigung unserer Bruderländer im Rahmen des Warschauer Vertrages wird auch die ökonomische Sicherstellung der verbündeten Streitkräfte kollektiv organisiert. Demzufolge muß das Wirtschaftsterritorium der DDR auch im Zusammenhang mit den Territorien der sozialistischen Bruderländer betrachtet werden.

Aus diesen Aspekten ergeben sich die konkreten Anforderungen an unser Territorium im Interesse der ökonomischen Sicherstellung der Landesverteidigung. Ich möchte davon nur einige wesentliche nennen:

Ein erstes wichtiges Erfordernis ist, in den Wirtschaftsterritorien und Bezirken eine materiell-technische Basis zu haben, die z. B. auf nachrichtentechnischem Gebiet und dem der Transportsicherstellung modernen Bedingungen des wissenschaftlich-technischen Fortschritts entspricht. Eine solche Basis erlangt auch Bedeutung für die Durchführung von Instandsetzungen an militärischen Geräten, die selbst den wissenschaftlich-technischen Fortschritt verkörpern. Nicht zuletzt dient uns das Territorium auch für die Versorgungssicherstellung mit hochwertigen und haltbaren Nahrungsgütern.

Eine zweite wichtige Anforderung an das Territorium ist seine Fähigkeit zu weitgehend selbstständigem Handeln bei eingeschränkten Transportmöglichkeiten. Wir haben heute eine solche Situation, daß einige Kooperationen mit beträchtlichen Entfernungen verbunden sind. Die Realisierung solcher Kooperationen über weite Entfernungen ist aus militärischer Sicht sehr problematisch. Damit treten für die militärische Produktion und Instandsetzung von Militärtechnik ein beträchtlicher Transportaufwand und eine starke Verteuerung der Finalerzeugnisse ein. Im Verteidigungszustand wären die Auswirkungen weit ernsthafter. Sicher ist die Lösung dieser Problematik nicht einfach, aber aus perspektivischer Sicht sollte sie nicht ausgeschlossen werden.

Eine dritte ungelöste Problematik ist die Existenz von wichtigen volkswirtschaftlichen Kapazitäten in Räumen, die dem Territorium von NATO-Staaten sehr nahe liegen. Aus der Sicht der Landesverteidigung sollte hier geprüft werden, ob weitsichtig zweckmäßigere Lösungen gefunden werden können.

Ich bin mir bewußt, daß es zur Lösung der hier nur angedeuteten Probleme eines engen Zusammenwirkens zwischen den Organen der Landesverteidigung und den Staats- und wirtschaftsleitenden Organen bedarf. Das gilt auch für weitere Forschungsarbeiten zur Territorialstruktur. Aus der Sicht der Landesverteidigung sollten in solche Forschungen Probleme der Verringerung übermäßiger Spezialisierung, des Schutzes der Kooperationsbeziehungen und des Mobilitätsgrades der Wirtschaft einbezogen werden. Es ist mir klar, daß die Forschungsarbeiten zur Territorialstruktur nur als interdisziplinäre Arbeiten bewältigt werden können. Die Militärwissenschaftler und Militärökonomen erlären sich bereit, daran aktiv mitzuwirken.

Anmerkungen

1 M. W. Frunse, Ausgewählte Schriften, Berlin 1956, S. 257.

Gerhard Kehrer

Wissenschaftlich-technischer Neuerungsprozeß und Territorialstruktur der gesellschaftlichen Reproduktion

Die Verwirklichung der vom X. Parteitag der SED beschlossenen ökonomischen Strategie ist in eine neue Etappe getreten. Sie ist darauf gerichtet, „dem Prozeß der Intensivierung umfassenden Charakter zu verleihen, stabile Grundlagen für seine Entwicklung auf lange Sicht zu schaffen und durch neue Technologien und neue Produkte zu höherer Effektivität zu gelangen“[1].

Umfassende Durchsetzung, höheres Niveau und größere ökonomische und soziale Effektivität der Intensivierung erfordern, auch die territoriale Organisation der gesellschaftlichen Reproduktion als Intensivierungsfaktor zielstrebig zu nutzen und die Wachstumspotenzen der entwickelten Territorialstruktur voll wirksam zu machen.

Der Zusammenhang zwischen Intensivierung und territorialer Entwicklung wird durch den wissenschaftlich-technischen Fortschritt als entscheidende Quelle und übergreifender Faktor im Intensivierungsprozeß bestimmt. Demzufolge bilden seit geraumer Zeit die territorialen Konsequenzen und Bedingungen des wissenschaftlich-technischen Fortschritts einen Schwerpunkt der Territorialforschung in der DDR und in anderen sozialistischen Ländern. Die mit der Ausarbeitung des Generalschemas für die Standortverteilung der Produktivkräfte forcierten Untersuchungen sind auf zwei miteinander unlösbar verbundene Zielstellungen ausgerichtet:

- Wie können die Potenzen und Bedingungen der Territorien für die Durchsetzung des wissenschaftlich-technischen Fortschritts genutzt werden?
- Welchen Einfluß übt der wissenschaftlich-technische Fortschritt auf die künftige Entwicklung der Territorialstruktur der gesellschaftlichen Reproduktion aus?

Im Ergebnis der bisherigen Untersuchungen können dazu zwei grundlegende Erkenntnisse formuliert werden:

1. Für die beschleunigte Durchsetzung und effektive Wirksamkeit des wissenschaftlich-technischen Fortschritts ist ein bestimmter Reifegrad, ist ein relativ entwickeltes Niveau der Territorialstruktur der gesellschaftlichen Reproduktion eine wesentliche Voraussetzung. Dabei kommt der Nutzung der spezifischen Reproduktionsbedingungen der einzelnen Territorien, vor allem der Ballungsgebiete und großen Städte, eine besondere Bedeutung zu.

2. Der wissenschaftlich-technische Fortschritt eröffnet neue Möglichkeiten und schafft neue Bedingungen für die weitere Gestaltung der Territorialstruktur. Er erweitert die Maßstäbe ihrer intensiven Nutzung und Vervollkommnung und löst zugleich Veränderung in der gegebenen Territorialstruktur aus.

Bei der Analyse des territorialen Aspekts des wissenschaftlich-technischen Fortschritts ist von der dialektischen Einheit seiner evolutionären und revolutionären Prozesse auszugehen. Beide Prozesse beeinflussen maßgeblich die Dynamik der territorialen Entwicklung.

Evolutionäre Veränderungen vollziehen sich ständig in allen Bereichen des gesellschaftlichen Lebens. Sie ermöglichen somit in allen Landesteilen eine zunehmend effektive Nutzung der vorhandenen Potentiale an lebendiger und vergegenständlichter Arbeit. Sie bieten vielfältige Möglichkeiten für die übereinstimmende Entwicklung der Zweige, Kombinate, Betriebe und Einrichtungen mit der gesellschaftlichen Entwicklung in den Territorien und damit für die Sicherung der territorialen Proportionalität. In diesem Zusammenhang gewinnen insbesondere die konsequente Verbindung von betrieblicher Rationalisierung mit der territorialen Rationalisierung und die Rationalisierung der Standortverteilung der Produktion in den Territorien, speziell in den städtischen Zentren der Industrie, erhöhte Bedeutung.

Evolutionäre wissenschaftlich-technische Prozesse mobilisieren die schöpferische Aktivität der Werktätigen. Sie erschließen ständig neue Quellen des Wachstums und der Verbesserung der Arbeits- und Lebensbedingungen in allen Territorien. Die evolutionäre Entfaltung der Produktivkräfte ist zugleich bedeutungsvoll für die territoriale Sicherung revolutionärer wissenschaftlich-technischer Prozesse. Unter den Gegebenheiten der Territorialstruktur der DDR, die durch einen hohen Entwicklungsstand der Produktivkräfte und eine hohe Beanspruchung der territorialen Reproduktionsbedingungen in allen Bezirken gekennzeichnet ist, gewinnt die Beherrschung des Zusammenhangs zwischen quantitativen und qualitativen Veränderungen bei der Durchsetzung des wissenschaftlich-technischen Fortschritts wachsende Bedeutung.

Für die Verwirklichung der ökonomischen Strategie der Partei der Arbeiterklasse sind die wissenschaftlich-technischen Neuerungsprozesse Hauptquelle der Leistungs- und Effektivitätssteigerung in der Volkswirtschaft. Der gesellschaftliche Nutzeffekt wissenschaftlich-technischer Neuerungsprozesse ist auch von der planmäßigen Beherrschung ihrer Komplexität abhängig. Das gilt sowohl für die vertikale Verflechtung der einzelnen Phasen eines Neuerungsprozesses als auch für seine horizontale Verflechtung mit anderen ökonomischen und gesellschaftlichen Entwicklungsprozessen. Davon ausgehend ist die territoriale Relevanz wissenschaftlich-technischer Neuerungsprozesse noch tiefgehender zu analysieren.

Die Einflußnahme von Neuerungsprozessen auf die Territorialstruktur ist zeitlich und räumlich differenziert.[2] Wissenschaftlich-technische Neuerungsprozesse, insbesondere solche mit umfassender volkswirtschaftlicher Bedeutung, benötigen bis zu ihrer volkswirtschaftlichen ergiebigen Nutzung relativ hohe Vorleistungen im Ressourceneinsatz. Diese Vorleistungen sind im Territorium räumlich konzentriert zu erbringen. In den ersten Phasen (insbesondere Phasen der Einführung und des schnellen Wachstums) der Neuerungsprozesse ist das räumlich konzentrierte Auftreten zusätzlicher Anforderungen an die territorialen Reproduktionsbedingungen charakteristisch. Ursache dafür ist die Bindung der Neuerungsprozesse an dafür prädestinierte Standorte der Forschung, Entwicklung und Produktion. Art, Umfang und Dauer dieser zusätzlichen Standortanforderungen sind abhängig vom Charakter des jeweiligen Neuerungsprozesses und vom Tempo seiner produktionsseitigen Realisierung.

Bei volkswirtschaftlich bedeutsamen Neuerungsprozessen (wie Mikroelektronik) treten sie an den Hauptstandorten in der Regel über einen längeren Zeitraum auf. Damit werden neue Maßstäbe für die territoriale Sicherung des wissenschaftlich-technischen Fortschritts gesetzt. Generell gilt es, die spezifischen Vorzugsbedingungen der Standorte und Gebiete für die volkswirtschaftlich effektive territoriale Einordnung der einzelnen Neuerungsprozesse umfassend zu nutzen.

Zu diesen Vorzugsbedingungen zählen u. a.:

- die Paßfähigkeit der vorhandenen materiell-technischen Basis, speziell in neuerungstragenden Industriezweigen und -kombinaten,
- das Vorhandensein von Betriebskollektiven mit einer der Neuerung weitgehend adäquaten Qualifikation und Berufserfahrung und deren soziale Bindung an die Wohnorte,
- die Existenz adäquater Forschungs- und Entwicklungskapazitäten,
- die Nutzung eingespielter Kooperationsverflechtungen,
- die Möglichkeit der Umprofilierung von Betrieben und der Freisetzung territorialer Ressourcen im Gebiet,
- eine leistungsfähige technische und soziale Infrastruktur,
- das Vorhandensein von Naturressourcen, die für den spezifischen Neuerungsprozeß bedeutungsvoll sind.

Daraus kann abgeleitet werden, daß die Territorien ein differenziertes Neuerungspotential besitzen. Dieses Neuerungspotential ist am weitesten in Konzentrationsräumen der Industrie, vor allem in den Ballungsgebieten, entwickelt. Sie sind Zentren der produktionsseitigen Realisierung und Ausgangspunkt für die umfassende Anwendung von Innovationen im Gesamtterritorium. Die Nutzung der Vorzugsbedingungen der Ballungen und anderer Industriezentren ist gleichbedeutend mit einem hohen Zeitgewinn und der Sicherung eines volkswirtschaftlich günstigen Aufwand-Nutzen-Verhältnisses bei der Realisierung wissenschaftlich-technischer Neuerungsprozesse. Der Effekt ihrer Nutzung ist wiederum abhängig von der Beachtung bestimmter Wirkungen wissenschaftlich-technischer Neuerungsprozesse im Territorium und ihrer planmäßigen Beherrschung. Die territoriale Einordnung von Neuerungsprozessen und ihre Anwendung ruft gegenläufige Wirkungen im gebietswirtschaftlichen Aufwand hervor, der rückwirkend die volkswirtschaftliche Effektivität der Neuerungsprozesse beeinflußt. Einerseits kann es in einem gegebenen Zeitraum in bestimmten Gebieten durch Realisierung von Neuerungsprozessen zur erhöhten Konzentration zusätzlicher Standortanforderungen und damit zu einem erhöhten gebietswirtschaftlichen Aufwand kommen, vor allem dann, wenn eine zeitliche und räumliche Überlagerung mehrerer Neuerungsprozesse bzw. -vorhaben erfolgt. Dieser Aufwand kann in solchen Gebieten zeitweilig zu einer Grenzbedingung für die Realisierung von Neuerungen werden. Andererseits bewirkt die Anwendung wissenschaftlich-technischer Neuerungen zunehmend eine rationellere Nutzung der territorialen Reproduktionsbedingungen und eine Senkung des gebietswirtschaftlichen Aufwandes durch Minimierung der relativen und zunehmend auch der absoluten Standortanforderungen. Diese ressourcensparende Wirkung erfaßt das gesamte Territorium.

Die territoriale Wirkung von Neuerungsprozessen beschränkt sich nicht auf das Verhältnis von Standortanforderungen und Standortbedingungen. Sie äußert sich ferner in Veränderungen

- im Einsatz territorialer Ressourcen,
- im System der territorialen Arbeitsteilung,
- im Produktionsprofil der Territorien mit Auswirkungen auf deren ökonomische und soziale Struktur und
- im Verhältnis von Natur und Gesellschaft, insbesondere durch neue Möglichkeiten der Nutzung, des Schutzes und der Gestaltung der natürlichen Umwelt.

Wissenschaftlich-technische Neuerungsprozesse sind somit – im Verein mit Strukturveränderungen in der Rohstoff- und Energiewirtschaft – ausschlaggebend für Veränderungen in der gegebenen Territorialstruktur der gesellschaftlichen Reproduktion.

Die planmäßige Beherrschung der Beziehungen zwischen Neuerungsprozessen und Territorialstruktur umfaßt zwei Aufgabenstellungen:

1. Die umfassende Ausnutzung und weitere Vervollkommnung der planmethodischen Regelungen für die territoriale Einordnung von Neuerungsprozessen im Fünfjahrplan-Zeitraum.
2. Die Koordinierung von Neuerungsprozessen und Entwicklung der Territorialstruktur über den Fünfjahrplanzeitraum hinaus.

Die Einsteuerung wissenschaftlich-technischer Neuerungsprozesse in die Pläne der Verantwortungsbereiche, und davon ausgehend in die der Bezirke und Kreise, hat sich bewährt. Zugleich zeigt es sich, daß die territorialen Anforderungen und Wirkungen der Neuerungsprozesse sowie die Langfristigkeit von Neuerungsprozessen und territorialer Entwicklung die Ausdehnung des Zeithorizonts bei ihrer Koordinierung erfordern. Bei volkswirtschaftlich bedeutsamen Neuerungsprozessen sind die territorialen Konsequenzen und Realisierungsbedingungen in die konzeptionelle Vorbereitung der Prozesse bereits auf zentraler Ebene einzubeziehen. Neuerungsprozesse in den Kombinaten können dann effektiver realisiert werden, wenn ihre territoriale Sicherung durch Qualifizierung des Informationsaustausches zwischen den Kombinatsleitungen und den Räten der Bezirke hinsichtlich der territorialen Konsequenzen und Bedingungen der wissenschaftlich-technischen Strategie der Kombinate und Kombinatsbetriebe langfristig vorbereitet wird.

Generell gilt, daß die territoriale Koordinierung von Neuerungsprozessen bereits in der Erkundungs-(Vorbereitungs-)Phase von Neuerungsprozessen einsetzen muß. Die Ausarbeitung der Veredlungskonzeptionen der Bereiche und Kombinate sowie von territorialen Entwicklungskonzeptionen bieten dafür günstige Voraussetzungen.

Anmerkungen

[1] 8. Tagung des Zentralkomitees der SED, 24.5.1984, Aus dem Bericht des Politbüros an das Zentralkomitee der SED, Berichterstatter: Genosse Kurt Hager, Berlin 1984, S. 22.

[2] Vgl. Probleme der Ökonomie, Leitung und Planung volkswirtschaftlich bedeutsamer Neuerungsprozesse, Studientexte, Hochschule für Ökonomie „Bruno Leuschner", Berlin 1982, S. 380.

Herbert Kusicka

Reserven für einen höheren Leistungsbeitrag der Forschung und Entwicklung

Angeregt durch unsere heutige Tagung, möchte ich einige Überlegungen vortragen, die sich aus der Analyse der territorialen Verteilung des Forschungspotentials für einen höheren Leistungsbeitrag der Forschung und Entwicklung ableiten.

Es wird, ausgehend von den Erfordernissen des wissenschaftlich-technischen Fortschritts und einer in etwa gleichbleibenden Gesamtbevölkerung der DDR im Zeitraum bis zum Jahre 2000 und darüber hinaus, davon ausgegangen,
- das insgesamt hohe Bildungs- und Qualifikationsniveau des gesellschaftlichen Arbeitsvermögens an den gegebenen Standorten gezielt qualitativ weiter zu entwickeln und ergiebiger zu nutzen;
- durch effektive Organisation des Reproduktionsprozesses im Territorium alle hier verfügbaren Kräfte und Mittel zur höchstmöglichen Effektivität einzusetzen und
- besonders in den Ballungsgebieten und Großstädten die Potenzen der Konzentration des gesellschaftlichen Arbeitsvermögens der DDR noch besser auszuschöpfen.

Was hier als generelle Verallgemeinerung gesagt wurde, gilt meines Erachtens auch und im besonderen Maße für die Forschungskapazitäten unseres Landes, d.h. das Forschungspotential als Einheit ihrer personellen und materiell-technischen Leistungsfähigkeit unter Berücksichtigung ihrer territorialen Verteilung.

Was die personelle Komponente betrifft, so hat sich die Anzahl der Beschäftigten in Forschung und Entwicklung in den zurückliegenden 20 Jahren annähernd verdoppelt und beträgt gegenwärtig in der Volkswirtschaft mehr als 190000 Kader. Wenn auch im Zeitraum bis 1990 und darüber hinaus bis zum Jahre 2000 eine weitere planmäßige Erhöhung des Kaderpotentials der Forschung vorgesehen ist, so gehe ich insgesamt davon aus, daß in den kommenden 20 Jahren keine nochmalige Verdoppelung der Forschungskader eintreten wird.

Ausgehend von den weiter steigenden Ansprüchen an das Niveau wissenschaftlich-technischen Denkens und der Leistungsfähigkeit unseres Forschungs- und Entwicklungspotentials gewinnen deshalb in der vor uns liegenden Etappe der Arbeit alle Fragen, die mit der höheren Leistungsfähigkeit des vorhandenen Potentials der Forschung zusammenhängen, wesentlich an Bedeutung. Gerade in diesem Zusammenhang spielt meines Erachtens die Standortverteilung des Forschungspotentials eine außerordentlich wichtige Rolle. Generell kann gesagt werden, daß sich der hohe territoriale Konzentrationsgrad des Potentials in den zurückliegenden Jahren weiter verstärkt und ausgeprägt hat. Obwohl bei den Fragen der weiteren Leistungserhöhung der Forschung die personelle Komponente zweifellos den Vorrang hat, darunter solche Fragen, wie
- die Auswahl und der Einsatz der für diese Tätigkeit besonders geeigneten Kader;
- die quantitative und qualitative Zusammensetzung einschließlich der altersmäßigen Struktur des Kaderpotentials;
- die umfassende Nutzung des sozialistischen Leistungsprinzips und damit im Zusammenhang noch wirksamere Lösungen, um Forschung und Entwicklung für leistungsstarke, insbesondere junge befähigte Kader noch anziehender zu gestalten;

möchte ich zu den materiell-technischen Bedingungen, insbesondere zur Forschungstechnik, einige Bemerkungen machen.

Die Wechselbeziehungen von materiell-technischen Bedingungen und Leistungen unseres Kaderpotentials in Forschung und Entwicklung liegen auf der Hand. Ich nenne hier nur die von uns weiter zu bewältigende Aufgabe des umfassenden Übergangs zum rechnergestützten Entwickeln und Konstruieren in ihrer Verbindung mit der rechnergestützten Produktion, als CAD/CAM bekannt.

Nimmt man die materiell-technische Ausstattung der Forschung in der DDR, so wurde sie in den zurückliegenden Jahren zielstrebig verbessert. Das Ausstattungsniveau unserer Forschung erreicht wertmäßig je Beschäftigten vergleichsweise das anderer wichtiger Bereiche unserer Industrie. Auch das Tempo der Erneuerung und Erweiterung hat sich erhöht. Ein bedeutender Teil der eingesetzten Forschungstechnik ist nicht älter als 3 Jahre.

Ungeachtet dessen ist der Ausstattungsgrad der Forschungseinrichtungen – nimmt man die Gesamtheit aller Forschungseinrichtungen unseres Landes, und sie sind bekanntlich nicht gering – differenziert. Das bezieht sich sowohl auf die Grundausstattung als auch insbesondere auf spezielle Geräte der Analyse-, Meß- und Prüftechnik sowie anderer hochmoderner Forschungstechnik. Auch die Altersstruktur der Geräte und Ausrüstungen für Forschung und Entwicklung weist zwischen den verschiedenen Einrichtungen Unterschiede aus.

Obwohl jeder weiß, wie gut es ist, in der eigenen Forschungseinrichtung über die modernste Technik zu verfügen, sind die Möglichkeiten nicht unbegrenzt, jede einzelne Einrichtung stets mit dem Neuesten auszustatten. Wenn wir das rasche internationale Tempo auf diesem Gebiet und den dadurch eintretenden hohen moralischen Verschleiß berücksichtigen, der in relativ kurzen Zeiträumen zur Neuausrüstung, insbesondere mit spezieller, hochmoderner – und heute in der Regel auch sehr komplizierter und teurer – Forschungstechnik zwingt, so könnte man zur Schlußfolgerung gelangen, daß dies zumindest für eine bestimmte Anzahl unserer Forschungseinrichtungen nicht, vor allem aber nicht in relativ kurzen Zeitintervallen möglich ist. Es bedarf folglich weitergehender Überlegungen, wie wir modernste Forschungstechnik für jede Einrichtung verfügbar machen, ohne sie in jedem einzelnen Falle damit ausstatten zu müssen.

Auch auf diesem Gebiet können umfangreiche Reserven durch die Nutzung der Vorzüge unserer Ordnung erschlossen werden. Dies wird in besonderem Maße deutlich, wenn man die Standortverteilung des Forschungspotentials einer näheren Untersuchung unterzieht. Ein beachtlicher Teil der Beschäftigten in Forschung und Entwicklung sowie der Forschungstechnik ist in relativ wenigen Zentren konzentriert. In unserem Lande bestehen somit im besonderen Maße günstige Voraussetzungen, über das Territorium, in Abstimmung mit den beteiligten Zweigen und Einrichtungen, gerade auf dem Gebiet moderner spezieller Geräte und Ausrüstungen für Forschung und Entwicklung, eine effektive Strategie ihrer Beschaffung, des Einsatzes und der Nutzung zu entwickeln. Die Überlegungen im Hinblick auf die nächsten Schritte müßten sicherlich in die Richtung gehen, über die bisherigen Ansätze der kooperativen Nutzung von Forschungstechnik hinaus zu einer abgestimmten Beschaffung und des Zugangs von speziellen Geräten und Ausrüstungen in Gebieten mit hoher Konzentration des Forschungspotentials überzugehen. Dies auf eine solche Weise, daß sie unabhängig vom jeweiligen Unterstellungsverhältnis jeder Forschungseinrichtung für die Lösung ihrer Aufgaben zugänglich ist. Ich spreche hier nicht von einer bestimmten Grundausstattung der Forschungseinrichtungen. Hochmoderne spezielle Forschungstechnik muß hingegen nicht unbedingt in jeder Einrichtung gegenständlich, sie muß aber unabdingbar für jede Einrichtung verfügbar sein.

Meines Erachtens kann das nur über das Territorium und ihre verantwortlichen Organe, durch sinnvolle Verbindung von Zweig- und Territorialprinzip auf effektive Weise gelöst werden. Hier bieten sich zweifellos verschiedene Wege und unterschiedliche Varianten an. Ihnen gemeinsam ist, daß sie beachtliche, derzeit noch wenig genutzte Reserven zu mobilisieren imstande sind, die insgesamt zu höheren Leistungen der Forschung und Entwicklung in den Ballungszentren des Potentials führen.

Da ähnliche Überlegungen und Effekte sich auch bei der kadermäßigen Zusammenführung zur Lösung volkswirtschaftlich wichtiger Aufgaben der Forschung und Entwicklung ableiten, wäre es überlegenswert, ob angesichts des Gewichts wissenschaftlich-technischer Leistungen für unser Land die Standortverteilung des Forschungspotentials in der Einheit von Kaderpotential und Technik als besonderer Komplex bzw. Bestandteil des Generalschemas der Standortverteilung der Produktivkräfte aufzunehmen wäre.

Werner Straube

Die Nutzung der Reproduktionsvorzüge des Bezirkes Karl-Marx-Stadt für die umfassende Intensivierung

Im Generalschema für die Standortverteilung der Produktivkräfte wird überzeugend herausgearbeitet, daß einerseits die Ballungsgebiete mit ihrem hohen Vergesellschaftungsgrad der Produktion und einer hohen Konzentration des gesellschaftlichen Arbeitsvermögens sowie von Kapazitäten der Infrastruktur günstige Bedingungen für einen hohen dynamischen Leistungs- und Effektivitätszuwachs in allen Bereichen bringen und andererseits gerade in den Ballungsgebieten eine hohe Ressourceninanspruchnahme vorhanden ist, extensive Entwicklungen nicht oder kaum möglich sind und es deshalb besonders dringend notwendig ist, die Reproduktionsvorzüge der Ballungsgebiete durch die weitere Intensivierung umfassend und zukünftig noch besser zu nutzen.

In seiner Arbeit geht der Rat des Bezirkes Karl-Marx-Stadt davon aus, die Verantwortung der örtlichen Staatsorgane für die Schaffung günstiger territorialer Reproduktionsbedingungen immer umfassender wahrzunehmen und den Einfluß der örtlichen Räte auf eine effektivere Inanspruchnahme der vorhandenen territorialen Ressourcen, insbesondere des gesellschaftlichen Arbeitsvermögens, die rationellere Inanspruchnahme der Flächen, die bedarfsgerechte Entwicklung der Bauleistungen und ihre effektive Nutzung sowie der Kapazitäten der Infrastruktur zunehmend weiter zu erhöhen. Es ist unser Anliegen, gemeinsam mit der Staatlichen Plankommission und den Ministerien, Fragen der Gestaltung einer effektiven Produktionsstruktur und alle damit im Zusammenhang stehenden Probleme zu beraten und für neu hergestellte Probleme rechtzeitig Lösungswege zu finden.

Eine konstruktive Arbeitsweise wurde besonders in der Zusammenarbeit bei der Lösung der Entwicklungsprobleme zur Durchsetzung von volkswirtschaftlichen Schwerpunktaufgaben des Staatsplanes Wissenschaft und Technik, bei der Gestaltung eines effektiven Produktions- und Exportprofils und vor allem bei der Mitarbeit an der Vobereitung zentraler Beschlüsse zur Steigerung der Produktion hochwertiger Konsumgüter und ihrer kompromißlosen Realisierung geleistet. So galt und gilt es z. B. in der Stadt Zwickau – einem Kern unseres Ballungsgebietes – sowie an weiteren wichtigen Industriestandorten des Bezirkes die notwendigen Bedingungen zur schnellen Steigerung der PKW-Produktion in den nächsten Jahren zu schaffen, ohne daß wesentliche extensive Erweiterungen notwendig werden. Die Erweiterung der PKW-Produktion am vorhandenen Standort in der Stadt Zwickau unter Nutzung und Erschließung weiterer territorialer Reserven durch Intensivierungsmaßnahmen bietet vielerlei volkswirtschaftliche Vorteile:

1. Es gibt vom VEB Sachsenring und den anderen Betrieben des PKW-Kombinates eine enge Zusammenarbeit mit den wissenschaftlichen Einrichtungen im Territorium, insbesondere mit der Technischen Hochschule Karl-Marx-Stadt, der Ingenieurhochschule Zwickau und den vorhandenen wissenschaftlich-technischen Kapazitäten des Fahrzeugbaus im Bezirk. Diese Kombination zwischen Produktion und Wissenschaft wird genutzt und weiter ausgebaut.

2. Es gibt schon traditionell eine enge arbeitsteilige Verflechtung und Zusammenarbeit der Betriebe des Fahrzeugbaus im Raum Zwickau und Karl-Marx-Stadt mit anderen Zweigen und Betrieben des Maschinenbaus im Bezirk, die als wichtige Zulieferer für Baugruppen, Einzelteile und weiterer Materialien wirken.

In gemeinsamer Arbeit mit dem PKW-Kombinat wurde beraten, wie diese Kooperation durch Intensivierung der Produktion weiter auszubauen ist und wie weitere Betriebe der metallverarbeitenden Industrie im Bezirk Karl-Marx-Stadt ohne zusätzliche Inanspruchnahme territorialer Ressourcen in die Produktion von Baugruppen usw. einbezogen werden können, wobei entweder diese Produktion zusätzlich übernommen wird, oder aber das bisherige Produktionssortiment in andere Betriebe der jeweiligen Zweige verlagert wird. So wurden z. B. die Betriebe VEB Hartzerkleinerungsmaschinen Zwickau, VEB Transportanlagen Cainsdorf im Landkreis Zwickau und der VEB WEMA Johanngeorgenstadt sowie Kapazitäten des VEB Kraftfahrzeugwerk „Ernst Grube“ in Werdau (ein Betrieb des NKW-Kombinat) dem PKW-Kombinat zugeordnet und die bisherige Produktion verlagert. Damit werden die Arbeitskräfte dieser Betriebe mit ihren speziellen Produktionserfahrungen und Arbeitsfertigkeiten im Maschinenbau und viele Tausende Quadratmeter Produktionsfläche ohne extensive Erweiterungsinvestionen für das PKW-Programm gewonnen. Der VEB Bergbau und Hüttenkombinat „Albert Funk“, das Werkzeugmaschinenkombinat „Fritz Heckert“ und weitere Betriebe des Territoriums übernehmen die komplette Produktion bestimmter Baugruppen und Einzelteile.

Insgesamt werden Betriebe des Bezirkes an 18 Standorten im Bezirk für die Durchführung des PKW-Programms wirksam. Durch diese Arbeit wird erreicht, daß Kooperationen enger territorial mit der Finalproduktion verbunden werden und damit insgesamt eine Senkung des Transportbedarfs und Transportaufwandes möglich wird.

3. Es werden durch die Schaffung entsprechender Bedingungen zur Produktionssteigerung am vorhandenen Standort der Finalproduktion die historisch gewach-

senen Vorteile der Spezialisierung der Werktätigen, ihre berufliche Qualifikation, die Möglichkeiten einer praxisnahen Berufsausbildung genauso wie die im Ballungszentrum Zwickau vorhandenen Möglichkeiten zur Nutzung der Kapazitäten der Infrastruktur genutzt. Im Ergebnis einer gemeinsamen Arbeit mit den wirtschaftsleitenden Organen entstand ein territoriales Sicherungsprogramm, das zwischen dem Rat der Stadt Zwickau und dem VEB Sachsenring beschlossen wurde und das die gegenseitigen Verpflichtungen bei der effektiven Nutzung und der Entwicklung der territorialen Ressourcen festlegt.

Dieses Programm enthält Maßnahmen

- zur Entwicklung und Sicherung des Arbeitsvermögens für den Gesamtbetrieb,
- zur Bereitstellung von Wohnungen zur Ansiedlung von Spezialisten und die Verbesserung der Wohnverhältnisse der Stammbelegschaft,
- zur Sicherung des Arbeiterberufsverkehrs sowie
- zur Realisierung der Gütertransportaufgaben.

Im Programm ist u.a. die Bereitstellung von 1460 Wohnungen für den Betrieb in den Jahren 1983 bis 1985 durch den Neubau von 750 Wohnungen sowie die Bereitstellung von Wohnungen aus dem vorhandenen Wohnungsfonds der Stadt festgelegt, wo u.a. der Betrieb mit seinen betrieblichen Baureparaturkapazitäten und durch die Mitarbeit in der FDJ-Aktion „Wohnungen ausgebaut und umgebaut" aktiv mitwirkt. Die Sicherung des notwendigen Zuwachses an Arbeitsvermögen erfolgt einmal durch die Zuordnung der bereits genannten Betriebe zum PKW-Programm, durch die Gewinnung und Ansiedlung von Jungfacharbeitern im Rahmen der FDJ-Initiative zur Unterstützung des PKW-Programms und durch die zielgerichtete Gewinnung und Unterbringung von Schulabgängern aus dem unmittelbaren Ballungsgebiet, aber auch aus anderen Territorien.

Vor allem erfolgt die Sicherung des Arbeitsvermögens aber durch Mobilisierung aller Reserven zur Steigerung der Arbeitsproduktivität und effektiveren Auslastung der Grundfonds im Betrieb selbst. So wurden durch die Betriebsfunktionäre, mit Unterstützung aller gesellschaftlichen Kräfte des Territoriums, mit ca. 2000 Werktätigen Aussprachen über ihre Bereitschaft für die rollende Woche und für den 3-Schichtbetrieb geführt. Die örtlichen Staatsorgane unterstützen diese Maßnahme durch entsprechende Festlegungen zur Wohnraumversorgung, zu den Öffnungszeiten der Handels- und Dienstleistungseinrichtungen, zur ärztlichen Betreuung, zur Gestaltung des Arbeiterberufsverkehrs und weitere Maßnahmen zur Nutzung der Kapazitäten der Infrastruktur für die Unterstützung dieser wichtigen Strukturentscheidung der Volkswirtschaft.

Am Beispiel des Güterverkehrs möchte ich die unterschiedlich wirkenden Reproduktionsbedingungen der technischen Infrastruktur im Standortbereich von Zwikkau zur Sicherung der PKW-Produktion kurz darlegen, in der sich territoriale Reproduktionsvorzüge und -nachteile aus der Ballung ergeben. Die Arbeitsteilung zwischen den 3 Werken in der Stadt Zwickau und am Standort des vor wenigen Jahren errichteten Gelenkwellenwerkes in Mosel (etwa 5km von Zwickau entfernt) erfordern erhöhte innerbetriebliche und zwischenbetriebliche Transporte sowie erhöhte Bezugs- und Absatztransporte. Als Ballungsvorteil ist hier die Standortlage im dichten Schienennetz der Deutschen Reichsbahn sowohl an der elektrifizierten Hauptmagistrale Dresden – Werdau als auch am Industriestammgleis Zwickau – Crossen – Mosel zu werten, wodurch neue Verladeeinrichtungen ohne neue Bahnhofsanschlüsse an das vorhandene Netz angebunden werden. Natürlich führt die Betreibung von nunmehr 3 getrennten Anschlußbahnen in eigener Betriebsführung zu einem hohen betriebswirtschaftlichen Aufwand und es müssen auch umfangreiche Straßentransporte zwischen den einzelnen Werken durchgeführt werden. Aber das dichte vorhandene Stadt- und Landstraßennetz sowie die Möglichkeit einer intensiven Weiternutzung der bestehenden Anschlußbahnen in Zwickau und im Werk Mosel als direkte Zugangsstellen zum Eisenbahnnetz sind ein wesentlicher territorialer Reproduktionsvorzug bei der Nutzung der Fonds der Infrastruktur.

Ein solches Herangehen, wie es in der Stadt Zwickau unter den Bedingungen der Ballungsproblematik für die Steigerung der PKW-Produktion bei Wahrnehmung der vollen Eigenverantwortung durch die wirtschaftsleitenden Organe und die örtlichen Staatsorgane für ihre jeweiligen Aufgaben organisiert wurde, hat sich auch bei der gemeinsamen Vorbereitung und Durchsetzung weiterer Maßnahmen mit volkswirtschaftlicher Bedeutung zur Entwicklung der Produktionsstruktur und zur Sicherung der Produktionssteigerung wichtiger Erzeugnisse, wie z.B. Kühlschränke, Erzeugnisse der Textilindustrie usw. bewährt und sichert eine ergebnisreiche Arbeit.

Die Standortverteilung der Produktion im gesamten Bezirk Karl-Marx-Stadt wird wesentlich dadurch charakterisiert, daß eine historisch entstandene relativ hohe Zersplitterung der Arbeitsstätten mit geringen Betriebsgrößen vorhanden ist. Die rund 730 Betriebe der zentralgeleiteten Industrie produzieren in über 3500 Produktionsstätten. Mit durchschnittlich 106 Arbeitern und Angestellten pro Produktionsstätte ist das der mit Abstand niedrigste Arbeitskräftebestand in der DDR.

Noch deutlicher wird diese Zersplitterung in den Betrieben der bezirksgeleiteten Industrie. Hier gibt es etwa 500 Produktionsstätten und der größte Teil der Betriebe selbst hat weniger als 50 Arbeitskräfte.

Mit der Bildung von bezirksgeleiteten Kombinaten im Jahre 1981 wurden wichtige organisatorische Voraussetzungen geschaffen,

- den Reproduktionsprozeß dieser Betriebe einheitlich zu gestalten,
- den historisch überlieferten hohen Zersplitterungsgrad auf viele kleine Arbeitsstätten schrittweise zu überwinden und
- den Aufbau stabiler Erzeugnislinien, insbesondere zur Erhöhung der Produktion von Konsumgütern zu beschleunigen. Zur besseren Nutzung der Ballungsvorteile und zur Überwindung der Zersplitterung wurden zentralgeleitete Kombinate, die ihren Sitz im Bezirk Karl-Marx-Stadt haben, als „Patentkombinate" für die neugebildeten bezirksgeleiteten Kombinate gewonnen, die ihnen
- ihre Erfahrungen bei der Leitung und Planung vermitteln,
- wissenschaftlich-technische Hilfe auf dem Gebiet

von Forschung und Entwicklung für die Produktion neuer Erzeugnisse gewähren und

– Rationalisierungshilfe sowie technologische Unterstützung geben und so zur Erschließung von Produktivitätsreserven in diesen Betrieben beitragen.

Die im Rahmen der territorialen Rationalisierung organisierte Rationalisierungshilfe wurde und wird insbesondere zur Entwicklung der bezirksgeleiteten Betriebe erschlossen. Von den 239 Mio Mark Rationalisierungshilfe der Betriebe untereinander im Rahmen der territorialen Rationalisierung im Jahre 1984 kamen 24 % den Betrieben der bezirksgeleiteten Industrie zugute. Neben der Unterstützung der bezirksgeleiteten Industrie durch die zentralgeleiteten Patenkombinate bestehen z. Z. 74 Vereinbarungen mit wissenschaftlichen Einrichtungen des Bezirkes, wie der Technischen Hochschule Karl-Marx-Stadt, den Ingenieurhochschulen Zwickau und Mittweida, der Bergakademie Freiberg und anderen Forschungseinrichtungen, die die Erzeugnisentwicklung der bezirksgeleiteten Kombinate von der Forschung bis zur Produktionseinführung unterstützen.

Die Beispiele zeigen, wie in Karl-Marx-Stadt gekämpft wird, um Reproduktionsvorzüge der Ballungsgebiete zu mobilisieren, von denen es im Generalschema heißt, daß sie sich nicht von allein realisieren, sondern als Bestandteil der Intensivierung erschlossen werden müssen.

Joachim Wehage

Erfahrungen aus der Arbeit mit dem territorialen Sicherungsprogramm für Kupfer

Zunächst möchte ich mich dafür bedanken, daß ich heute und hier mit einigen Erfahrungen aus unserer Kreisparteiorganisation in der Arbeit mit dem territorialen Sicherungsprogramm für Kupfer einen Beitrag zum Thema „Die Territorialstruktur der gesellschaftlichen Reproduktion als Bedingung und Gegenstand der umfassenden Intensivierung“ leisten kann.

Der VEB Mansfeld Kombinat Wilhelm Pieck gehört mit seinen fast 50000 Beschäftigten zu den großen Industriekombinaten der DDR. Das Kombinat ist vor allem verantwortlich für die Versorgung der Volkswirtschaft mit Halbzeugen aus Kupfer und Aluminium. Die Rohstoffbasis liegt bei Kupfer im eigenen Bergbau, in der Verarbeitung von Sekundärrohstoffen und im Import, bei Aluminium zur Zeit in der Verarbeitung von eigenen Sekundärrohstoffen sowie Bauxiten und Metallen aus Importen. Die Technologie führt über die Aufbereitung, Verhüttung, Formgebung und Veredlung zu einem breiten Sortiment an Blechen, Bändern und Folien, Rohren, Stangen und Profilen, Drähten und Seilen aus Kupfer und Aluminium sowie deren Legierungen. Zum Produktionsprogramm gehört weiterhin ein umfassendes Sortiment an Stahlblechen, pulvermetallurgischen Erzeugnissen, leichten und schweren Packungen, Schweißgeräten, emaillierten Behältern und Apparaten sowie an Konsumgütern.

Ein Spezialbetrieb für Schacht- und Tiefbau, ein Forschungsinstitut, ein Projektierungsbetrieb sowie ein leistungsfähiger Anlagen- und Gerätebau erbringen umfangreiche Leistungen bei der Vorbereitung und Realisierung von Rationalisierungsvorhaben. Der jüngste Betrieb des Kombinates wurde erst vor wenigen Monaten gegründet. Seine Aufgabe ist die Wahrnehmung der Generalauftragnehmerschaft für den DDR-Anteil am Beteiligungsvorhaben Erzaufbereitung Kriwoi Rog.

Das Kombinat besteht aus dem Stammbetrieb und 12 Kombinatsbetrieben. Die Industriekreisleitung des Mansfeld Kombinates ist direkt verantwortlich für den Stammbetrieb mit ca. 18000 Beschäftigten, davon sind 6000 Kommunisten.

Unsere Kreisleitung trägt auch eine hohe Verantwortung für das Gesamtkombinat, dessen Kombinatsbetriebe über das gesamte Territorium der DDR disloziert sind.

Die Werktätigen unseres Kombinates haben zu Ehren des 40. Jahrestages die Wettbewerbsziele und Planaufgaben abstrichlos erfüllt und durch eine Überbietung der Arbeitsproduktivität auf 103,2 % einen Planvorsprung von 1,3 Tagen in der IWP erarbeitet. Zu der im Bezirk Halle durch die „Freiheit“ organisierten Masseninitiative „Unser Bestes zum XI.“, die ihren Ausgangspunkt im Aufruf der jungen Bergleute der Brigade „Alberto Corvalan“ aus unserem Kombinat hat, meldeten sich 90 % der Werktätigen aus dem Stammbetrieb zu Wort. 80 % der Meister und Hoch- und Fachschulkader übernahmen Verpflichtungen zur Erarbeitung eines außerplanmäßigen Nutzens von je 10000 bzw. 25000 TM. Es ist das Ergebnis einer umfassenden Aussprache für jedem einzelnen Werktätigen zur Vorbereitung des XI. Parteitages der SED. Die Werktätigen sind zutiefst von der Richtigkeit des Kurses unserer Partei zur Stärkung des Sozialismus und zur Sicherung des Friedens überzeugt und fühlen sich den revolutionären Traditionen der Arbeiterklasse des Mansfelder Landes verpflichtet.

Aus der vom X. Parteitag der SED beschlossenen ökonomischen Strategie, den neuen Anforderungen aus der 7. Tagung des Zentralkomitees und dem Politbüro-Beschluß vom Juli 1984 zur Rohstoffpolitik leiteten wir u. a. folgende Aufgaben ab:
- die einheimischen Rohstoffressourcen noch intensiver zu nutzen,
- für den Export und die Versorgung der metallverarbeitenden Industrie mehr hochveredelte Werkstoffe bereitzustellen und
- die dafür benötigten Technologien und Rationalisierungsmittel selbst bereitzustellen.

Die Durchsetzung des wissenschaftlich-technischen Fortschritts und eine rationelle Nutzung des gesellschaftlichen Arbeitsvermögens sind dabei unabdingbare Forderungen. Die Lösung dieser Aufgaben hängt letztendlich davon ab, wie unsere Werktätigen, wie unsere Kommunisten in ihren Arbeitskollektiven wirken, wie sie bereit und fähig sind, Verantwortung zu übernehmen und an der Leitung und Planung, der Organisation und der Erziehung vor allem Zurückgebliebener mitzuwirken.

Es ist dabei unsere Aufgabe, die sozialen Triebkräfte zu mobilisieren, die das Handeln der Werktätigen zur Entwicklung der sozialistischen Produktion, zur Intensivierung und Rationalisierung, zur Durchsetzung des wissenschaftlich-technischen Fortschritts bestimmen.

Unsere Strategie erfordert, die Kupferproduktion im Mansfeld-Kombinat aus Erz und Sekundärrohstoffen so zu entwickeln, daß bei minimiertem Aufwand unter Ausschöpfung aller Möglichkeiten der Intensivierung ein Maximum an Metallen und Rohstoffen der Volkswirtschaft der DDR zur Verfügung gestellt wird. Daraus ergibt sich für die Weiterentwicklung des Stammbetriebes die ökonomische Notwendigkeit, die Kupferproduktion aus Erz trotz sich objektiv verschlechternder bergtechnischer und geologischer Bedingungen auf dem gegenwärtigen Produktionsniveau zu halten und die Sekundärkupferproduktion weiter auszubauen, was bisher nicht vorgesehen war. Die Lösung dieser Aufgabe erspart unserer Republik auf lange Sicht den Import eines nicht geringen Prozentsatzes des Bedarfs an Silber und Kupfer.

Wir mußten Klarheit darüber schaffen, daß die intensiv erweiterte Reproduktion einen besseren Einsatz aller verfügbaren Ressourcen notwendig macht. Deshalb richteten wir unsere gesamten Anstrengungen als Kreisparteiorganisation darauf, die Arbeitsproduktivität durch moderne Technologien in den Schächten und Hütten zu steigern und die Kosten zu senken. Der Kampf um die Herzen und Hirne der Menschen, das Vorhandene in den wirtschaftlichen Kreislauf effektiver einzubeziehen, hieß ideologisch zu klären, daß eine ausgefeilte und vorprogrammierte, in der Produktion aber rückläufige Nutzungsstrategie für den Bergbau über Bord geworfen werden mußte und eine gewisse Gewöhnung an eine mangelhafte technische Bereitschaft der Hütten zu überwinden war. Energisch mußten wir — und das haben wir vor allem unter Nutzung sozialer Triebkräfte erreicht – einen ursprünglich geplanten, aber uneffektiv gewordenen extensiven Weg entgegentreten. Nach sorgfältiger Analyse der Lage und einer Synthese aus fundierter konzeptioneller Arbeit und breiter Masseninitiative gelang es schließlich für den Stammbetrieb ein „Programm der komplexen technologischen Erneuerung der Bergbau- und Hüttenprozesse" zu erarbeiten. Es ist ein geschlossenes Konzept zur Durchsetzung der ökonomischen Strategie unserer Partei für die 80er Jahre. Diese bereits in Angriff genommene umfassende Intensivierungskonzeption mit weitreichenden politischen, ökonomischen und sozialen Wirkungen hat eine beachtenswerte stimulierende Wirkung auf die Bergarbeiter, Hüttenleute, auf die Handwerker und das ingenieurtechnische Personal ausgeübt. Als eine starke Motivierung erwies sich die Herausarbeitung einer klaren langfristigen Perspektive für den Bergbau und die Hütten des Mansfelder Landes auf dem Wege der Intensivierung, die mit der Unterstützung des Sekretariates der Bezirksleitung Halle der SED möglich war. Durch Überzeugung, aber zum Teil durch Druck des Sekretariates der Kreisleitung und des Generaldirektors gegenüber bestimmten Leitern und im Ergebnis konsequenter Arbeit der Grundorganisationen bei der Umsetzung des Programms der komplexen technologischen Erneuerung der Bergbau- und Hüttenprozesse wurde die Erkenntnis vertieft und praktisch bewiesen, daß hohes Leistungswachstum auf dem Wege der Intensivierung im Stammbetrieb notwendig und möglich ist. Die ersten sichtbaren Erfolge waren der beste Beweis für den eingeschlagenen Weg, so wurde zum Beispiel 1983 erstmalig wieder die seit Jahren anhaltende Fluktuation beim Strebpersonal aufgehalten und geplante Lehrlingseinstellungen realisiert.

Unsere Bergleute brachten immer wieder den Dank an unsere Parteiführung für ihre weitsichtige Politik zur Nutzung unserer einheimischen Rohstoffe zum Ausdruck. Jeder Bergmann sieht mit eigenen Augen den Beginn der Erschließung des Kupferschieferbergbaues über Jahrzehnte gesichert. Diese Gewißheit und Zuversicht, über das „Morgen" in unserer Republik im Sinne der „Zunft" als Bergmann oder Hüttenmann mitzubestimmen, beeinflussen das Tempo unserer Arbeit und schaffen eine vertrauensvolle und vorwärtsdrängende Kampfatmosphäre.

Darauf aufbauend wurde durch das Sekretariat der Kreisleitung auf die Kollektive Einfluß genommen, zusätzliche Reserven im sozialistischen Wettbewerb zu erschließen. Das Ergebnis war eine Übererfüllung des Kupferplanes von 603 Tonnen im Jahr 1983 und 801 Tonnen im Jahr 1984, 140 Tonnen per April 1985, die bis in die Veredlungsstufen wirksam gemacht wurde.

Auf welche Triebkräfte konnten wir bauen?

1. Die langfristige Perspektive der Kupferproduktion im Mansfeld bis über das Jahr 2000 ist für die Berg- und Hüttenleute ein wichtiger moralischer und materieller Hintergrund. Schließlich konnten die Berg- und Hüttenleute für sich und ihre Familien auch die materiellen Bedingungen mit einer solchen strategischen Linie reproduzieren. Ins Kalkül als ökonomische Potenz kam auch die über Jahrhunderte von Generation zu Generation vererbte Arbeitserfahrung sowie die stimulierende Wirkung der Standorttreue des Kombinates gezogen werden. Fähigkeiten und Arbeitserfahrungen der Bergarbeiter werden so für spätere Standorten erhalten.

2. Neben dem territorialen Programm zur Sicherung des gesellschaftlichen Arbeitsvermögens mit dem Kernstück der sozialpolitischen Maßnahmen, wie dem Wohnungsbauprogramm in Sangerhausen, Eisleben und Hettstedt, wirkten außerdem als soziale Triebkraft die modernen Technologien zur Verbesserung der Arbeitsbedingungen in den Schächten und Hütten, die Verbesserung des Gesundheits-, Arbeits- und Brandschutzes, die Verlängerung des aktiven Berufslebens der Berg- und Hüttenarbeiter und die Entlastung der Umwelt.

Aus der Einheit von Wirtschafts- und Sozialpolitik konnte somit sozialer Optimismus und Zukunftsperspektive abgeleitet werden, wobei sich als wichtige Triebkraft die Übereinstimmung der gesellschaftlichen, kollektiven und persönlichen Interessen erwies. Die Erarbeitung des territorialen Sicherungsprogrammes geht zurück auf einen Beschluß des Sekretariats der Bezirksleitung Halle der SED vom September 1983 zu einer Berichterstattung unserer Kreisleitung. Der dem Vorsitzenden der Bezirksplankommission und dem Generaldirektor des Mansfeld Kombinates erteilte Auftrag hatte zum Ziel, das Programm der komplexen technologischen Erneuerung der Bergbau- und Hüttenprozesse im Stammbetrieb des VEB Mansfeld Kombinat Wilhelm Pieck im Zeitraum 1985–1990 territorial abzusichern und die Aufgaben beider Partner in diesem Prozeß zu fixieren.

Abgeleitet aus der Aufgabenstellung und den Hauptrichtungen der Produktionsentwicklung des Stammbetriebes 1985–1990 sind als Hauptsäulen in dem territorialen Sicherungsprogramm enthalten:

1. die Entwicklung ausgewählter Leistungskennziffern des Stammbetriebes,
2. Schwerpunkte der Entwicklung des gesellschaftlichen Arbeitsvermögens, seiner Struktur und seiner Reproduktion im Stammbetrieb und im Werk Kupferbergbau,
3. die Entwicklung der Berufsausbildung einschließ-

lich der Territorialaufteilung der jährlich zu gewinnenden Jugendlichen für einen Bergbauberuf,

4. spezielle Aufgaben zur Sicherung des Strebpersonals für das Werk Kupferbergbau und schließlich

5. Wohnungsbau und Standortverteilung für den Zeitraum 1985–1990.

Die sorgfältige und gründliche Arbeit an dem territorialen Sicherungsprogramm hat sich ausgezahlt. Durch die Unterschriften des stellvertretenden Vorsitzenden des Rates des Bezirkes und Vorsitzenden der Bezirksplankommission, der Vorsitzenden der Räte der Kreise Eisleben, Hettstedt und Sangerhausen sowie des Generaldirektors des Mansfeld Kombinates ist ein Dokument von hoher Autorität entstanden.

Worin sehen wir seine Bedeutung?

1. Das territoriale Sicherungsprogramm ist eine wesentliche Stütze für die volle Nutzung der einheimischen Rohstoffe und dient direkt der auf dem X. Parteitag der SED beschlossenen ökonomischen Strategie für die 80er Jahre.

2. Durch die Festschreibung ausgewählter Leistungskennziffern, die wir als Mindestziele betrachten und mit den Jahresplänen und dem Fünfjahrplan untersetzen, entsteht für das Kombinat eine unumstößliche Pflicht und für den Vorsitzenden des Rates des Bezirkes die Gewähr, daß der vorgesehene territoriale Ressourceneinsatz gerechtfertigt ist.

3. Für die volkswirtschaftlich notwendige traditionelle Produktion des Stammbetriebes steht mit einem konstant bleibenden Arbeitsvermögen jene sichere Basis zur Verfügung, um die in der Vergangenheit rückläufige Erzförderung durch einen Komplex von Maßnahmen aufzuhalten und andererseits kann durch Einbeziehung von Armerzarealen die Kupferförderung bis weit über das Jahr 2000 dank moderner Technologien fortgeführt werden. Das ermöglicht auch erst die technologische Erneuerung der verschlissenen alten Primär- und Sekundärverhüttungsanlagen, wodurch die Kupferproduktion auf Basis Sekundärrohstoffe gesteigert und eine komplexere Nutzung der Wertkomponenten des Vorlaufmaterials erreicht wird.

4. Durch wissenschaftlich-technische Maßnahmen, durch eine zielgerichtete WAO-Arbeit und durch die konsequente Anwendung der Schwedter Initiative werden jährlich 270–295 Arbeitskräfte frei- und für die Lösung von Schwerpunktaufgaben im Stammbetrieb eingesetzt. Das ermöglicht zugleich, die Leistungen für die komplexe Grundfondsreproduktion zu 50–60 % durch kombinatseigene Kapazitäten abzusichern.

5. Die Gewinnung, Vorbereitung und der Einsatz von Arbeitskräften in der erforderlichen Berufsstruktur erfolgt durch das Kombinat in einem engen Zusammenwirken mit den Werken und Kombinatsbetrieben in den Territorien Eisleben, Hettstedt, Sangerhausen und Aschersleben.

6. Schließlich sind 170 garantierte Bergbaulehrlinge jährlich und 1130 Wohnungen im Zeitraum von 1985 bis 1990 im Rahmen des Geschoßbaues in den Kreisen Eisleben, Hettstedt und Sangerhausen zur Ansiedlung von auslernenden Lehrlingen, Absolventen der Hoch- und Fachschulen mit dem Ziel der Stabilisierung und Verjüngung der Stammbelegschaft – vor allem des Strebpersonals – ein Faktor von eminenter politischer Bedeutung.

Zusammengefaßt kann gesagt werden, unsere Erfahrungen bestätigen, daß der Übergang zur umfassenden Intensivierung im Stammbetrieb des Mansfeld Kombinates deshalb so gut gemeistert wurde, weil mit dem Programm der komplexen technologischen Erneuerung der Bergbau- und Hüttenprozesse und dem territorialen Sicherungsprogramm zwei stabile konzeptionelle Säulen zur Verwirklichung der vom X. Parteitag der SED beschlossenen ökonomischen Strategie der 80er Jahre entwickelt wurden. Die Verwirklichung der darin enthaltenen Aufgaben unterliegt der ständigen Parteikontrolle. Auf der Grundlage dieser Dokumente wurden die traditionsbewußten Werktätigen des Kombinates zu wirksamen massenpolitischen Aktionen geführt. Die Verallgemeinerung unserer Erfahrungen soll mit zu dem Pfund gehören, das die Mansfelder Berg- und Hüttenleute auf den Tisch des XI. Parteitages der SED legen.

Irma Uschkamp

Die Einflußnahme des Rates des Bezirkes Cottbus auf die volle Nutzung der territorialen Reproduktionsbedingungen

Im Generalschema für die Standortverteilung der Produktivkräfte wird die Bedeutung der territorialen Grundstruktur für die effektive Unterstützung der notwendigen Leistungsentwicklung der Produktion zur Verwirklichung der Strategie unserer Partei herausgearbeitet.

Die Feststellung im Referat, daß die im Ergebnis der Wirtschafts- und Sozialpolitik der Partei der Arbeiterklasse geschaffene Territorialstruktur in ihren Grundproportionen im wesentlichen den gegenwärtigen Anforderungen der sozialistischen Gesellschaft entspricht, gilt auch für den Bezirk Cottbus.

Die Entwicklung des Bezirkes bestätigt solche Erkenntnisse, wie insbesondere

- zur gezielten Nutzung und Vervollkommnung der territorialen Reproduktionsbedingungen als maßgebliche Voraussetzung für die Erschließung und Entfaltung der Triebkräfte des Sozialismus sowie
- zur Bedeutung der Entwicklung der Infrastruktur, im Bezirk Cottbus vor allem in Verbindung mit der Nutzung der Naturressource Braunkohle.

Unser Bezirk wird zu Recht als Kohle- und Energiebezirk der Republik bezeichnet. Die Dynamik der Kohle- und Energiewirtschaft als bestimmender Faktor der Produktionsstruktur erforderte und erfordert auch eine entsprechende Ausrichtung der territorialen Reproduktionsbedingungen auf diesen Schwerpunkt. Damit werden an die Arbeit der Volksvertretungen und ihrer Räte hinsichtlich der Übereinstimmung von gesamtstaatlichen, zweiglichen und territorialen Anforderungen zur Unterstützung der Leistungsentwicklung der Produktion höhere Maßstäbe gesetzt.

Wir gehen davon aus, wie es in den Beschlüssen der 9. Tagung des ZK der SED mit Nachdruck unterstrichen wurde, daß die Braunkohle wichtigster Roh- und Brennstoff und die bedeutendste Naturressource für die Volkswirtschaft der DDR ist.

Im Jahr 1985 werden 58 % der Braunkohle der DDR im Bezirk Cottbus gefördert. Seit 1952 wurde die Förderleistung allein in unserem Bezirk um mehr als das Vierfache erhöht. Die gegenwärtigen Berechnungen weisen aus, daß bis zum Jahr 1990 eine Jahresförderung von mindestens 210 bis 215 Mio t notwendig sein wird.

Zur Zeit wird in 12 Tagebauen Braunkohle gefördert. Um das Jahr 2000 werden es voraussichtlich 21 Tagebaue sein.

In den überwiegend unter den Bedingungen der Arbeiter-und-Bauern-Macht errichteten Kapazitäten werden gegenwärtig vom Gesamtaufkommen der DDR produziert bei

Elektroenergie	52 %
Stadtgas	79 %
BHT-Koks	100 %
Briketts	53 %

Die Produktionsstruktur unseres Bezirkes, geprägt von Kohle und Energie, wird ergänzt durch bedeutende Betriebe auch in der chemischen Industrie, der Glasindustrie sowie in der Textilindustrie und im Schwermaschinenbau.

Weiterhin verfügt der Bezirk über eine hochentwickelte Landwirtschaft. Mit dem Wachstum der Industrie und der notwendigen Entfaltung der Infrastruktur entstand eine leistungsfähige Bau- und Baustoffindustrie.

Die dynamische Entwicklung der Kohle- und Energiewirtschaft hat sich, an die Standorte der Rohstoffressourcen gebunden, im Ostteil des Bezirkes vollzogen. Das hatte besondere Auswirkungen auf die Ausdehnung oder Entstehung solch bedeutender Arbeiterzentren, wie Cottbus, Hoyerswerda, Senftenberg/Lauchhammer, Weißwasser und Lübbenau/Vetschau.

Allein in den Städten Cottbus und Hoyerswerda ist die Bevölkerung um mehr als 120000 Einwohner angestiegen.

Durch das Wachstum der Arbeiterklasse in diesen Produktionszentren wurde die gesellschaftliche Entwicklung im Bezirk wesentlich bestimmt.

Die volle Nutzung der territorialen Reproduktionsbedingungen bedeutet im Bezirk Cottbus in erster Linie, einen wirksamen Beitrag zur Leistungs- und Effektivitätssteigerung der Kohle- und Energiewirtschaft zu erbringen. Wir gehen von der These aus, daß mit dem vorrangigen und effektiven Einsatz der territorialen Ressourcen für die Kohle- und Energiewirtschaft ein wesentlicher Beitrag zur Entwicklung der Volkswirtschaft insgesamt erfolgt. Wir sehen unsere Pflicht darin, die wachsenden Anforderungen weitestgehend aus den im Bezirk vorhandenen territorialen Ressourcen zu erfüllen. Dazu bemühen wir uns, die Faktoren der umfassenden Intensivierung immer besser zu nutzen.

Erhebliche territoriale Ressourcen werden auf die Kombinate von Kohle und Energie konzentriert:

- Das sind 50,8 % der Werktätigen der Industrie. Im Fünfjahrplanzeitraum 1986 bis 1990 ist nach unseren Vorstellungen vorgesehen, den gesamten Arbeitskräftezuwachs in der Industrie einzusetzen.
- Seit vielen Jahren nehmen jährlich 25 % der Schulabgänger eine Berufsausbildung in der Kohle- und Energiewirtschaft auf.
  Dieser Anteil erhöht sich bis 1990 auf etwa 28 %.
- Etwa dreiviertel der Industriebauleistungen werden

jährlich für Investitionsvorhaben dieses Zweiges bereitgestellt.

- Etwa ein Drittel des Geschoßwohnungsbaues wird zur Ansiedlung von Stammbelegschaften und für Ortsverlegungen zur Verfügung gestellt. Der Anteil des Kohleersatzwohnungsbaues nimmt zu.
- 21 % der Fläche des Bezirkes sind für die bergbauliche Inanspruchnahme langfristig unter Schutz gestellt.

Dieser beachtliche Umfang der Bereitstellung territorialer Ressourcen stellt hohe Anforderungen an die Leitungstätigkeit aller Staatsorgane im Bezirk und hat Konsequenzen für Begrenzungen anderer volkswirtschaftlicher Bereiche. Entsprechend ihrer Verantwortung befassen sich die Volksvertretungen rechtzeitig und gründlich mit der Bereitstellung und dem effektiven Einsatz der territorialen Ressourcen. Im konstruktiven Meinungsstreit aller Beteiligten wird um bestmögliche volkswirtschaftliche Lösungen gerungen.

Große Bedeutung für die Arbeit der örtlichen Staatsorgane auf dem Gebiet der Rohstoffsicherung haben die Beschlüsse des Bezirkstages zur Festsetzung von Bergbauschutzgebieten. Sie sind eine wichtige Voraussetzung für die langfristige Planung territorialer Grundstrukturen, der Standortverteilung der Produktivkräfte und der Entwicklung der Infrastruktur.

Es ist eine Spezifik unseres Bezirkes, daß mit der Bergbauentwicklung ein Teil der Infrastruktur verloren geht und neu ersetzt werden muß. Die Ersatzschaffung für die Infrastruktur erfordert großen Kraftaufwand.

Wir bemühen uns so zu arbeiten, daß mit dem Ersatz von Kapazitäten gleichzeitig eine qualitative Verbesserung erreicht wird.

Eine wachsende Rolle in der Arbeit der örtlichen Staatsorgane spielt die langfristige Vorbereitung der Inanspruchnahme von Siedlungen durch den Bergbau. Großes Gewicht erhält die Zusammenarbeit mit den Bürgern dieser Gemeinden in jeder Phase der Vorbereitung und Durchführung. Dazu hat der Rat konkrete Festlegungen getroffen und entsprechende Arbeitsinstrumentarien geschaffen. Bewährt hat sich insbesondere die Tätigkeit von Arbeitsgruppen Ortsverlegung, die bei den jeweiligen Räten der Kreise etwa fünf Jahre vor der bergbaulichen Inanspruchnahme gebildet werden. In persönlichen Gesprächen mit den Bürgern werden Wünsche, Anliegen und Probleme in bezug auf eine neue Wohnung, den Arbeitsplatz sowie von weiteren Fragen der Lebensbedingungen entgegengenommen und einer Klärung zugeführt.

Jetzt schon ist zu erkennen, daß mit all diesen Fragen, Anforderungen in neuen Dimensionen an die Arbeit der örtlichen Staatsorgane, die effektive Nutzung der territorialen Reproduktionsbedingungen und an das Zusammenwirken mit den Kombinaten und zentralen Organen gestellt werden. Als wichtiges Arbeitsinstrument für die langfristige Planung und Nutzung der territorialen Reproduktionsbedingungen in den Gebieten des Bergbaues haben sich Raumstudien bewährt. Sie erfassen einen Zeithorizont von 20 und mehr, teilweise bis zu 50 Jahren.

Ausgehend von der konzipierten Entwicklung der Produktionsstruktur werden die Einflüsse und Anforderungen auf das Territorium analysiert und Prämissen zur langfristigen Standortverteilung der Produktivkräfte einschließlich der Gestaltung der Bergbaufolgelandschaft und des Schutzes der Umwelt herausgearbeitet.

Diese mit dem Industriezweig Braunkohle erarbeiteten Raumstudien werden als gemeinsame Arbeitsgrundlage durch den Rat des Bezirkes beschlossen. Eine solche Arbeitsweise hat sich bereits für die Räume Cottbus–Guben–Forst, Weißwasser und Calau bewährt. Die Raumstudien sind eine wichtige Entscheidungsgrundlage für die Standortverteilung der Produktion, die Gestaltung des Siedlungsnetzes sowie den effektiven Einsatz aller territorialen Ressourcen. Ziel derartiger Untersuchungen ist es, auch unter den Bedingungen des Braunkohlebergbaues eine intensive Nutzung der vorhandenen Infrastruktur auf lange Sicht beizubehalten.

Auch in den Gemeinden, für die bereits heute feststeht, daß sie in 20 oder 30 Jahren devastiert werden müssen, sind im Interesse der dort wohnenden Bürger bis zum Schluß die erforderlichen infrastrukturellen Leistungen zu sichern, selbst wenn bestimmte Erhaltungs- und Modernisierungsmaßnahmen nicht immer ökonomisch erscheinen.

Im Prozeß der Bearbeitung dieser Studie wurden wir auch mit der Frage konfrontiert, auf Bergbaurückgabeflächen neue Siedlungen zu schaffen. Gegenwärtig orientieren wir noch auf die Erschließung dieser Gebiete von vorhandenen Siedlungen aus und deren Ausbau. Für spätere Zeiträume sind noch gründliche Untersuchungen und ist noch größerer wissenschaftlicher Vorlauf erforderlich.

Mit den Raumstudien setzt der Rat des Bezirkes weiterhin Prämissen für die Gestaltung der bergbaulichen Rückgabeflächen und für die Wiederurbarmachung. Es muß das Anliegen sein, vor allem landwirtschaftlich nutzbare Flächen in hoher Qualität zu schaffen.

Tagebaurestlöcher werden in der Regel für die Mehrfachnutzung der Wasserwirtschaft und der Erholung konzipiert und sind nach Möglichkeit unter Nutzung der Technologie des Tagebaues entsprechend zu gestalten.

In meinen Ausführungen habe ich vor allem den langfristigen Aspekt der Aufgaben des Rates des Bezirkes dargestellt. Die Erfahrung lehrt, daß solche langfristigen Untersuchungen wichtige Voraussetzungen sind, um eine qualifizierte Einflußnahme des Rates des Bezirkes auf die volle Nutzung der territorialen Reproduktionsbedingungen zu gewährleisten. Sie sind wichtige, nach gesamtvolkswirtschaftlichen Gesichtspunkten erarbeitete Entscheidungsgrundlagen, deren Ergebnisse ihren Niederschlag in den Fünfjahr- und Jahresplänen finden. Mit der Auswertung des Generalschemas werden dem Rat Prämissen und Anregungen für die weitere Arbeit zur langfristigen Entwicklung der Territorialstruktur gegeben. Insbesondere in Vorbereitung des XI. Parteitages der SED werden wir diese Erkenntnisse nutzen, um auch im Bezirk Cottbus einen qualifizierten Fünfjahrplan zu erarbeiten.

Gerhard Schulz

Zu einigen Grundsätzen und Aufgaben der Vervollkommnung der Standortverteilung der landwirtschaftlichen Produktion unter Beachtung der Wechselwirkung zur Territorialstruktur der gesellschaftlichen Reproduktion

Die Bedeutung und Verantwortung der Landwirtschaft für den Reproduktionsprozeß der Volkswirtschaft der DDR besteht vor allem darin, durch eine zunehmend effektive Gestaltung der intensiv erweiterten Reproduktion die verfügbaren Ressourcen für eine ständig steigende Produktion zur Sicherung des wachsenden Bedarfs an Agrarrohstoffen aus eigenem Aufkommen immer umfassender auszunutzen. Darin ist eine wesentliche Erhöhung der Effektivität, das heißt, die Verbesserung des Verhältnisses von Aufwand und Ergebnis, eingeschlossen.

Das gilt prinzipiell – aber auch für jedes Territorium, jede LPG und jedes VEG sowie für die in ihnen wirkenden Kollektive. Betrachten wir die bisherige territoriale Entwicklung der landwirtschaftlichen Produktion, so können wir konstatieren, daß im Ergebnis der seit dem Übergang der Bauern zur genossenschaftlich-sozialistischen Produktion im Jahre 1960 planmäßig vollzogenen Schritte zur Vervollkommnung der Standortverteilung der Landwirtschaft wesentliche Probleme und gebietliche Disproportionen aus den vorsozialistischen Entwicklungsetappen gelöst wurden. Das wird u. a. darin sichtbar:

- Die historisch bedingte ökonomische, soziale und kulturelle Rückständigkeit der nördlichen und östlichen Landesteile sowie der Gebirgsstandorte, die in niedriger Produktion, unzureichenden Wohn- und Lebensbedingungen, geringer infrastruktureller Erschließung der Dörfer u.a. zum Ausdruck kam, wurde überwunden.
- Auf allen Standorten erfolgt eine den jeweiligen natürlichen Produktionsbedingungen, vorhandenen zweigspezifischen Fonds, bestimmten Produktionserfahrungen u.a. Einflußfaktoren weitgehend entsprechende intensive Pflanzen- und Tierproduktion, die den volkswirtschaftlichen Erfordernissen bezüglich Höhe und Struktur zunehmend Rechnung trägt.
- Die großräumige Standortverteilung der Produktion entspricht mit der Herausbildung von Zuchtzentren der Tierproduktion, Betrieben der Saat- und Pflanzgutproduktion, von Obstanbau- und Gemüseproduktionszentren u. a. weitgehend den gegenwärtigen und künftigen Erfordernissen.

Die territorial differenzierte Entwicklung der Anbaustruktur der Pflanzenproduktion entspricht bereits weitgehend den natürlichen und ökonomischen Produktionsbedingungen in den einzelnen Landesteilen sowie den volkswirtschaftlichen und territorialen Erfordernissen. Im wesentlichen wurden die ertragsreichsten Kulturen, die eine hohe Futterenergieproduktion ermöglichen, auf jenen Standorten eingeordnet, wo die höchsten Erträge erzielt werden.

Für die Landwirtschaft der DDR ist typisch, daß Veränderungen der Standortverteilung nicht durch die Neuerschließung von Standorten, die Erweiterung der landwirtschaftlichen Nutzfläche oder die zusätzliche Aufnahme von Produktionszweigen auf der Basis bisher nicht erschlossener Ressourcen erfolgen kann. Bis auf wenige Ausnahmen, wie z.B. die Ausdehnung der Schafhaltung, kann sie nur durch Umverteilung der Produktionsstruktur erfolgen sowie durch Umprofilierung zur noch besseren Nutzung territorialer Ressourcen. Hinzu kommt, daß die historisch entstandene territoriale Verteilung der Verarbeitungsindustrie, das auf dem jeweiligen Standort für die landwirtschaftliche Produktion verfügbare Arbeitsvermögen und andere Faktoren das Entscheidungsfeld weitgehend begrenzen.

Sich aus den veränderten Reproduktionsbedingungen der 80er Jahre ableitende notwendige Schritte zur weiteren Vervollkommnung der Standortverteilung der Landwirtschaft können auf der nunmehr vorhandenen, relativ stabilen territorialen und betrieblichen Produktionsstruktur aufbauen.

Die mit der 7. Tagung des ZK der SED eingeleitete neue Etappe der Verwirklichung der vom X. Parteitag beschlossenen ökonomischen Strategie stellt auch der Landwirtschaft generell neue Maßstäbe für den Übergang zur umfassenden Intensivierung. Daraus leiten sich vier grundlegende Ziele der ökonomischen Strategie in der Landwirtschaft der DDR für die 80er Jahre ab.

1. Sicherung der stabilen Versorgung der Bevölkerung mit Nahrungsmitteln und der Versorgung der Industrie mit agrarischen Rohstoffen aus dem eigenen Aufkommen durch umfassende Nutzung des wissenschaftlich-technischen Fortschritts und aller qualitativen Wachstumsfaktoren als dem ersten Ziel der ökonomischen Strategie in der Landwirtschaft und dem alles überragenden Effektivitätskriterium.

2. Erschließung aller Reserven der Ertrags- und Leistungssteigerung mit dem Ziel, das Eigenaufkommen vor allem an Getreide, Futtermitteln und anderen landwirtschaftlichen Produkten schneller zu erhöhen, um insbesondere Futtermittelimporte kurzfristig abzulösen und in allen Territorien auf der eigenen Futtergrundlage eine proportionale Entwicklung von Pflanzen- und Tierproduktion zu gewährleisten.

3. Weitere Erhöhung der Arbeitsproduktivität, rationellere Nutzung und sparsamer Einsatz der materiellen Produktionsfonds mit dem Ziel, einen höheren ökonomischen Effekt der eingesetzten vergegenständlichten und lebendigen Arbeit je Produkteneinheit zu errei-

chen, das Verhältnis von Aufwand und Ergebnis zu verbessern und so den Beitrag der Landwirtschaft zum Nationaleinkommen zu erhöhen.

4. Die weitere Verbesserung der Arbeits- und Lebensbedingungen der Genossenschaftsbauern und Arbeiter in den Dörfern, vor allem auf der Grundlage eines hohen Produktions- und Effektivitätswachstums der LPG und VEG.

Da in der Landwirtschaft der Intensivierungsprozeß in Abhängigkeit von den objektiv bedingt sehr differenzierten Standortbedingungen auf den jeweils konkreten Standorten ganz spezifische Züge aufweist, ist jede Gesamtstrategie der Intensivierung mit unterschiedlichen Konsequenzen und Anforderungen für das einzelne Territorium verbunden. Daher bestimmen die vorgenannten Ziele sehr wesentlich Inhalt und Richtung der weiteren Vervollkommnung der Standortverteilung der landwirtschaftlichen Produktion.

Dementsprechend ergeben sich für die territoriale Umsetzung der bis 1990 konzipierten Intensivierung folgende Grundsätze und Aufgaben:

Ausgangspunkt aller Vorschläge zur territorialen Umsetzung der Zielstellung der weiteren Intensivierung der Land- und Nahrungsgüterwirtschaft im Zeitraum bis 1990 auf die Bezirke und Kreise bis zu den Kooperationen muß sein, daß jeder Standort entsprechend den konkreten Bedingungen und des objektiv vorhandenen Leistungspotentials seinen spezifischen Beitrag zur arten- und qualitätsgerechten Deckung des volkswirtschaftlichen Bedarfs mit hoher Sicherheit erbringt. Dabei gilt es durch gezielten Einsatz von Material, Energie und anderer Ressourcen zu sichern, daß gleichzeitig das Verhältnis von Aufwand und Ergebnis verbessert wird. Voraussetzung dafür sind, auf jedem Standort steigende Hektarerträge und Tierleistungen sowie die schrittweise Herausbildung einer solchen Anbau- und Tierbestandsstruktur sowie Höhe der Tierbestände zu sichern, die den volkswirtschaftlichen Erfordernissen und den territorial differenzierten natürlichen und ökonomischen Bedingungen zunehmend besser entsprechen.

Von dieser generellen Zielstellung für die weitere Vervollkommnung der Standortverteilung der Land- und Nahrungsgüterwirtschaft ausgehend, ergeben sich vor allem folgende Grundsätze:

1. Die territorial differenziert vorhandenen Naturbedingungen (Boden, Wasser, Klima, Vegetationszeit u. a.) sind auf jedem Standort bei steigenden Erträgen möglichst optimal für eine hohe, bedarfsgerecht strukturierte Produktion zu nutzen. Dazu ist insbesondere die Reproduktion der Bodenfruchtbarkeit auf hohem Niveau so zu gestalten, daß insgesamt langfristig eine stabile Produktion versorgungswirksamer Endprodukte mit möglichst geringem volkswirtschaftlichen Gesamtaufwand gesichert werden kann.

Unter Zugrundelegung der Inanspruchnahme von landwirtschaftliche Nutzfläche (LN) für die einheimische Rohstoffproduktion, für Industrie-, Wohnungs- und Straßenbau, für Gewässerregulierung u. a., die Anfang der 80er Jahre bei 4,8 Tha/a lag, wird eingeschätzt, daß sich die LN der DDR von 1983 bis 1990 um etwa 40 Tha verringern wird. Schwerpunkte des Entzuges sind die Bezirke Cottbus mit 9 Tha, Halle mit 5,5 Tha und Leipzig mit 5 Tha, der hier vor allem durch die Inanspruchnahme von LN für den Braunkohleabbau verursacht wird. In Halle und Leipzig werden dadurch zu einem hohen Anteil ertragsreiche Lößböden entzogen, die in der Regel auch nach einer längeren Rekultivierungsphase ihre ursprüngliche Ertragsfähigkeit nicht wieder erreichen. Dadurch ergeben sich nicht nur für die betreffenden Räume, sondern auch für die jeweiligen Bezirke insgesamt teilweise weitreichende Konsequenzen. Dabei müssen wir beachten, daß 1000 ha guten Bodens die Ernährungsgrundlagen für etwa 4000 Menschen liefern. Es geht daher darum, unter allen Bedingungen jeden m^2 Boden intensiv zu nutzen und ihn weitgehend vor dem Entzug aus der landwirtschaftlichen Produktion zu bewahren. Diesem Problem könnte und sollte mehr Aufmerksamkeit geschenkt werden.

2. Der notwendige Leistungsanstieg erfordert, schrittweise eine höhere territoriale Proportionalität bei der Nutzung und Reproduktion der Naturbedingungen, des Arbeitsvermögens, der Grundfonds und weiterer Ressourcen auf jedem Standort zu erreichen, die sowohl die Erfüllung der volkswirtschaftlichen Erfordernisse wie auch eine hohe und effektive Produktion aller am landwirtschaftlichen Reproduktionsprozeß eines Territoriums, vor allem der auf mikroterritorialer Ebene beteiligten Partner, sichert.

Von besonderer Bedeutung ist dabei die Sicherung der territorialen Proportionalität zwischen Pflanzen- und Tierproduktion, insbesondere durch die Steigerung der Pflanzenproduktion. In diesem Zusammenhang ist in jedem Territorium die Anbaustruktur sowie die Struktur und Höhe der Tierbestände – abgestimmt mit der jeweiligen staatlichen Leitung – schrittweise besser aufeinander abzustimmen.

Bei notwendigen Veränderungen der Produktionsstruktur und der Höhe der Tierbestände gehen wir überall von dem Grundsatz aus, daß sie schrittweise erfolgen muß. Durch steigende Erträge müssen zunächst dafür die Voraussetzungen geschaffen werden, um das Primat einer hohen, strukturgerechten Versorgungssicherheit in jedem Territorium zu gewährleisten.

3. In Verbindung mit dem schrittweisen Übergang zum fondssparenden Typ der intensiv erweiterten Reproduktion und zur Gewährleistung des erforderlichen Produktionszuwachses ist es notwendig, in jeder Kooperation die vorhandenen, langfristig weiter nutzbaren stationären Grundfonds (Ställe, Lager- und Aufbereitungskapazitäten, Meliorationsanlagen) so rationell wie möglich weiter zu nutzen. Die umfassende Intensivierung und der effektive Einsatz der verfügbaren Investitionen erfordern, die vorhandene materiell-technische Basis auf jedem Standort durch Rekonstruktion und Rationalisierung, eventuell durch Nutzungsartenveränderung entsprechend der Entwicklung der territorialen Produktionsstruktur, durch Werterhaltung einschließlich Verlängerung der Nutzungsdauer zu modernisieren und Neubauten auf das unumgänglich notwendige Mindestmaß zu beschränken. Daraus ergeben sich Konsequenzen für die Siedlungsstruktur sowie die soziale und technische Infrastruktur in ländlichen Gebieten.

4. Es ist davon auszugehen, daß in den nächsten Jahren weitere Fortschritte bei der weiteren Mechanisierung und Chemisierung arbeitsaufwendiger Prozesse in

der Pflanzen- und Tierproduktion erreicht werden. Auch wird in bestimmten Gebieten der Anteil arbeitsintensiver Kulturen, wie Gemüse, Obst, Rüben für Futterzwecke und zum Teil Sonderkulturen, ausgedehnt und die Schlachtrind- und Schafproduktion erweitert.

Unter diesen Bedingungen bleibt zumindest in diesem Zeitraum in jeder Kooperation die gesicherte Reproduktion des Arbeitsvermögens eine Grundvoraussetzung für die effektive Nutzung der natürlichen Produktionsbedingungen und aller übrigen Ressourcen für die Sicherung des erforderlichen Produktionswachstums und die Verringerung der bisher teilweise sehr hohen Zahl an Überstunden. Das schließt nicht aus, daß im Rahmen der territorialen Möglichkeiten und z. B. über die FDJ-Initiative Tierproduktion eine gezielte Erhöhung des Arbeitsvermögens im produktiven Bereich, verbunden mit einer abgestimmten Bereitstellung von Investitionen und Fonds zur Rationalisierung und Mechanisierung arbeitsintensiver Prozesse, erfolgt.

5. Die effektivere Beherrschung des Zyklus Primärproduktion–Veredlung–Aufbereitung–Verarbeitung–Vermarktung bis zum Verbraucher zur Verbesserung der Versorgung, die auch die Verlustsenkung, eine höhere Verwertung der Rohstoffe und die Verringerung des volkswirtschaftlichen Transportaufwandes einschließt, erfordert im Rahmen der volkswirtschaftlichen Möglichkeiten weitere Schritte zur vollen Herstellung der territorialen Übereinstimmung zwischen Standorten der Produktion, der weiteren Stufen der Be- und Verarbeitung bis zum Verbrauch zu gehen.

Dabei ist zu beachten, daß durch Senkung des Transportaufwandes und Verbesserung des Eigenversorgungsgrades in jedem Territorium zugleich ein Beitrag zur Erhöhung der Standhaftigkeit der Volkswirtschaft geleistet wird.

6. Es ist auch unumgänglich zu berückfsichtigen, daß weitere Schritte der Intensivierung der landwirtschaftlichen Produktion auf jedem Standort dazu beitragen müssen, den Schutz der natürlichen Umwelt zu sichern, die Erosion zu vermeiden, industriell abgebaute Flächen wieder zu rekultivieren sowie den landeskulturellen Erfordernissen Rechnung zu tragen. Die dafür im Rahmen der verfügbaren Fonds bereitgestellten Mittel gilt es in jedem Territorium zielgerichtet einzusetzen.

Wir müssen somit beim Übergang der Landwirtschaft zur umfassenden Intensivierung von dem Grundsatz ausgehen, daß die weitere Vervollkommnung der Standortverteilung der Produktion und der materiellen und personellen Ressourcen ein wesentliches Element der intensiv erweiterten Reproduktion der Landwirtschaft ist. Aus dieser komplexen Sicht wird besser dem Ziel entsprochen, alle vorhandenen Ressourcen in den Territorien und insbesondere den Boden als Hauptproduktionsmittel der Landwirtschaft noch wirksamer für eine höchstmögliche biogene Rohstoffproduktion bei verbessertem Verhältnis von Aufwand und Ergebnis zu nutzen. Im Unterschied zu den 60er und 70er Jahren ergeben sich wesentliche Akzentverschiebungen bei der planmäßigen Gestaltung der Standortverteilung. Waren in den 60er und 70er Jahren großräumige Prozesse der Standortverteilung zu bewältigen, so geht es in den 80er und 90er Jahren vor allem um die bessere Nutzung aller Faktoren der Produktion, der materiellen Fonds, der Arbeitskräfte und der infrastrukturellen Bedingungen vorwiegend auf mikroterritorialer Ebene. Das stellt höhere Anforderungen an die Leitung und Planung dieser Prozesse sowohl auf der zentralen staatlichen Ebene als auch auf der Ebene der Räte der Bezirke und Kreise. Dabei geht es nicht darum, diese Probleme allein aus der Sicht der Landwirtschaft zu lösen. Sie müssen vielmehr noch wirksamer aus der Sicht der effektiven Nutzung und Reproduktion aller Ressourcen im Territorium im gesamtvolkswirtschaftlichen Interesse gelöst werden.

Achim Seifert

Die territorialen Bedingungen für eine rationellere Organisation der Produktion nutzen

In sehr anregender Weise werden in der Diskussion theoretische Fragen und praktisch wirksame Vorschläge zur Entwicklung der Territorialstruktur für die umfassende Intensivierung des Reproduktionsprozesses der Volkswirtschaft behandelt. Es wurde darauf verwiesen, die Reserven der territorialen Organisation der Produktion für den Leistungsanstieg der Volkswirtschaft zu nutzen und die gegebene territoriale Organisation der Produktion den neuen gesellschaftlichen Erfordernissen anzupassen.

Das ergibt sich besonders aus

- der notwendigen Leistungsentwicklung der Kombinate und Betriebe bei verringertem Einsatz an Energie, Material und Grundfonds,
- der Veränderung arbeitsteiliger Beziehungen zur Reduzierung des Transportaufwandes durch rationellere Kooperationsbeziehungen,
- der Herausbildung flexibler Kombinatsbetriebe zur Erhöhung der Reaktionsfähigkeit auf Marktanforderungen.

In diesem Zusammenhang möchte ich vor allem auf folgende Prozesse verweisen, die für eine rationellere Organisation der Produktion unter territorialen Gesichtspunkten umfassender zu nutzen sind.

Erstens halte ich für wichtig, die Kooperationsbeziehungen zwischen den Betrieben unter territorialen Gesichtspunkten zu überprüfen, weil davon maßgeblich der Transportaufwand beeinflußt wird und die Nutzung der vorhandenen produktiven Fonds betroffen werden.

Bekanntlich hat sich der Umfang bezogener Kooperationserzeugnisse und -leistungen der Kombinate der metallverarbeitenden Industrie sehr stark entwickelt. Der Anteil zwischenbetrieblicher Kooperation an der Warenproduktion erreicht bei manchen Kombinaten über 60 Prozent. Solange die Warenproduktion an erster Stelle der Leistungsbewertung der Betriebe stand, wurden die Kooperationsbeziehungen nicht immer aus volkswirtschaftlichen Effektivitätserwägungen abgeleitet, so daß manche unrationellen Kooperationsbeziehungen mit überhöhtem Transportaufwand entstanden sind und der Produktionszuwachs zu teuer erkauft wurde. Die Einführung der Nettoproduktion für die Leistungsbewertung der Kombinate veranlaßte die Kombinate, auch neue Überelegungen zur Organisation der Kooperationsbeziehungen anzustellen. Wie die Erfahrungen der Kombinate zeigen, kann eine Entflechtung der arbeitsteiligen Produktion und ihre Neugliederung unter Nutzung territorialer Bedingungen zu erheblichen volkswirtschaftlichen Einsparungen führen. Die hängen nicht in erster Linie von der Inanspruchnahme umfangreicher und neu einzusetzender Fonds ab, sondern vielmehr von der Fähigkeit der Leitung, den Gesamtprozeß der Produktion rationell zu organisieren.

Für die Gestaltung effektiver Kooperationsbeziehungen ist die Transportoptimierung eine wichtige Bedingung. Es reicht meines Erachtens jedoch nicht aus, nur den Transport zu optimieren und die Transportkosten zu senken; es geht immer um die Senkung des Gesamtaufwandes und das schließt Effekte der ökonomisch vorteilhaften Spezialisierung, Kombination und Konzentration ein. Mit der Transportoptimierung sind daher vor allem die arbeitsteiligen Beziehungen zu ordnen und die Standorte der Kooperationspartner zu bestimmen, die kürzeste Transportstrecken bei geringstem Verbrauch an Vergaser- und Dieselkraftstoff ermöglichen.

Mit der Untersuchung zur rationellen Gestaltung arbeitsteiliger Prozesse durch Veränderungen der Kooperationsbeziehungen und der Standorte der Kooperationspartner haben viele Kombinate begonnen. Bei der Analyse gingen sie unter anderem von folgendem Überlegungen aus:

- Ermittlung des gegenwärtigen Standes der Kooperationsbeziehungen nach Kooperationsarten;
- Ermittlung des Transportaufwandes und der Transportarten;
- Erfassung von Daten zum Kapazitätsnachweis zur Verlagerung der Produktion kooperierter Erzeugnisse;
- Erarbeitung von Lösungsvorschlägen für die Gestaltung effektiver Kooperationsbeziehungen und Nachweis der Effektivität.

So konnten im Werkzeugmaschinenbaukombinat „7. Oktober“ Berlin auf der Grundlage eingehender Analysen der arbeitsteiligen Prozesse die Möglichkeiten herausgearbeitet werden, transportungünstige Kooperationslinien aufzulösen und unter Nutzung territorialer Bedingungen neue arbeitsteilige Beziehungen herzustellen. Das Ergebnis war die Senkung der Transportkosten um 52% und eine Einsparung an Dieselkraftstoff um 83%. Über 931 Tkm Transportleistungen brauchen jährlich nicht mehr in Anspruch genommen werden. Dabei wurden bei der Gestaltung rationeller Kooperationsbeziehungen solche Möglichkeiten genutzt, wie die Übernahme kooperierter Teile in die Eigenproduktion durch Rationalisierung der Betriebe und Betriebsteile; die Erschließung freier Kapazitäten in Betrieben des Territoriums; mehrschichtige Auslastung der Maschinen und Anlagen; Veränderung der Lagerstandorte sowie Austausch von Produktionskapazitäten zwischen den Kooperationspartnern. Daraus ist aber auch die Schlußfolgerung für die Gestaltung künftiger effektiver Kooperationsbeziehungen zu ziehen, bereits mit der Entwicklung und Einführung neuer Erzeugnisse und Technologien die Maßnahmen für die Gestaltung arbeitsteiliger Prozesse festzulegen.

Zweitens ist meines Erachtens die Vervollkommnung arbeitsteiliger Beziehungen im Territorium stärker darauf zu orientieren, in den Betrieben größere technologisch zusammenhängende Produktionskomplexe zu schaffen und die Zersplitterung der Produktionskapazitäten in eine Vielzahl von Produktionsstätten zu überwinden.

Nicht wenige Kombinatsbetriebe produzieren unter Bedingungen der Zersplitterung der Produktionskapazitäten in viele Produktionsstätten. So haben z.B. 27 Betriebe in der Hauptstadt Berlin 330 Produktionsstätten an unterschiedlichen Standorten. Die Zersplitterung in kleine und kleinste Produktionsstätten ist mit hohem Aufwand für den Transport und die Produktion verbunden. Vielfach wird er durch unzweckmäßige Spezialisierung erhöht. Im Möbelwerk Berlin waren zum Beispiel die Produktionsstätten auf nur wenige Teile und Arbeitsgänge spezialisiert. Eine rationelle Organisation des Produktionsdurchlaufes in geschlossenen technologischen Linien wurde damit nicht möglich. Durch die Gestaltung der kleinen Produktionsstätten auf ein Produktionssortiment von Teilerzeugnissen wurde sowohl die Initiative der Werktätigen stärker wirksam als auch der Transportaufwand gesenkt.

Untersuchungen in Leipzig und anderen Bezirksstädten weisen Wege, wie über eine rationelle Nutzung und Verteilung der Produktionsstätten durch sinnvolle Gewerberaumpolitik die Zersplitterung der Produktion im Territorium vermindert werden kann und eine größere technologische Geschlossenheit von Produktionskomplexen in den Betrieben zu erreichen ist.

Allein durch Kapazitätsaustausch zwischen Betrieben des Territoriums wären rationellere Kooperationsbeziehungen herzustellen, der Transportaufwand zu reduzieren, die Kontinuität der Produktion zu erhöhen und die Produktionskosten zu senken. Im wesentlichen geht es darum, zwischen den Betrieben die Produktionsstätten so auszutauschen, daß an einem Produktionsstandort nur ein Betrieb oder eine Produktionsstätte produziert und die Produnktionsflächen nicht noch auf mehrere Betriebe aufgeteilt sind. Allein die Realisierung der Vorschläge in der Stadt Magdeburg zum Austausch von Produktionsstätten zwischen den Betrieben brachten eine Einsparung von 70 t Kraftstoff und eine zusätzliche Produktion von 2,0 Mio M Warenproduktion bei hochwertigen Konsumgütern. Dabei liegen die Rückflußzeiten für die einmaligen Aufwendungen unter 1,5 Jahren.

Insbesondere zeigen sich folgende Möglichkeiten einer rationelleren Eingliederung von Produktionsstätten und der Nutzung von Produktionsflächen für die Erhöhung der Leistungsfähigkeit der Betriebe:

1. Rationelle Nutzung vorhandener Produktionsflächen durch Verlagerung von Produktion fremder Betriebe,
2. Rückgewinnung von Produktionsflächen, die zweckentfremdet genutzt werden,
3. Gewinnung von Produktionsflächen in der Nähe benachbarter Betriebe,
4. Gemeinsame Rekonstruktion mehrerer Betriebe an einem Standort.

Dabei kommt es auf solche Veränderungen an, die mit niedrigem Aufwand hohe Ergebnisse bringen.

Drittens halte ich es für erforderlich, daß die Vorstellung der Kombinate zur Produktions- und Sortimentsentwicklung und ihrer Wirkungen auf die territorialen Ressourcen mit den Organen des Territoriums langfristig und vorausschauend abzustimmen und zu gestalten sind. Die gemeinsame Arbeit ist hierbei wesentliche Bedingung für die rationelle Einordnung der Kombinatsbetriebe in die Entwicklung des Territoriums sowie für die Sicherung der Produktionsaufgaben des Kombinates insgesamt. Die Vervollkommnung der konzeptionellen Arbeit, die Umsetzung ihrer Erkenntnisse in den Plan auf der Grundlage der Bilanzierung der materiellen Fonds und des gesellschaftlichen Arbeitsvermögens führt zu einer besseren Koordinierung zwischen der Kombinats- und der Territorialentwicklung. Es zeigt sich, daß überall dort, wo die Kombinate die Einordnung ihrer Betriebe in die Territorialentwicklung in ihre strategische Arbeit einbezogen haben und eine gemeinsame langfristige Arbeit zwischen dem Kombiant und den Territorialorganen verwirklicht wurde, wesentliche Effektivitätsreserven für die Leistungsentwicklung der Volkswirtschaft freigesetzt werden konnten.

Besonders in den Ballungsgebieten der Industrie ließen sich größere Reserven durch die Entwicklung der Spezialisierung und Konzentration unter territorialen Aspekten erschließen. Zur besseren Nutzung der Vorteile industrieller Ballungsgebiete arbeitet bereits seit längerem eine gemeinsame Arbeitsgruppe der Bezirksleitung der SED Karl-Marx-Stadt und des Ministeriums für Werkzeug- und Verarbeitungsmaschinenbau als auch des Ministeriums für Leichtindustrie daran, die Zusammenarbeit zwischen den Territorialorganen und der im Territorium liegenden Betriebe und Kombinate zu vertiefen. Durch gemeinsame Rationalisierung mehrerer Betriebe konnten die Arbeitskräfte für die Erhöhung der Schichtarbeit gewonnen als auch durch Koordinierung der Hilfs- und Nebenprozesse Arbeitsplätze eingespart werden. Ergebnisse zeigen sich auch in der Gemeinschaftsarbeit der Betriebe zur Steigerung des Rationalisierungsmittelbaus, der wissenschaftlich-technischen Hilfe für Klein- und Mittelbetriebe und der Nachnutzung und dem Nachbau von Rationalisierungsmitteln. Eine enge Zusammenarbeit der Betriebe bei der Produktion und Einsatzvorbereitung von Industrierobotern und der Anwendung der Mikroelektronik brachte hohe ökonomische Ergebnisse. Durch die „Bank der Reserven" konnten über 30000 Maschinenstunden vermittelt werden, womit Kapazitätsanforderungen aus Profilveränderungen der Betriebe abgedeckt und auf den Import von teuren Ausrüstungen verzichtet werden konnte.

Der Abschluß von Vereinbarungen zwischen den Generaldirektoren und den Organen des Bezirkes zur langfristigen Entwicklung der Betriebe im Territorium fördert wesentlich die Realisierung von Maßnahmen zur Herausbildung einer bedarfs- und exportorientierten Produktionsstruktur. Die rechtzeitige Übergabe der langfristigen Vorstellungen zur Rationalisierung der Grundfonds, der Entwicklung der Arbeitskräfte und der Produktionssortimente nach Standorten an die Territorialorgane ermöglicht dadurch eine zweckmäßige Einordnung der Maßnahmen in die Territorialentwicklung und fördert die Leistungsentwicklung der Kombinate.

Heiner Merz/Gerd Pietrzynski

Leitungserfahrungen des Zusammenwirkens der Kombinate und Betriebe mit den Territorialorganen bei der Entwicklung und Nutzung des gesellschaftlichen Arbeitsvermögens

Für die weitere erfolgreiche Verwirklichung der Hauptaufgabe in der Einheit von Wirtschafts- und Sozialpolitik hat das Zusammenwirken der Kombinate und Betriebe untereinander sowie mit den Territorialorganen in den Bezirken und Kreisen bei der planmäßigen Entwicklung und rationellen Nutzung des gesellschaftlichen Arbeitsvermögens eine umfassende Bedeutung. Es gibt kaum einen anderen Schwerpunkt der ökonomischen Strategie, der dieses Zusammenwirken so dringend erforderlich macht und der ein so breites Spektrum von Aufgaben wie gerade auf dem Gebiet des Arbeitsvermögens umfaßt. Dies ist objektiv begründet in der zweiglich-territorialen Strukturierung des Arbeitsvermögens, in den mannigfaltigen Verflechtungen von Arbeiten, Wohnen und Leben der Menschen. Ihre bewußte Gestaltung wirkt sowohl auf die Erhöhung der ökonomischen Leistungskraft als auch auf die Ausprägung der sozialistischen Lebensweise.

Die auf dem X. Parteitag der SED getroffene Feststellung, wonach „die Leitung und Planung der territorialen Entwicklung zunehmend Bedeutung für die weitere Intensivierung des volkswirtschaftlichen Reproduktionsprozesses“ erhält[1], bestätigt sich vollauf in der neuen Etappe der ökonomischen Strategie.

In den vergangenen Jahren wurden bedeutende Leitungserfahrungen gesammelt. Es sind die Möglichkeiten, aber auch die Anforderungen gewachsen, wie diese aus dem Wesen sozialistischer Produktionsverhältnisse erwachsenden Vorzüge kameradschaftlicher Zusammenarbeit und gegenseitiger Hilfe der Kombinate, Betriebe, Genossenschaften, Einrichtungen und örtlichen Volksvertretungen noch umfassender für den intensiven Leistungsanstieg und die immer bessere Bedürfnisbefriedigung erschlossen werden können.

Mit den im Jahre 1983 gefaßten zentralen Beschlüssen, insbesondere über die „Grundsätze zur weiteren Vervollkommnung der Leitung und Planung des gesellschaftlichen Arbeitsvermögens“, wurden vorausschauend

- die politische Verantwortung aller Leiter,
- die Aufgaben, Pflichten und Rechte der Ministerien, Kombinate, Betriebe und örtlichen Staatsorgane sowie
- das methodische Instrumentarium bei der Bilanzierung, Planung und Lenkung des Arbeitsvermögens

auf die Erfordernisse der umfassenden Intensivierung eingestellt. Als historische Errungenschaft und realer Vorzug sozialistischer Planwirtschaft wird das Recht auf Arbeit und gesicherte Vollbeschäftigung für alle Bürger dauerhaft gewährleistet und über den Plan mit dem Erfordernis nach höherer Effektivität der Arbeit und ständiger Verbesserung der Arbeits- und Lebensbedingungen verbunden.

Ausgangspunkt und Grundlage für die Arbeitskräftebilanzierung, -planung und -lenkung in den Territorien sind:

1. die Anforderungen, die sich aus der neuen Etappe der ökonomischen Strategie, insbesondere für die materiell-technische Kapazitätsentwicklung in den Kombinaten und Territorien, für die Erneuerung der Produktion und beschleunigte ökonomische Verwertung wissenschaftlich-technischer Ergebnisse sowie (nicht zuletzt) für die umfassende Nutzung der territorialen Effektivitätsressourcen ergeben;
2. die demografisch bedingte Aufkommensentwicklung des Arbeitsvermögens in den Territorien, einschließlich der Bedingungen für seine Reproduktion (zum Beispiel Verteilungsproportionen des Nachwuchspotentials auf die einzelnen Wirtschaftsbereiche, auf die Bildungsstufen) sowie der Umfang und die Richtungen der verschiedenen (zeitweiligen und ständigen) Formen der Arbeitskräftebewegung (zum Beispiel FDJ-Initiativen, Ehrendienst in der NVA, Babyjahr, aber auch Migration und Fluktuation).

Die Erfahrungen der vergangenen Jahre haben verdeutlicht: Eine höhere Wirksamkeit in der planmäßigen Gestaltung dieser sozialökonomischen Prozesse ist zu erreichen, wenn bereits in der Planvorbereitung der territorialen Differenziertheit der Reproduktionsbedingungen sowie den qualitativen Aspekten in der Entwicklung des Arbeitsvermögens Rechnung getragen wird.

Aus dem Generalschema für die Standortverteilung der Produktivkräfte in der DDR wird eine territorial differenzierte Entwicklung des Arbeitsvermögens erkennbar, die man wie folgt zusammenfassen kann:

- Die weitere gesellschaftliche Entwicklung der Hauptstadt Berlin ist verbunden mit einer stabilen natürlichen Bevölkerungsentwicklung, einem hohen Wanderungsgewinn und auch langfristig mit einem stabilen Zuwachs an Arbeitsvermögen. Entsprechend den Beschlüssen zur Entwickung der Hauptstadt wird ein großer Teil des Arbeitskräftezuwachses für die Entwicklung der hauptstädtischen Funktionen, den Ausbau moderner Technologien in der Industrie und die weitere Verbesserung der Versorgung und Betreuung der Bevölkerung eingesetzt.
- In den Nordbezirken bestehen die günstigsten Reproduktionsbedingungen des Arbeitsvermögens.
  Bis 1990 tritt ein realtiv hoher Zuwachs an Arbeitskräften ein, der sich nach 1990 verringert. In diesen Bezirken stehen die Arbeitskräfte entsprechend dem Bedarf der Zweige im wesentlichen zur Verfügung.

- In den Mittel- und Südwestbezirken tritt bis 1990 noch ein Zuwachs an Berufstätigen ein, der danach in einen stärkeren Rückgang an Arbeitskräften umschlägt, so daß 1995 weniger Arbeitskräfte zur Verfügung stehen als 1985. In diesen Bezirken wird das heranwachsende Arbeitsvermögen neben der weiteren Entwicklung der sozialen und technischen Infrastruktur vor allem für die Entwicklung der Energiebasis und der Mikroelektronik eingesetzt.
- Die industriellen Ballungsbezirke haben langfristig die ungünstigen Reproduktionsbedingungen des Arbeitsvermögens. Im Zeitraum bis 1990 ist in den Bezirken Karl-Marx-Stadt und Leipzig bereits ein Rückgang zu erwarten, der sich danach wesentlich verstärkt. Da auch in diesen Bezirken ein weiterer Zuwachs an Arbeitskräften für das Bildungswesen, Gesundheitswesen, die Wohnungswirtschaft usw. eingesetzt werden muß, ergibt sich für alle materiellen Bereiche ein sich immer mehr verstärkender Rückgang an Arbeitskräften.

Die Entwicklung des Arbeitsvermögens nach Kreisen bestätigt die langfristige Tendenz in den Bezirken, jedoch mit einer Zunahme der Differenziertheit.

Bei insgesamt positiver Arbeitskräfteentwicklung in der DDR tritt schon gegenwärtig in den Kreisen der Ballungsbezirke Halle, Karl-Marx-Stadt, Leipzig und Dresden eine Stagnation beziehungsweise ein Rückgang an Arbeitskräften ein, der sich bis 1995 immer mehr verstärkt. Günstigere demografische Bedingungen und der in den vergangenen Jahren eingetretene innerbezirkliche Konzentrationsprozeß der Bevölkerung führen jedoch in den Stadtkreisen zu einer günstigeren Arbeitskräfteentwicklung, die sich in einer Zunahme der Anzahl der Arbeitskräfte in allen Stadtkreisen bis 1990 widerspiegelt.

Auch danach haben noch mehr als die Hälfte aller Stadtkreise einen Arbeitskräftezuwachs, während in allen Landkreisen die Zahl der Arbeitskräfte zurückgeht. Für die wissenschaftliche Forschung und praktische Leitungstätigkeit ist es notwendig, verstärkt die tatsächlichen Einzugsgebiete des Arbeitsvermögens, also auch die Tendenzen in der „Arbeitspendlerbewegung" in die Analyse einzubeziehen.

Die territorial-differenzierte Entwicklung des Arbeitsvermögens äußert sich nicht nur quantitativ in der Aufkommensentwicklung, sondern vor allem qualitativ in verschiedenen Strukturaspekten des Arbeitsvermögens, wie beispielsweise:

- Verbunden mit der rückläufigen Entwicklung der Bevölkerungsgruppe im Lehrlingsalter ist die Tatsache, daß die Zahl der Jugendlichen für eine Berufsausbildung bis 1990 stark zurückgeht.
  Zugleich tritt ein Ausgleich zwischen den Bezirken ein. Damit verringert sich die Möglichkeit, notwendige Strukturveränderungen im Einsatz des Arbeitsvermögens über die Berufsausbildung durchzusetzen. Die Notwendigkeit der Gewinnung von Werktätigen für neue volkswirtschaftliche Aufgaben nimmt zu.
- Durch die Veränderungen in der Altersstruktur der Berufstätigen steigt die Zahl der aus natürlichen Gründen aus dem Arbeitsprozeß ausscheidenden Arbeitskräfte beträchtlich an, das heißt, der notwendige Zuführungsbedarf an Arbeitskräften aus den verschiedensten Ausbildungsformen hat zur Sicherung der einfachen Reproduktion eine steigende Tendenz.
- Bis zum Jahr 2000 wird sich die Geschlechterstruktur der Beschäftigten annähernd normalisiert haben. Der Anteil der männlichen Berufstätigen wird dann etwa 55% betragen, der der weiblichen Berufstätigen 45%. Die Differenz resultiert aus der Tatsache, daß das arbeitsfähige Alter der Männer mit 65 Jahren, das der Frauen jedoch mit 60 Jahren begrenzt ist.
  Während es sich beim Zuwachs an Arbeitskräften bis 1975 fast ausschließlich und bis 1980 überwiegend um einen Zuwachs an weiblichen Berufstätigen handelte, wird es im Zeitraum nach 1985 einen ausschließlichen männlichen Zuwachs an Arbeitskräften geben, der mit einem starken Rückgang weiblicher Arbeitskräfte verbunden ist. Das gibt in einer Reihe von Bereichen, die überwiegend weibliche Arbeitskräfte beschäftigen, die Möglichkeit, sie durch Zuführung männlicher Arbeitskräfte zu verstärken. Das betrifft vor allem Bereiche, wie das Gesundheitswesen, die Volksbildung und den Handel. Daraus sind aber auch gezielt Konsequenzen für die Rationalisierung „weiblicher" Arbeitsplätze vor allem in der Leichtindustrie abzuleiten, um diesen Rückgang zu kompensieren.
- Das Durchschnittsalter der Berufstätigen wird bis 2000 um etwa 2 Jahre auf 41,5 Jahre ansteigen – infolge der territorial unterschiedlichen Reproduktionsbedingungen in den Ballungsbezirken stärker als im Durchschnitt der DDR. Damit sind bedeutende Veränderungen in den einzelnen Altersgruppen verbunden. So ergibt sich für die 40- bis 45jährigen Personen, die die höchste altersspezifische Berufstätigkeit aufweisen und über große Berufs- und Arbeitserfahrungen verfügen, ein Rückgang ihres Anteils an den Berufstätigen von 13,5% 1980 auf 9,5% 1990. Es muß unterstrichen werden, daß es sich um volkswirtschaftliche Durchschnittswerte handelt, die sich bereits gegenwärtig für einzelne Berufsgruppen und Bereiche im Reproduktionsprozeß zugespitzt darstellen. Dies muß auch bei der Ableitung von Maßnahmen zur Rationalisierung und Gewinnung von Werktätigen für neue Aufgaben beachtet werden, denn bekanntlich verändern sich Disponibilitätsbereitschaft und -fähigkeit mit zunehmendem Lebensalter.
- Es ist festzustellen, daß auch bei der in Zukunft beachtlichen Entwicklung des Anteils der Hoch- und Fachschulkader und dem weiter zunehmenden Anteil von Facharbeitern und Meistern bei dem geringeren Zuwachs an Berufstätigen insgesamt sich das Qualifikationsniveau bedeutend schneller entwickelt als bisher.
  Das führt logischerweise dazu, daß
  - die Zahl der Hoch- und Fachschulkader insgesamt und in den Bezirken schneller anwächst als die Zahl der Berufstätigen,
  - die Zahl der An- und Ungelernten deutlich schneller zurückgeht als in allen bisherigen Fünfjahrplanzeiträumen.

Die in die Gesamtentwicklung des Arbeitsvermögens eingebundene territorial differenzierte Entwicklung der Bevölkerung und der Berufstätigen erfordert im Interesse der Leistungsentwicklung der materiellen Produktion und der ständigen Verbesserung der Arbeits- und

Lebensbedingungen, die neu entstehenden Probleme des Arbeitsvermögens rechtzeitig zu analysieren und notwendige Konsequenzen für die Leitungstätigkeit herauszuarbeiten. Das Arbeitsvermögen ist in der neuen Etappe der Verwirklichung der ökonomischen Strategie nicht schlechthin Folgeerscheinung, sondern Zielgröße für die effektive Nutzung aller vorhandenen Ressourcen in den Kombinaten und Territorien.

So ist es beispielsweise erforderlich, in den Bezirken und Kreisen, ausgehend von der erreichten guten Qualität der Bilanzrechnungen, stärker die Aufmerksamkeit auf die Erfassung der qualitativen Prozesse zu richten. Dazu gehört unter anderem das tiefere Eindringen in die Probleme der Frauen- und Rentnerbeschäftigung. Ausgehend von der Altersstruktur dieser Personengruppen sollte untersucht werden, wie weitere Reserven an Arbeitsvermögen für die Lösung volkswirtschaftlicher Aufgaben erschlossen werden können. Dazu gehört auch ein den territorialen Bedingungen entsprechendes Arbeitsplatzangebot mit Teilzeitbeschäftigung, für Heimarbeit und in der Teilzeitschichtarbeit für Frauen. Die Entwicklung dieser Beschäftigungsformen könnte besonders in den Betrieben und Einrichtungen der Konsumgüterindustrie und der Versorgung und Betreuung der Bevölkerung bei der Lösung von Arbeitskräfteproblemen spürbar helfen.

Die zunehmende territoriale Differenziertheit verlangt unter sozialistischen Produktionsverhältnissen, das Arbeitskräftepotential in seiner vorhandenen territorialen Struktur für das Leistungswachstum der Volkswirtschaft voll zu nutzen.

Das erfordert einerseits, an den Standorten mit einer zunehmenden Zahl an Berufstätigen das vorhandene Arbeitsvermögen mit hohem gesellschaftspolitischen und ökonomischen Nutzeffekt für die Lösung volkswirtschaftlicher Aufgaben wirksam zu machen.

Andererseits sind an den Standorten mit einem Arbeitskräfterückgang durch Konzentration betrieblicher Rationalisierungsmaßnahmen negative Auswirkungen auf die Leistungsentwicklung auszuschließen, die Zahl der Arbeitsplätze einzuschränken und die Arbeitsproduktivität überdurchschnittlich zu steigern.

Als wichtige Leitungsinstrumente zur Durchsetzung dieser Anforderungen werden seit 1984 langfristige Arbeitskräftekonzeptionen durch die Ministerien, Kombinate und die Räte der Bezirke und Kreise erarbeitet sowie jährliche Reproduktionsrechnungen durchgeführt.

Gegenstand der langfristigen Arbeitskräftekonzeptionen der Ministerien, Kombinate und Betriebe ist – ausgehend von der Leistungs- und Effektivitätsentwicklung, der Veränderung der Produktions- und Exportstruktur, der Durchführung wissenschaftlich-technischer Neuerungsprozesse – die Bestimmung der Ziele und Wege zur Sicherung der Reproduktion des Arbeitsvermögens sowie zum effektiven Einsatz der Arbeitskräfte im Verantwortungsbereich.

Gegenstand der langfristigen Konzeptionen der Räte der Bezirke und Kreise ist die Bestimmung der Ziele und Wege für die vollständige Nutzung und den effektiven Einsatz des im jeweiligen Territorium verfügbaren Arbeitsvermögens zur territorialen Sicherung der volkswirtschaftlichen Schwerpunktaufgaben und der Aufgaben zur Betreuung und Versorgung der Bevölkerung.

Den Prozeß der Reproduktion des Arbeitsvermögens langfristiger zu erfassen und zu planen ergibt sich aus den wachsenden Anforderungen an die Entwicklung der Hauptproduktivkraft der Gesellschaft und ihrer Stellung im gesellschaftlichen Reproduktionsprozeß:

- Die rechtzeitige bedarfsgerechte Ausbildung und Qualifizierung erfordern einen längeren Vorlauf in der Bestimmung des Bedarfs an Arbeitsvermögen und Konsequenzen für die Bildungseinrichtungen.
- Die weitere dynamische Leistungsentwicklung unserer Volkswirtschaft, die flexible Anpassung der Produktions- und Exportstruktur an die Erfordernisse der Binnen- und Außenmärkte ist immer mit Auswirkungen auf die Entwicklung des Arbeitsvermögens an konkreten Standorten verbunden, die über einen längeren Zeitraum wirken.
- Der wissenschaftlich-technische Fortschritt wirkt unmittelbar auf die Entwicklung des Arbeitsvermögens, seine Dynamik nimmt zu und führt zu neuen Schlüsseltechnologien der Produktion, wie z. B. die Mikroelektronik, die revolutionär den Produktionsprozeß verändert und über die Rationalisierung bis auf den einzelnen Arbeitsplatz wirkt. Andererseits ergeben sich aus der Entwicklung des Arbeitsvermögens bedeutende Möglichkeiten für die Durchsetzung des wissenschaftlich-technischen Fortschritts.
- Die effektive Nutzung des Arbeitsvermögens beeinflußt direkt oder indirekt die Effektivität jedes wirtschaftlichen Vorganges. Das bewußte Handeln der Werktätigen bestimmt letztlich die Höhe der Produktivität ebenso wie die Ausnutzung der Arbeitszeit oder die Entwicklung der Schichtarbeit und ist damit ein wesentlicher Ausgangspunkt der Entwicklung des Arbeitsvermögens.
- Die Vollbeschäftigung – als eine der wichtigsten Errungenschaften der sozialistischen Gesellschaft – wirkt durch die realisiert soziale Sicherheit aktiv als Stimulus für eine dazu adäquate Arbeitsplatzentwicklung.
  Sie auf Dauer zu garantieren erfordert, die Bedingungen der Vollbeschäftigung planmäßig zu reproduzieren.

Dabei hat sich folgendes Herangehen bei der Ausarbeitung der langfristigen Konzeptionen bewährt:

- Herausarbeitung der Schwerpunktaufgaben der Betriebe im Territorium und damit verbundener Anforderungen an das Arbeitsvermögen;
- prognostische Entwicklung des Arbeitskräfteaufkommens, unter Beachtung der Entwicklung der Frauenbeschäftigung sowie der berufstätigen Altersrentner und rechtzeitige Einrichtung entsprechender Arbeitsplätze;
- Ausarbeitung des Einsatzes des Arbeitsvermögens nach Volkswirtschaftsbereichen;
- Erarbeitung der erforderlichen Maßnahmen zur Sicherung des Arbeitskräftebedarfs durch die verschiedenen Deckungsquellen (Berufsausbildung, Zuführung von Hoch- und Fachschulkadern, planmäßige Gewinnung von Werktätigen durch Maßnahmen der sozialistischen Rationalisierung);
- Festlegung von Aufgaben für die Berufsausbildung zur Sicherung des Facharbeiternachwuchses;
- Herausarbeitung der Aufgaben zur Erschließung von

Effektivitätsreserven bei der Nutzung des Arbeitsvermögens, wie territoriale Ziele zur Gewinnung von Arbeitskräften für volkswirtschaftliche Schwerpunktaufgaben, zur Schichtarbeit, zur Entwicklung der Beschäftigtenstruktur, zur Ausnutzung der Arbeitszeit sowie zur Senkung der Fluktuation. Die von der Staatlichen Plankommission, Abteilung Territoriale Planung, Sektor Arbeitskräfte seit 1982 jährlich erarbeiteten Niveau- und Leistungsvergleiche zur Nutzung des gesellschaftlichen Arbeitsvermögens nach Kreisen werden auch dafür genutzt.

Die langfristigen Arbeitskräftekonzeptionen sind ihrem Charakter nach „Vorplanmaterialien", die wesentlich auf der zweiglich-territorialen Abstimmung und der Herausarbeitung gemeinsamer Aufgaben und Maßnahmen zum Einsatz und zur effektiven Nutzung des Arbeitsvermögens basieren. Die Erarbeitung derartiger Konzeptionen für 1986–1990 ist ein erster Schritt, um den Zeithorizont schrittweise bis 1995 und 2000 auszudehnen. Zur analytischen Fundierung dieser Konzeptionen und zur Exaktheit der Planung dienen die jährlichen Reproduktionsrechnungen, die die Entwicklung des Arbeitsvermögens nach Verantwortungsbereichen, gegliedert nach den Ursachen der Zu- und Abgänge, die Gewinnung von Werktätigen für volkswirtschaftlich wichtige Aufgaben, die Entwicklung der Schichtarbeit und der Qualifikationsstruktur zum Gegenstand haben.

Langfristige Konzeptionen und jährliche Reproduktionsrechnungen des Arbeitsvermögens sind also wichtige Grundlagen der Arbeitskräftebilanzierung, -planung und -lenkung, die auf die Ausprägung volkswirtschaftlich effektiver Einsatzstrukturen des Arbeitsvermögens in den Kombinaten, Betrieben und Territorien zielen.

Als ein Leitungsschwerpunkt in der neuen Etappe der Verwirklichung der ökonomischen Strategie erweist sich die weitere Festigung von Stammbelegschaften und die Sicherung einer planmäßigen Disponibilität des Arbeisvermögens. Beide Leitungsaufgaben widersprechen einander nicht. Im Gegenteil: Das Vorhandensein stabiler leistungsfähiger Kollektive ist eine wesentliche Voraussetzung für eine planmäßige, mit hoher ökonomischer und sozialer Wirksamkeit organisierte Gewinnung der Werktätigen für neue Aufgaben. Den praktischen Beweis dafür erbrachte das Petrolchemische Kombinat Schwedt selbst, wo es im Prozeß erhöhter planmäßiger Arbeitskräftebewegung durch die „Schwedter Initiative" gelang, die Fluktuation beständig zu senken.

Im Maßstab der gesamten Volkswirschaft wurde in den vergangenen 10 Jahren die Fluktuation um rund 1/3 zurückgedrängt. Das ist ein erheblicher Effektivitätsgewinn und wirkt sich günstig auf die Leistungsbereitschaft und Persönlichkeitsentwicklung der Werktätigen aus. Solche in der Vergangenheit fluktuationsbegünstigenden Faktoren, wie persönliche Unzufriedenheit mit den Arbeits- und Lebensbedingungen im Betrieb, mit dem Beruf, mit dem Betriebsklima oder Konflikte mit dem Leiter wurden in zunehmendem Maße durch die Wirksamkeit der staatlichen Leiter und gesellschaftlichen Funktionäre und Organisationen abgebaut. Insbesondere durch die Tätigkeit der Ämter für Arbeit in den Kreisen wurde der spontane Charakter dieser Arbeitskräftebewegung zurückgedrängt.

Weitere Fortschritte sind erreichbar, indem man sich in den Betrieben und Territorien auf die Fluktuationsschwerpunkte konzentriert, deren reale Ursachen analysiert und beseitigt sowie vorausschauend auf die Beseitigung der potentiellen Fluktuation einwirkt. Es hat sich zum Beispiel bewährt, wenn in den Kombinaten und Betrieben der Arbeit mit den Jugendlichen, insbesondere nach Abschluß der Berufsausbildung, während und nach dem Dienst der NVA, aber auch den jungen Müttern während des Babyjahres, eine ständige Aufmerksamkeit geschenkt wird.

Solche „Wendepunkte" im persönlichen Leben waren in der Vergangenheit nicht selten auch Anlaß zum Betriebs- und Berufswechsel.

Die im Jugendalter ohnehin vorhandene größere Mobilitätsbereitschaft ist vielmehr im volkswirtschaftlichen und persönlichen Interesse planmäßig zu nutzen, sei es im Rahmen zentraler FDJ-Initiativen, der Schwedter Initiative und anderes mehr.

Eine gemeinsame Verantwortung der Kombinate, Betriebe und Territorialorgane besteht in der Solidität der Arbeitskräftedeckungsquellen für volkswirtschaftliche Schwerpunktvorhaben der Industrie sowie der technischen und sozialen Infrastruktur. Erfahrungen der Vergangenheit zeigen, daß geduldete Inkonsequenzen auf diesem Gebiet letztlich (das heißt zur Sicherung der Inbetriebnahme) die Fluktuation begünstigen, geplanten Einsatzproportionen des Arbeitsvermögens zuwiderlaufen und auch mit Effektivitätsverlusten in der „Einfahrpause" an den Objekten verbunden sind. Angesichts auch der rückläufigen Entwicklung im Arbeitskräftezuwachs muß unseres Erachtens bereits in den nächsten Jahren dieser Problematik nach größere Aufmerksamkeit geschenkt werden.

Der territoriale Einfluß auf die Festigung der Stammbelegschaften kann verstärkt werden, wenn die für das jeweilige Territorium typischen Migrationsfaktoren aufgedeckt und vermindert werden. Generell sind das vor allem die Wohn-, Arbeits- und Umweltbedingungen, deren Rangfolge sich jedoch in einzelnen Bezirken (zum Beispiel Halle) voneinander unterscheidet. Zunehmende Aufmerksamkeit verdienen auch die Wegezeiten, das heißt, die Entfernungen beziehungsweise Verkehrsbedingungen zwischen Wohn- und Arbeitsstandorten sowie die Möglichkeiten, auf dem Heimweg Einkäufe zu verrichten beziehungsweise Dienstleistungen in Anspruch zu nehmen.

Diesem Faktor sozialen Wohlbefindens muß künftig in der Zusammenarbeit der Betriebe mit den Organen der Wohnraumlenkung noch wirksamer entsprochen werden.

Solche Konsequenzen aus der umfassenden Intensivierung, wie hohe Erneuerung der Produktion, erhöhte Flexibilität des Reproduktionsprozesses, Organisierung des Rationalisierungsschubs, beschleunigte Verwertung wissenschaftlich-technischer Ergebnisse, Einführung moderner Schlüsseltechnologien sowie die Dynamik der Markterfordernisse und Bedürfnisstrukturen begründen das wachsende Gewicht der Disponibilität des „gesellschaftlichen Gesamtarbeiters", d.h. sich auf wechselnde Arbeitserfordernisse durch entsprechende politische Motivierung, fachliche Weiterbildung und soziale Vorbereitung rasch einstellen zu können. Deutlich muß unterstrichen werden: Diese Disponibilität ist nicht gleichzusetzen mit der Mobilität des Arbeitsvermögens, die auch andere Formen (wie planmäßige Zuführungen von Lehrlingen und Absolventen, aber auch die Fluktuation und Migration) einschließt und die in der DDR, aber auch in anderen sozialistischen Ländern, schon einen beträchtlichen Umfang erreicht hat. Daher geht es nicht um einen höheren Mobilitätsgrad des Arbeitsvermögens schlechthin, sondern um die Erhöhung seiner Planmäßigkeit und sozialökonomischen Wirksamkeit. Diesem Erfordernis wird in besonderer Weise durch die „Schwedter Initiative" entsprochen, die sich seit über 7 Jahren erfolgreich in der DDR entwickelt. Sie wurde von den Werktätigen des Petrolschemischen Kombinates Schwedt unter der Losung „Weniger produzieren mehr" ausgelöst und hat seitdem an Umfang und Wirksamkeit ständig zugenommen. Wesentlich trug dazu ihre verbindliche Einführung in die Volkswirtschaftplanung im Jahre 1981 bei.

Allein im Jahre 1983/84 wurden auf diesem Wege der Rationalisierunng von Arbeitsplätzen über 150000 Werktätige für neue Aufgaben gewonnen, überwiegend im eigenen Betrieb. Mit der Gewinnung von Arbeitskräften wurde die weitere Entwicklung der Schichtarbeit wirkungsvoll unterstützt. Im Jahre 1984 konnten fast 20000 Werktätige für die Schichtarbeit gewonnen und damit die zeitliche Auslastung der Produktionsausrüstungen verbessert werden. Das Ergebnis zeigt, daß die verstärkte Gewinnung von Arbeitskräften im Betrieb unmittelbar zu einer höheren Effektivität des eingesetzten Arbeitsvermögens führt. Durch die Gewinnung von Arbeitskräften wurde die Lösung wichtiger volkswirtschaftlicher Aufgaben unterstützt. Das betrifft unter anderem die damit ermöglichte Bereitstellung von Arbeitskräften für die ständig wachsende Produktion von industriellen Konsumgütern, für die Erhöhung der Exportproduktion, für die Maßnahmen der Energieträgerumstellung, für die Besetzung standörtlich neu geschaffener Arbeitsplätze und nicht zuletzt für die Erweiterung des betrieblichen Rationalisierungsmittelbaus.

In vielen Betrieben konnten durch die Gewinnung von Arbeitskräften für neue Aufgaben wichtige volkswirtschaftliche und territoriale Schwerpunktaufgaben gelöst werden. Viele Räte der Kreise, wie Staßfurt und die Räte der Kreise des Bezirkes Frankfurt (Oder) und Räte der Städte, wie Leipzig und Schwedt, verstanden es, die Probleme der Gewinnung von Arbeitskräften einheitlich im Territorium auf der Basis betrieblicher Rationalisierungskonzeptionen zu organisieren und dabei wesentlich besser die Anforderungen der Zweige mit den territorialen Bedingungen in Übereinstimmung zu bringen. Zunehmendes Gewicht erlangt in diesem Prozeß die vorausschauende Beachtung sozialer Aspekte, die die Disponibilitätsbereitschaft und -fähigkeit der verschiedenen Beschäftigtengruppen nach solchen Merkmalen, wie Bildung, Qualifikation, Arbeitseinkommen, Familienstand, Lebensziele usw. zum Ausdruck bringen.

Mit der verstärkten Rationalisierung werden zugleich die Möglichkeiten erweitert, um über die Berufsausbildung, die Rückgewinnung berufsfremd eingesetzter Werktätiger und anderer Formen der Arbeitskräftevermittlung auch die nichtproduzierenden Bereiche und Dienstleistungsbereiche in den Territorien zu stärken.

Die Erfolge waren dort am größten, wo gestützt auf Ergebnisse einer qualifizierten analytischen und konzeptionellen Arbeit gezielt Maßnahmen zur Einsparung von Arbeitsplätzen und zur Gewinnung von Arbeitskräften in den Betrieben straff geleitet und in Einheit mit einer territorialen Führung des Prozesses verwirklicht wurde, wo die inhaltliche Verbindung zwischen den betrieblichen Rationalisierungsstrategien, also den konkreten Rationalisierungsbedingungen und den territorialen Erfordernissen und Möglichkeiten der Entwicklung des Arbeitsvermögens, ständig gegeben war.

Die Erfahrungen der vergangenen Jahre haben verdeutlicht: Über Umfang und Wirksamkeit der Arbeitskräftegewinnung wird maßgeblich durch die sozialistische Rationalisierung in den Kombinaten und Betrieben entschieden. Zugleich gewinnen der territoriale Aspekt und die Unterstützung durch die Kreisplankommissionen und Ämter für Arbeit in mehrfacher Hinsicht an Bedeutung. Sie betreffen solche Arbeitseinrichtungen, wie

1. die Durchführung territorialer Leistungsvergleiche und Erfahrungsaustausche zur Überwindung ungerechtfertigter Niveauunterschiede, zur Fundierung anspruchsvoller Ziele sowie zur Kontrolle über die Nachweisführung des planmäßigen Wiedereinsatzes;
2. die Organisierung überbetrieblicher Formen der Weiterbildung der Werktätigen, wofür die Kapazitäten einzelner Betriebe noch unzureichend sind (zum Beispiel bei der Qualifizierung von Werktätigen für den Rationalisierungsmittelbau, beim Erwerb von Berechtigungs- beziehungsweise Befähigungsnachweisen als Heizer);
3. die Maßnahmen zur Transportoptimierung, zur Umprofilierung von Betriebsteilen, zur Konzentration von Produktionsstätten und anderes mehr. Sie sind häufig mit Umverteilungen im Arbeitsvermögen verbunden, wo der Werktätige weiterhin Betriebsangehöriger bleibt, sich jedoch der Arbeitsort, das Arbeitskollektiv, die Arbeitsaufgaben und die Wegezeiten ändern. (Als ein solches Beispiel ist der Aufbau eines zentralen modernen Rohbetriebes in den Gummiwerken Waltershausen hervorzuheben, das eine territoriale Umsetzung von zirka 400 Werktätigen aus bisher territorial zersplitterten und veralteten Produktionsstätten einschloß. Die Lösung aller damit verbundenen sozialen Fragen erforderte die aktive Unterstützung durch die Territorialorgane);
4. die Koordinierung von Maßnahmen und Unterstützung der Betriebe bei der Erhöhung der Mehrschichtarbeit (zum Beispiel durch Organisierung des Berufsverkehrs, durch Sicherung der medizinischen Betreuung, der Arbeiterversorgung, Bereitstellung von Wohnraum, Schaffung von Kindereinrichtungen);
5. die Sicherung des Bedarfes an Arbeitskräften für volkswirtschaftliche Schwerpunktaufgaben, die Durchsetzung volkswirtschaftlicher Strukturveränderungen und die Lösung territorialer Aufgaben. Hierzu werden im Prozeß der Ausarbeitung und Durchführung der Jahresvolkswirtschaftspläne die Aufgaben zur Gewinnung von Arbeitskräften für an-

dere Betriebe planmäßig festgelegt. Bisherige Erfahrungen in Berlin und anderen Städten, wie Leipzig und Dresden, zeigen, daß der Wirksamkeit dieser Rationalisierungsformen, zum Beispiel der Erfüllung erteilter Auflagen auf diesem Gebiet, noch größere Aufmerksamkeit zu schenken ist.

Anmerkungen

[1] Bericht des ZK der SED an den X. Parteitag der SED, Berichterstatter: Genosse Erich Honecker, Berlin 1981, S. 117.

Siegried Maier

Neue Anforderungen an die rationelle Nutzung des Arbeitsvermögens zur Beschleunigung von Neuerungsprozessen und Probleme ihrer Realisierung in den Territorien

Die Entwicklung und Nutzung des gesellschaftlichen Arbeitsvermögens gehört zu den grundlegenden Aufgaben der umfassenden Intensivierung, ist doch die Steigerung der Arbeitsproduktivität – als Ausdruck des Wirkungsgrades des eingesetzten Arbeitsvermögens – Kernstück der ökonomischen Strategie der SED in den achtziger Jahren. In der zweiten Hälfte besteht die Aufgabe, das Wachstumstempo der Arbeitsproduktivität weiter zu beschleunigen. Die Schaffung stabiler Grundlagen für eine solche Entwicklung macht es notwendig, durch Einführung der Mikroelektronik und anderer grundlegender Neuerungsprozesse ein neues, höheres Produktivitätspotential aufzubauen und in voller Breite in unserer Volkswirtschaft zur Wirkung zu bringen. Die Mikroelektronik, die sowohl über neue Erzeugnisse als auch neue Fertigungstechnologien zur Steigerung der Arbeitsproduktivität beiträgt, wird zu einem verstärkten Wandel in der Arbeitsplatzstruktur sowohl im produzierenden wie nichtproduzierenden Bereich führen. Sie hat eine Erhöhung der Mobilität und Disponibilität des Arbeitsvermögens zum Resultat und zur Bedingung. Das stellt neue Anforderungen an die Nutzung des Arbeitsvermögens in den Territorien, da sich hier die konkreten Prozesse zur Durchsetzung der umfassenden Intensivierung in enger Wechselbeziehung mit der Verbesserung der Arbeits- und Lebensbedingungen der Bevölkerung vollziehen.

Für die kommenden Jahre gewinnt die konzeptionelle Arbeit in den Territorien zur Entwicklung und zum Einsatz des verfügbaren Arbeitsvermögens an Bedeutung, da die zunehmenden Anforderungen an Veränderungen in der Struktur der Arbeitskräfte, wie sie sich ergeben aus

- der Durchsetzung des wissenschaftlich-technischen Fortschritts,
- der Sicherung der Rohstoff- und Energiebasis,
- der Weiterentwicklung der technischen und sozialen Infrastruktur und
- der Reproduktion der natürlichen Umwelt

zu realisieren sind, bei stark differenzierter und zum Teil rückläufiger Entwicklung der Bevölkerung im arbeitsfähigen Alter in den einzelnen Territorien. Unter dem Aspekt, daß die territorialen Reproduktionsbedingungen vor allem wichtige Bedingungen für die Durchsetzung des wissenschaftlich-technischen Fortschritts sind, möchte ich dazu einige Bemerkungen machen.

Quellen für die Steigerung der Arbeitsproduktivität sind wissenschaftlich-technische Neuerungsprozesse, und zwar sowohl als Produktinnovationen als auch als Prozeßinnovationen, die unterschiedliche Anforderungen an die Arbeitskräftestruktur stellen. Produktinnovationen sind insbesondere in der Phase des schnellen Wachstums mit einer überdurchschnittlich hohen Dynamik der Produktions- und Arbeitsproduktivitätssteigerung verbunden, wofür eine gezielte Gewinnung von Arbeitskräften erforderlich wird. Prozeßinnovationen sind vor allem darauf gerichtet, Arbeitsplätze und Arbeitskräfte einzusparen, die für die Deckung des Arbeitskräftebedarfs an anderer Stelle zur Verfügung stehen, so für die Ausweitung der Produktion von Erzeugnissen, die Träger neuer Technologien sind. Sie sind aber auch eine wichtige Voraussetzung für die Erhöhung der Schichtarbeit, die Entwickung des Rationalisierungsmittelbaus und andere wichtige Prozesse der Intensivierung.

Durch Prozeßinnovationen kommt es jedoch nicht nur zu einer zunehmenden Dynamik in der Einsparung von Arbeitsplätzen und Arbeitskräften, sondern auch zur Veränderung im technologischen Niveau und der Struktur der Arbeitsplätze durch Umgestaltung und Schaffung neuer produktiverer Arbeitsplätze mit verändertem Arbeitsinhalt und höheren Arbeitsanforderungen. Damit entstehen neue Anforderungen an den strukturellen Einsatz und die Nutzung des gesellschaftlichen Arbeitsvermögens, die in den Betrieben und Einrichtungen im Territorium zu realisieren sind.

Folgende Prozesse gewinnen für die Produktivitätswirksamkeit von Neuerungsprozessen an Bedeutung:

1. Das Tempo der Gewinnung von Arbeitskräften wird sich mit der breiteren Einführung der Mikroelektronik und der Nutzung ihres Produktivitätspotentials erhöhen. Damit gewinnen der planmäßige Wiedereinsatz freigewordener Arbeitskräfte in den Betrieben und territorialen Einrichtungen und die vorausschauende Berücksichtigung der dabei auftretenden sozialen Probleme an Gewicht. Zur Zeit werden ca. 2% der Arbeiter und Angestellten der Industrie durch die Anwendung der Schwedter Initiative vorwiegend für den eigenen Bedarf des Betriebes gewonnen.[1] Sie resultierten bisher zum großen Teil aus Wissenschaftlichen Arbeitsorganisations- und übrigen Rationalisierungsmaßnahmen auf der Grundlage vorhandener Technologien.

2. Mit der Erhöhung der Anzahl gewonnener Arbeitskräfte ist gleichzeitig die Produktivitätswirksamkeit ihres Wiedereinsatzes wesentlich zu verstärken. Untersuchungen zeigen, daß es hier noch Reserven gibt. So ist der Anteil der Arbeitskräfte, die an mikroelektronisch ausgestatteten Arbeitsplätzen sowie für die Schichterhöhung oder für die Profilierung der Beschäftigtenstruktur zugunsten der produktionsvorbereiten-

den Bereiche wiedereingesetzt wurden, noch nicht ausreichend.

Neue Technologien zeichnen sich dadurch aus, daß sie ermöglichen, eine höhere als die durchschnittliche Arbeitsproduktivität zu erreichen und über ihre breite Nutzung in der Volkswirtschaft insgesamt ein höheres Niveau der Arbeitsproduktivität als bisher durchzusetzen. Analysen in einigen Betrieben des Maschinenbaus ergaben, daß der Wiedereinsatz zu einem großen Teil an bereits bestehenden Arbeitsplätzen erfolgte, die das bisherige Produktivitätsniveau verkörpern und nur zu einem kleineren Teil an modernen Arbeitsplätzen mit Mikroelektronik. Hierbei zeigte sich, daß die Produktivitätswirksamkeit einer für den Einsatz neuer Technik gewonnenen Arbeitskraft etwa um das 3fache höher war als die einer gewonnenen Arbeitskraft, die wieder unter denselben Bedingungen an bestehenden Arbeitsplätzen eingesetzt wurde. Hieran wird deutlich, daß nicht nur die Aufgabe besteht, mehr Arbeitsplätze einzusparen als neue zu schaffen, sondern auch das Tempo der Schaffung produktiverer Arbeitsplätze, der Nutzung ihres Produktivitätspotentials, einschließlich ihrer zeitlich effektiven Auslastung, wesentlich zu beschleunigen.

Eine Analyse über die Anwendung von programmgesteuerten Arbeitsmitteln in der BRD gibt zum Beispiel an, daß über 20% der Beschäftigten der Wirtschaft insgesamt bereits jetzt an mikroelektronisch ausgestatteten Arbeitsplätzen tätig sind.[2]

3. Die Steigerung der Arbeitsproduktivität durch verstärkte Nutzung des Potentials der Mikroelektronik stellt neue Anforderungen an die Tätigkeits-, die Qualifikations- und Berufsstruktur der Werktätigen und erfordert eine wachsende Mobilität und Disponibilität der Arbeitskräfte.

Analysen der derzeitigen Prozesse der Gewinnung von Arbeitskräften durch Maßnahmen der sozialistischen Rationalisierung ergaben, daß sich die Beschäftigtenstrukturen in unserer Industrie insgesamt nur in geringem Umfang verändert haben. Bei den gewonnenen Arbeitskräften handelt es sich zum überwiegenden Teil um Produktionspersonal,das meist auch als Produktionspersonal im eigenen Betrieb wiedereingesetzt wurde. Ebenso haben auch die anteilig noch geringen Freisetzungen aus dem Einsatz der Mikroelektronik und der Industrierobotertechnik bis jetzt nur innerhalb der Tätigkeitshauptgruppe zu einer Veränderung der Qualifikation geführt.

Unsere Untersuchungen und internationale Erfahrungen verdeutlichen, daß die eigentlichen Veränderungen in der Einsatzstruktur des Arbeitsvermögens noch bevorstehen, da sie sowohl Bedingung als auch Ergebnis einer breiteren Wirksamkeit der Mikroelektronik für die Automatisierung der produktions- und informationsverarbeitenden Prozesse in der Volkswirtschaft sind. Um diese neuen Anforderungen zu kennen und planmäßig bei der Entwicklung der Arbeitskräftestruktur in den Betrieben und Einrichtungen in den Territorien berücksichtigen zu können, wurden mit Unterstützung der Staatlichen Plankommission in ausgewählten Betrieben des Maschinenbaus Untersuchungen zur Wirksamkeit unterschiedlicher Neuerungsprozesse durchgeführt. Die Ergebnisse weisen darauf hin, daß von Neuerungsprozessen differenzierte Wirkungen auf die Steigerung der Arbeitsproduktivität, den Arbeitskräftebedarf und die Arbeitskräftestruktur ausgehen. Die größten Veränderungen in der Einsatzstruktur des Arbeitsvermögens traten im Zusammenhang mit der Entwicklung und Produktion neuer Erzeugnisse auf. Es sei in diesem Zusammenhang auf folgendes verwiesen:

1. Die Aufnahme neuer Erzeugnisse in die Produktion führte nicht nur punktuell zu einem wachsenden, sondern vor allem zu einem struktuell veränderten Arbeitskräftebedarf, der besonders hohe Anforderungen an die Gewinnung von Arbeitskräften aus Rationalisierungsmaßnahmen im eigenen Betrieb stellte, aber auch eine Zuführung von Arbeitskräften notwendig machte. In den untersuchten Betrieben stieg beim Übergang von der Serienproduktion von Standardausführungen von Werkzeugmaschinen zur Produktion von Sonderausführungen einzelner oder verketteter Bearbeitungszentren in Klein- und Mittelserien der Bedarf an geeigneten Fachkräften für Forschung und Entwicklung, Konstruktion, Software und technologische Vorbereitung sprunghaft an. Mit jährlichen Wachstumsraten von ca. 15% bei Forschungs- und Entwicklungspersonal erhöhte sich zum Beispiel die Anzahl der Beschäftigten in der Produktionsvorbereitung um über 10% in einem Jahr, bei nur gering veränderter Anzahl des Produktionspersonals. Dadurch erhöhte sich der Anteil des produktionsvorbereitenden Personals an den Arbeiter und Angestellten insgesamt zuungunsten des Produktionspersonals.

Aus den Untersuchungen ging hervor, daß zur Lösung der von Partei- und Staatsführung gestellten Aufgabe, jährlich 30% des Produktionssortiments zu erneuern, eine wesentlich höhere Leistungsfähigkeit der produktionsvorbereitenden Bereiche, insbesondere von Forschung und Entwicklung, notwendig wird. Das trifft insbesondere die Zweige, die Träger neuer Technologien sind. Hierfür wird sowohl eine quantitative Erweiterung der Beschäftigtenzahl in einer spezifischen Struktur als auch ihre verbesserte materiell-technische Ausstattung mit moderner Technik von Bedeutung sein.

Am schnellsten wächst – nach Einschätzung der Betriebe – der Bedarf an Konstrukteuren. Er konnte zur Zeit nicht voll gedeckt werden. Es wurde deutlich, daß künftig die rationelle Nutzung flexibler Maschinensysteme und Bearbeitungszentren dann effektiv ist, wenn durch die Einführung von CAD/CAM-Arbeitsplätzen die Leistungsfähigkeit der Konstruktion erhöht wird.

Aus der Sicht fortgeschrittener Betriebe des Maschinenbaus besteht ebenso ein rasch wachsender Bedarf an Softwaretechnikern. Schon jetzt existiert auf diesem Gebiet ein spürbarer Bedarf, auf den unsere Hoch- und Fachschulausbildung sich entsprechend einstellen muß. Mit der Erweiterung der Produktion flexibler Maschinensysteme und ihrem Verkauf im In- und Ausland wächst die Notwendigkeit, Software für den Nutzer anzubieten, weiter an. Das wird deutlich, wenn man sich vergegenwärtigt, daß international bis zu 80% der Kosten von flexiblen Automatisierungslösungen durch Software bestimmt werden.[3] In den Betrieben werden große Anstrengungen unternommen, um – bei begrenzter Beschäftigtenzahl – die Hoch- und Fachschulkader zu gewinnen und zu qualifizieren, die diesen neuen Anforderungen entsprechen, insbesondere durch Umprofilierung geeigneten ingenieurtechnischen Personals innerhalb der produktionsvorbereitenden Bereiche. Es ist aber darüber hinaus vor allem notwendig, geeignete Arbeitskräfte über die Hoch- und Fachschulausbildung zuzuführen.

2. Die Aufnahme neuer Erzeugnisse in die Produktion hat auch in den produzierenden Bereichen der analysierten Betriebe zu einem strukturell veränderten Arbeitskräftebedarf geführt. Im Ergebnis sozialistischer Rationalisierungsmaßnahmen stieg in den untersuchten Betrieben die Arbeitsproduktivität zwar in einem solchen Maße, daß die Leistungssteigerung in den Bereichen der mechanischen Fertigung mit weniger Arbeitskräften erzielt werden konnte. Demgegenüber wuchs aber auch durch das neue Sortiment die Zahl der Beschäftigten in der Montage so an, daß insgesamt die Anzahl des Produktionspersonals nicht verringert werden konnte. Infolge des derzeitig noch relativ hohen Anteils manueller Tätigkeiten in der Montage und der zu erwartenden weiteren Diversifikation des Produktionssortiments wird der Bedarf an Monteuren auch künftig stark anwachsen, wenn nicht der beschleunigten Rationalisierung der Montage im betrieblichen Reproduktionsprozeß eine zentrale Bedeutung beigemessen wird. Hierbei spielt die Erfassung der Montage durch die flexible Automatisierung und der Einsatz von Robotern der 2. und 3. Generation eine entscheidende Rolle.

3. Wissenschaftlich-technische Neuerungsprozesse zur Rationalisierung haben – wie die Untersuchungen zeigen – in allen Bereichen der Betriebe zur Einsparung von Arbeitsplätzen und Gewinnung von Arbeitskräften geführt. Dadurch konnten – insbesondere im unmittelbaren Bereich der Produktion und im Bereich der Leitung, Planung und Verwaltung – Arbeitskräfte absolut eingespart werden, bei wachsendem Leistungsvolumen. Der Hauptteil der gewonnenen Arbeitskräfte resultierte in den untersuchten Betrieben, wie auch in der Industrie insgesamt, aus wissenschaftlicher Arbeitsorganisation und kleinen Rationalisierungsmaßnahmen und der z. Zt. noch geringere Teil aus der Einführung der Mikroelektronik. Während bei WAO-Maßnahmen die Einsparung von Arbeitsplätzen überwog, wurden im Zusammenhang mit der Mikroelektronik nicht nur Arbeitsplätze eingespart, sondern auch produktivere Arbeitsplätze geschaffen, für deren mehrschichtige Nutzung Arbeitskräfte gewonnen werden mußten. Veränderte Anforderungen an die Facharbeiter-Qualifikation traten vor allem bei den traditionellen Zerspanerberufen auf (Dreher, Bohrer, Fräser), deren Wiedereinsatz an mikroelektronisch gesteuerten Maschinen eine Zusatzqualifikation für Bedienung und Wartung der neuen Anlagen erforderte.

Strukturelle Veränderungen in der Beschäftigtenstruktur als Resultat und Bedingung für eine Beschleunigung von Neuerungsprozessen zu realisieren, wird künftig notwendig, bei Abnahme des Beschäftigtenzuwachses bzw. rückläufiger Berufstätigenzahl insgesamt. Bisher hatten wir – trotz ständigen Rückgangs der Wohnbevölkerung – stets einen Zuwachs an Berufstätigen zu verzeichnen, der insbesondere den nichtproduzierenden Bereichen, aber auch der Industrie zugute kam. Diese Bedingungen ändern sich in der zweiten Hälfte der achtziger Jahre in der Volkswirtschaft insgesamt und in den industriellen Ballungsgebieten bereits früher. Infolge geburtenschwacher Jahrgänge wird nach einer Periode des höchsten Zuwachses der Zahl der Berufstätigen der Zuwachs bis 1990 stark zurückgehen und danach die Zahl absolut abnehmen. Zu berücksichtigen ist jedoch, daß hierbei starke territoriale Differenzen auftreten. Während vorwiegend in den Nordbezirken der Zuwachs langsam zurückgeht, kommt es in den industriellen Ballungsgebieten zu einem starken Rückgang und in Karl-Marx-Stadt und Leipzig bereits bis 1990 zu einer absoluten Abnahme der Berufstätigenzahl.

Damit sind folgende Probleme bei der territorialen Entwicklung und Nutzung des Arbeitsvermögens besonders zu berücksichtigen:

1. In den industriellen Ballungsgebieten ist die Sicherung einer dynamischen Leistungsentwicklung in der Industrie – die Strukturveränderungen im Erzeugnisprofil einschließt – künftig mit einer abnehmenden Zahl an Berufstätigen zu realisieren. Das bedeutet, daß nicht nur die Leichtindustrie, sondern auch solche Zweige, wie Maschinenbau und Elektrotechnik, Elektronik, die bisher eine Arbeitskräftezuführung hatten, mit weniger Arbeitskräften eine überdurchschnittliche Leistungsentwicklung zu erreichen haben. Das erhöht die Notwendigkeit, durch Anwendung neuer Technologien und weiterer Rationalisierungsmaßnahmen das Tempo der Einsparung von Arbeitsplätzen und Freisetzung von Arbeitskräften weiter zu erhöhen und ihren produktiven Wiedereinsatz zu sichern.

Das betrifft insbesondere den Bezirk Leipzig, in dem neben wichtigen Betrieben der Elektrotechnik/Elektronik und des Maschinenbaus Betriebe der Rohstoff- und Energieproduktion konzentriert sind, die eine Zuführung von Arbeitskräften erfordern, die zunehmend im Territorium zu gewinnen sind. Das betrifft auch den Bezirk Karl-Marx-Stadt mit einem hohen Anteil des Werkzeug- und Textilmaschinenbaus. Obgleich insgesamt für den Industriezweig im Bezirk weniger Arbeitskräfte zur Verfügung stehen, kann in einzelnen Betrieben mit überdurchschnittlichem Produktionswachstum bei volkswirtschaftlich wichtigen Erzeugnissen eine Erweiterung notwendig werden, die eine gezielte Gewinnung in anderen Betrieben des Maschinenbaus erforderlich macht. Diese Strukturveränderungen verstärken den Zwang zur Rationalisierung im eigenen Betrieb, aber auch für andere Betriebe des Territoriums.

2. Im Zusammenhang mit der natürlichen Bevölkerungsentwicklung wird die Zahl der Bevölkerung im Lehrlingsalter im Zeitraum 1986 bis 1990 abnehmen. Das bedeutet, daß die Möglichkeiten, strukturelle Veränderungen in der Tätigkeits- und Qualifikationsstruktur der Beschäftigten, wie sie von neuen Technologien ausgehen, über Zuführungen aus der Berufsausbildung zu realisieren, geringer werden. Damit erhöht sich unter diesem Gesichtspunkt die Notwendigkeit, für die Profilierung der Beschäftigtenstruktur die Gewinnung von Arbeitskräften im eigenen Betrieb verstärkt wirksam zu machen. Das verlangt insgesamt die Erwachsenenqualifizierung und Weiterbildung auf ein höheres Niveau zu heben. Hierbei sind solche Fragen neu zu durchdenken, wie:

– Anforderungen, die an die inhaltliche Gestaltung

der Weiterbildung von der Anwendung neuer Technologien ausgehen. In der Regel erweitert sich das Berufsbild, und zwar sowohl für den Facharbeiter als auch für den Ingenieur. Neben Wissen im Beruf auf technischem und naturwissenschaftlichem Gebiet wächst die Notwendigkeit nach Kenntnissen der Bedienung, Wartung und Nutzung (Programmierung), aber auch der Reparatur und Instandhaltung programmierbarer Arbeitsmittel in Produktion und Verwaltung.

– Auswahl der Kader, für die eine Weiterbildung notwendig und die dafür geeignet sind. Hierbei gilt es, vorhandene Qualifikation zu nutzen, die Altersstruktur zu berücksichtigen, Beschäftigtengruppen auszuwählen, deren Disponibilität besonders durch neue Technologien erforderlich wird.

– Nutzung gemeinsamer Weiterbildungseinrichtungen im Territorium. Hierbei sollten die Betriebe bzw. die Einrichtung ausgewählt werden, die den besten Zugang zu den Bildungsanforderungen neuer Technologien besitzen.

3. Die Struktur der Berufs-, Hoch und Fachschulausbildung wird in Zukunft noch stärker durch die Anforderungen aus neuen Technologien bestimmt werden. Das ist unter anderem auch darauf zurückzuführen, daß es allein für die Gewinnung und Weiterbildung von bereits ausgebildeten Arbeitskräften nicht möglich bzw. zum Teil auch wenig effektiv ist, eine Umprofilierung der Beschäftigtenstruktur zu erreichen. Langfristige Konzeptionen zur Entwicklung des gesellschaftlichen Arbeitsvermögens für die Betriebe und Einrichtungen im Territorium sollten sichern, daß bei Festlegungen über die Ausbildung nicht nur die Schwerpunktaufgaben der Industrie berücksichtigt werden, sondern auch die Erfordernisse der Entwicklung solcher Bereiche, wie Versorgung und gesundheitliche und soziale Betreuung, um die Verbesserung der Arbeits- und Lebensbedingungen der Bevölkerung im Territorium insgesamt zu erreichen. Auch unter diesem Aspekt wächst, insbesondere in den industriellen Ballungsgebieten, der Druck zur Rationalisierung und zur Gewinnung von Arbeitskräften in allen Betrieben und Einrichtungen im Territorium.

Insgesamt zeigen die Untersuchungen, daß für die Realisierung des höheren Produktivitätspotentials der Mikroelektronik und die Lösung der Aufgaben der umfassenden Intensivierung künftig eine höhere Mobilität und Disponibilität der Beschäftigten durch die Gewinnung und den planmäßigen Wiedereinsatz von Arbeitskräften in den Betrieben und Kombinaten erforderlich wird.

Hierbei ist zu berücksichtigen, daß die erforderlichen Strukturveränderungen des Arbeitsvermögens nicht allein durch eine zunehmende Mobilität und Disponibilität der bereits im betrieblichen Arbeitsprozeß Beschäftigten erreicht werden können, sondern auch neue Anforderungen an die Zuführung geeigneter Fachkräfte aus der Ausbildung entstehen. Unter dem Einfluß einer territorial unterschiedlichen Entwicklung der Bevölkerung und ihrer Alters- und Geschlechtsstruktur sind die Realisierungsmöglichkeiten für Strukturveränderungen im Arbeitsvermögen wesentlich differenzierter als bisher.

Zukünftig gewinnt jedoch der Arbeitsplatzwechsel durch Maßnahmen der sozialistischen Rationalisierung an Bedeutung für strukturelle Veränderungen im Einsatz des gesellschaftlichen Arbeitsvermögens. Er wird zu einer entscheidenden Bedingung für die Erschließung des Produktivitätspotentials der Mikroelektronik. In den industriellen Ballungsgebieten wird unter der Bedingung einer stark abnehmenden Beschäftigtenzahl die Notwendigkeit zur territorialen Mobilität für die Realisierung von Strukturveränderungen zunehmen.

Anmerkungen

[1] Vgl. Mitteilung der Staatlichen Zentralverwaltung für Statistik über die Durchführung des Volkswirtschaftsplanes 1984, 1. Halbjahr, in: Neues Deutschland vom 14./15. Juli 1984, S. 4.

[2] Vgl. RKW-Handbuch für Mikroelektronik, Berlin 1983, S. 14.

[3] Vgl. H. D. Haustein/H. Maier, Flexible Automatisierung, Berlin 1985, S. 105.

Wolfram Ledenig/Günter Tittel

Demographische Entwicklung im Territorium und Intensivierung

Die weitere Gestaltung der entwickelten sozialistischen Gesellschaft stellt gesetzmäßig größere Anforderungen an die gesellschaftliche Entwicklung im Territorium sowie an dessen komplexe Leitung und Planung. Auf dem X. Parteitag der SED wurde die Notwendigkeit unterstrichen, die Territorialstruktur der DDR entsprechend den Anforderungen des entwickelten Sozialismus weiter zu vervollkommnen und die territoriale Leitung, Planung und Koordinierung auf ein höheres Niveau zu heben. „Ohne Zweifel erhält die Leitung und Planung der territorialen Entwicklung zunehmend Bedeutung für die weitere Intensivierung des volkswirtschaftlichen Reproduktionsprozesses. Vor allem geht es darum, im jeweiligen Territorium ein richtiges Verhältnis zwischen der Arbeit, den Bildungsmöglichkeiten, den Wohn- und Erholungsbedingungen, der Betreuung und Versorgung der Bürger zu sichern. Jedes Staatsorgan, gleich welcher Ebene, muß beachten, daß alle Entscheidungen in den Bezirken, Kreisen, Städten und Gemeinden, besonders Investitionsentscheidungen, langfristige Wirkungen auslösen. Daher müssen sie stets auch auf die Erfordernisse späterer Entwicklungsphasen ausgerichtet sein."[1]

Eine effektive Erfüllung der mit der sozialistischen Intensivierung verbundenen Aufgaben setzt sowohl für die zentrale wie auch für die örtliche Ebene eine tiefergehende Analyse und Prognose demographischer Prozesse sowie ihre wissenschaftliche Bewertung unter wirtschafts-, sozial- und bevölkerungspolitischen Gesichtspunkten voraus. Die Notwendigkeit einer tiefergehenden und zugleich komplexeren Analyse und Prognose demographischer Prozesse im Territorium sowie ihrer wissenschaftlichen Bewertung ergibt sich unserer Auffassung nach für die 80er Jahre unter den Bedingungen der intensiv erweiterten Reproduktion vorrangig aus den komplexer und vielfältiger werdenden Funktionen der Territorien. Das heißt nicht zuletzt auch aus ihren wachsenden materiellen Möglichkeiten und der größeren Verantwortung der örtlichen Organe und Betriebe bei der Lösung gesamtgesellschaftlicher Aufgaben. Von besonderem Interesse sind hierbei die aus den Wechselbeziehungen von ökonomischer, sozialer und demographischer Entwicklung resultierenden Anforderungen.

Sie lassen sich im wesentlichen in 2 Komplexe unterteilen:

Der erste Komplex betrifft die Einbeziehung demographischer Bedingungen und Erfordernisse in die Leitung und Planung der Entwicklung der Territorialstruktur unter besonderer Berücksichtigung der Wechselbeziehungen zur ökonomischen und sozialen Entwicklung.

Als Schwerpunkte sind hierbei solche Anforderungen eingeschlossen, wie

a) Analyse und Prognose der Veränderungen der territorialen Bevölkerungsstruktur sowie
b) Einschätzung zu erwartender und Bewertung eingetretener Wirkungen der Wirtschafts- und Sozialpolitik für die demographische Entwicklung. Dabei sind insbesondere den neuen Bedingungen und Wirkungen, wie sie sich im Zusammenhang mit der umfassenden Intensivierung des gesellschaftlichen Reproduktionsprozesses darstellen, besondere Bedeutung zu schenken.

Ein zweiter Komplex beinhaltet Anforderungen, die sich mit der Veränderung territorialer Bedingungen und Wirkungen demographischer Prozesse unter Berücksichtigung der Erfordernisse ökonomischer Gesetzmäßigkeiten ergeben.

Dazu gehören solche Aufgabenstellungen, wie z. B.

- die planmäßige Entwicklung und Nutzung demographischer Wirkungsbedingungen ökonomischer Gesetze in den Territorien,
- die Durchsetzung allgemeiner bevölkerungspolitischer Zielsetzungen unter konkret-historischen territorialen Bedingungen,
- die planmäßige Beeinflussung der räumlichen Bevölkerungsbewegung auf der Grundlage einer wachsenden Übereinstimmung der Interessen der Gesellschaft, der Territorien und des einzelnen mit dem Ziel einer stabilen Entwicklung der territorialen Bevölkerungsstruktur.

Beim Übergang zur intensiv erweiterten Reproduktion werden zweifellos Fragen der territorialen Bevölkerungsentwicklung, insbesondere ihrer Differenziertheit, ein an Bedeutung gewinnender Faktor für die Intensivierung und die Leistungsentwicklung der Volkswirtschaft sowie für die weitere Anhebung des Lebensniveaus der Bevölkerung. Daraus leiten sich nicht zuletzt neue höhere Ansprüche an weiterführende Arbeiten zum Generalschema für die Standortverteilung der Produktivkräfte in der DDR ab.

Diese betreffen vor allem:

a) Kenntnisse der territorialen Differenziertheit der gesellschaftlichen Reproduktion,
b) ihre planmäßige Nutzung unter den Reproduktionsbedingungen der 80er und 90er Jahre für die auf der Bevölkerungs- und Arbeitskräfteentwicklung beruhenden Planansatzuntersuchungen sowie für Schlußfolgerungen zu volkswirtschaftlichen Strategien der Standortverteilung der Produktivkräfte in der DDR,
c) weiterführende und komplexere Untersuchungen zu langfristigen Entwicklungsprozessen und Strukturveränderungen der Bevölkerung.

Im weiteren soll auf Schwerpunke hinsichtlich der territorialen Entwicklung der Bevölkerung im arbeitsfähigen Alter, im Kindesalter und im Rentenalter hingewiesen werden:

Zur Bevölkerung im arbeitsfähigen Alter:

Die demographisch bedingte Entwicklung der Bevölkerung im arbeitsfähigen Alter und damit auch das gesellschaftliche Arbeitsvermögen werden sich weiterhin langfristig territorial differenziert vollziehen. Die Nutzung des gesellschaftlichen Arbeitsvermögens erfordert eine den unterschiedlichen territorialen Bedingungen entsprechende Umsetzung der Erfordernisse der ökonomischen Strategie:

a) Einen ersten Schwerpunkt bilden die Stadtkreise. Diese haben mit wenigen Ausnahmen langfristig weiterhin Bevölkerungszuwachs im arbeitsfähigen Alter und folglich gute Bedingungen für die Reproduktion des Arbeitsvermögens aufzuweisen. Dabei resultiert dieser Zuwachs im wesentlichen aus einer stabilen natürlichen Entwicklung der Bevölkerung im arbeitsfähigen Alter.

b) Der allgemeinen Tendenz eines langfristigen Bevölkerungszuwachses im arbeitsfähigen Alter in den Städten steht eine differenzierte Entwicklung in den Landkreisen gegenüber.
   - Nur in einer relativ kleinen Zahl territorial nicht zusammenhängender Landkreise ist langfristig ein stärkerer Bevölkerungszuwachs im arbeitsfähigen Alter und damit zeitlich versetzt in der Arbeitskräfteentwicklung zu erwarten.
   - Eine nicht geringe Zahl von Landkreisen hat langfristig auch bei weiterer Abschwächung innerbezirklicher Konzentrationsprozesse der Bevölkerung strukturell bedingten Bevölkerungsrückgang im arbeitsfähigen Alter zu erwarten.

   Vorrangig in diesen Territorien muß der effektive Einsatz des Arbeitsvermögens besonders sorgfältig geleitet werden. Steigende Produktionsaufgaben der Industrie und Landwirtschaft sowie Leistungen der Infrastruktur müssen besonders in diesen Landkreisen mit Bevölkerungsrückgang im arbeitsfähigen Alter in überdurchschnittlichem Maße langfristig mit einer absolut geringeren Arbeitskräftezahl als in der Vergangenheit realisiert werden.

c) Eine besondere Beachtung verdienen im Rahmen der Durchsetzung der sozialistischen Intensivierung die demographischen Bedingungen der Reproduktion des gesellschaftlichen Arbeitsvermögens in den industriellen Ballungsgebieten, da sie aus der Vergangenheit heraus auch in den nächsten Jahren komplizierte Reproduktionsbedingungen des Arbeitsvermögens haben werden. Insbesondere für diese Gebiete gilt, den Fragen der natürlichen Bevölkerungsreproduktion und Migration besondere Aufmerksamkeit zu schenken, um langfristig den Auswirkungen der Bevölkerungsentwicklung im arbeitsfähigen Alter auf die Entwicklung des Arbeitsvermögens gerecht zu werden.

Zur Bevölkerung im Kindesalter:

Aus den Entwicklungstendenzen der Personengruppe im Kindesalter ergeben sich für die 80er und 90er Jahre günstige Bedingungen für eine qualitativ bessere Nutzung der Kapazitäten der sozialen Infrastruktur.

Sie zeigen sich für einzelne Altersgruppen wie folgt:

a) Aus der Sicht der gegebenen demographischen Situation zeichnet sich tendenziell in einer zunehmenden Zahl von Stadt- und Landkreisen ein Rückgang der Personenzahl im Krippenalter ab.
   Entsprechend dieser Aufkommensentwicklung stehen in der Mehrzahl der Kreise der DDR die Erhöhung des Versorgungsgrades und die Verbesserung des Betreuungsniveaus mit den vorhandenen Kinderkrippen, deren Rekonstruktion und gegebenenfalls Nutzungsänderung im Vordergrund. Der Neubau von Kinderkrippen könnte aus der Sicht dieser demographischen Entwicklung auch unter Berücksichtigung noch bestehenden Nachholebedarfs auf Standorte des Wohnungsneubaus sowie auf die Anhebung des Versorgungsniveaus in ausgewählten Territorien, insbesondere in Landkreisen der Bezirke Dresden, Karl-Marx-Stadt und Halle, konzentriert werden.

b) Der in den 80er Jahren zu erwartende Zuwachs der Bevölkerungszahl im Kindergartenalter konzentriert sich neben der Hauptstadt der DDR, Berlin, auf Stadtkreise neben der Hauptstadt der DDR, Berlin, auf Stadtkreise und auf Landkreise, vorwiegend in den Bezirken Potsdam, Magdeburg, Rostock, Frankfurt (O.), Dresden und Schwerin.
   Da dieser Zuwachs zeitlich begrenzt ist und der Bedarf an Kindergartenplätzen aus der Sicht der demographischen Entwicklung in den 90er Jahren deutlich zurückgehen wird, sollte eine genaue Prüfung aller Intensivierungsmöglichkeiten und Reserven der Forderung nach Kapazitätserweiterung in der Gegenwart vorangehen.
   Dabei geht es bei kurzzeitigem Bedarfszuwachs insbesondere auch um die Prüfung solcher Lösungen, wie die zeitweilige höhere Belegung von Einrichtungen, die Schaffung von Übergangskapazitäten und die Nutzung geeigneter Provisorien, die Neufestlegung von Einzugsbereichen der Einrichtungen usw.

c) Die Zahl der Bevölkerung im Schulalter erhöht sich im DDR-Maßstab bis Mitte der 90er Jahre. Die Entwicklung in den Bezirken und Kreisen folgt mit unterschiedlicher Intensität der Gesamttendenz in der DDR. Dabei konzentriert sich die Zunahme der Schulkinder vorrangig auf die Stadtkreise und auf Landkreise der Bezirke Rostock, Schwerin, Neubrandenburg, Potsdam, Cottbus, Dresden und Erfurt.

Zur Bevölkerung im Rentenalter:

Unter Beachtung der gegenwärtigen Bevölkerungszahl und -struktur ist als Grundtendenz eine Abnahme der Bevölkerungsgruppe im Rentenalter bis Mitte der 90er Jahre festzustellen, die für alle Territorien bis 1990 zutrifft.

Nach 1990 wäre eine territorial differenziertere Entwicklung, insbesondere zwischen den Nordbezirken und industriellen Ballungsbezirken der DDR sowie zwischen Stadt- und Landkreisen, zu beachten.

Ein hervorzuhebender Sachverhalt ist die sichtbare Veränderung der altersstrukturellen Zusammensetzung der Bevölkerung im Rentenalter.

Langfristig erhöht sich kontinuierlich der Anteil der Personen in den ersten 5 Jahrgängen im Rentenalter an der Gesamtzahl der Rentner.

Diese Strukturveränderungen setzen sich territorial stark differenziert durch.

Beispielsweise wird sich in einigen Städten die Rentnerzahl, insbesondere die in das Rentenalter eintretende Personenzahl, verdoppein bis verdreifachen. Generell, aber insbesondere an solchen Standorten, sind Fragen der differenzierten Entwicklung von Einrichtungen der medizinischen und sozialen Betreuung dieser Bevölkerungsgruppe verstärkte Aufmerksamkeit zu schenken.

Unter dem Aspekt der Nutzung des Arbeitskräftepotentials dieser Personengruppe wird es unserer Auffassung nach verstärkt auch darum gehen, unter Ausnutzung der Vorzüge der Intensivierung altersadäquate Arbeitsplätze zu schaffen.

Territoriale Bevölkerungsreproduktion und Migration

Territoriale Bevölkerungsreproduktion und Migration sind die entscheidenden Ressourcen für die Veränderung von Bevölkerungsprozessen und -strukturen in den Territorien.

Die Sicherung der einfachen Bevölkerungsreproduktion bildet entsprechend den Erfordernissen der Verwirklichung der Hauptaufgabe eine langfristige strategische Aufgabenstellung für die Wirtschafts-, Sozial- und Bevölkerungspolitik in der DDR. Für die Forschung besteht gleichzeitig die Notwendigkeit, die Konsequenzen, die sich aus den Unterschieden im bereits erreichten Reproduktionsniveau der Bevölkerung ergeben, zu untersuchen und für die langfristige Gestaltung wichtiger ökonomischer, sozialer und demographischer Prozesse sichtbar zu machen.

Wesentliche wissenschaftlich weiter zu untersuchende Zusammenhänge bestehen zwischen natürlicher Bevölkerungsreproduktion und Binnenwanderung. Der Rahmen für die Binnenwanderung wird wesentlich durch die gegenwärtige und aus heutiger Sicht erkennbare territoriale Bevölkerungsreproduktion der nächsten Jahre beeinflußt.

Umgekehrt ergeben sich im Zusammenhang mit dem Binnenwanderungsgeschehen langfristig neue Wirkungen für die territoriale Bevölkerungsentwicklung. So ist zu beachten, daß die Mehrheit der in die Städte zugewanderten Landbevölkerung der 70er Jahre sich im arbeitsfähigen Alter und der überwiegende Teil der Migranten sich in Altersgruppen befanden, die für die gegenwärtige und künftige Bevölkerungsreproduktion von Bedeutung sind.

Eine Kompensation dieser Bevölkerungsgruppe durch ein höheres Geburtenniveau auf dem Lande (wie es bis Ende der 60er Jahre gegeben war) ist in den 70er und 80er Jahren nicht mehr zu verzeichnen, da sich das Fruchtbarkeitsniveau der Landgebiete dem der Städte weitgehend angenähert hat. Es handelt sich letztlich um eine sehr komplexe Wechselbeziehung zwischen territorialer Bevölkerungsreproduktion, Migration und territorialer Bevölkerungsstruktur.

Ausgehend von der demographischen Entwicklung der Gegenwart und Zukunft, von den Erfordernissen der sozialistischen Intensivierung und der Stabilisierung der territorialen Grundstruktur der gesellschaftlichen Reproduktion ergeben sich höhere Anforderungen an die planmäßige Gestaltung der Binnenwanderung. An dieser Stelle soll noch einmal hervorgehoben werden, daß sich im Zuge der weiteren Gestaltung der entwickelten sozialistischen Gesellschaft verstärkt die Notwendigkeit einer noch besseren planmäßigen Steuerung räumlicher Mobilitätsprozesse stellt.

Dies betrifft insbesondere Fragen hinsichtlich

- der dem Wanderungsprozeß zugrunde liegenden Wirkungsmechanismen,
- der Möglichkeit und der Methoden einer effektiven gesellschaftlichen Steuerung der Migration sowie
- der Bestimmung von Kriterien für einen optimalen Wanderungsverlauf, d.h. der Entwicklung einer gesellschaftlichen Strategie der Migration.

Diese an Theorie und Praxis adressierten Fragestellungen bedürfen einer komplexen, interdisziplinären Beantwortung. Sie sind insbesondere im Zusammenhang mit Erfordernissen der weiteren Intensivierung des sozialistischen Reproduktionsprozesses sowie mit den Aufgaben bei der Ausprägung der sozialistischen Lebensweise in den 80er und 90er Jahren von aktueller Bedeutung, was nicht zuletzt auch durch die Veränderung der territorialen demographischen Rahmenbedingungen unterstrichen wird.

Anmerkung

1 Bericht des Zentralkomitees der Sozialistischen Einheitspartei Deutschlands an den X. Parteitag der SED; Berichterstatter: Genosse Erich Honecker, Berlin 1981, S. 117.

Toni Hahn/Gunnar Winkler

Territorialstruktur und Sozialpolitik

Mit dem Thema der Ratstagung wird eine für die weitere Verwirklichung des sozialpolitischen Programms von SED, Regierung und Gewerkschaften bedeutsame Problematik behandelt, da die territoriale Sozialpolitik im Prozeß des Übergangs zur umfassenden Intensivierung objektiv an Gewicht gewinnt. Dafür sind vor allem bestimmend:

Erstens sind die sich aus der Intensivierung ergebenden Anforderungen an die Entwicklung und Nutzung des gesellschaftlichen Arbeitsvermögens in zunehmendem Maße nur in Verbindung mit dem Territorium zu lösen. Das betrifft keineswegs nur einen überbetrieblichen Arbeitsplatzwechsel, sondern die Notwendigkeit, eine Vielzahl sozialer Probleme – z. B. beim Übergang zur Schichtarbeit – zu lösen. Beginnend von Versorgungs- und Verkehrsfragen bis zur sozialen, gesundheitlichen, sportlichen und kulturellen Betreuung. Gleichermaßen erfordern die mit der Intensivierung verbundenen Fragen der systematischen Weiterbildung neue Lösungen auf territorialer Ebene. Das heißt, die sich mit der Intensivierung entwickelnde Sozialstruktur (Klasse- und Schichtstruktur, Bildungsstruktur, Beschäftigtenstruktur usw.) führt zu charakteristischen Veränderungen in den Bedürfnis- und Interessenstrukturen, die einer zielgerichteten sozialpolitischen Einflußnahme bedürfen.

Die territoriale Sozialpolitik hat maßgeblichen Anteil an der Entwicklung des den Erfordernissen des Wirtschaftswachstums entsprechenden sozialen Profils des gesellschaftlichen Arbeitsvermögens im Territorium, an der territorialen Verteilung (Mobilität) und qualitativen Entwicklung der Hauptproduktivkraft Mensch. Es wächst dabei vor allem das Gewicht der zwischen Wirtschaftseinheiten und territorialen Einheiten abgestimmten Sozialpolitik.

Zweitens vollziehen sich wesentliche Seiten der Realisierung des Ziels sozialistischer Wirtschaftspolitik, d. h. der Hebung des materiellen und kulturellen Lebensniveaus, im Verantwortungsbereich des Territoriums. Dazu gehören vor allem die Lösung der Wohnungsfrage als soziales Problem, die Vervollkommnung der sozialen und kulturellen Infrastruktur (z. B. durch qualitative Entwicklungen des Gesundheitswesens, der Freizeit- und Erholungsmöglichkeiten), Schonung und Gestaltung der natürlichen Umwelt, Entfaltung und Nutzung der sozialen und politisch-organisatorischen Bedingungen für gesellschaftliche Aktivität und Subjektivität aller Bürger im Interesse des Gesamtwohls und spezifischer Bedürfnisse von Gruppen und Gemeinschaften. Das schließt aber auch die Verantwortung des Territoriums für eine den Bedürfnissen und dem Bedarf der Wohnbevölkerung entsprechende Versorgung mit Waren und Dienstleistungen ein.

Drittens trägt das Territorium spezifische Verantwortung für die Gestaltung der Lebensbedingungen spezieller sozialer Gruppen, die aufgrund des Alters nicht am Arbeitsprozeß teilnehmen (Rentner, Krippen-, Kindergarten-, Schulkinder usw.) und spezifischer Betreuung bedürfen (Geschädigte, alleinstehende Mütter, Familien mit mehreren Kindern) bzw. spezifischen Reproduktionserfordernissen unterliegen (Schichtarbeiter).

Zusammenfassend läßt sich feststellen, daß die territoriale Sozialpolitik in Umsetzung staatlicher Sozialpolitik entsprechend den spezifischen territorialen Bedingungen darauf gerichtet ist, die für die gesellschaftliche Entwicklung erforderlichen sozialen Strukturen und Verhältnisse auszuprägen, die den spezifischen Bedürfnissen und Interessen entsprechende Gestaltung und Entwicklung der Arbeits- und Lebensbedingungen zu sichern.

Mit der territorialen Sozialpolitik wird die Hauptaufgabe in ihrer Einheit von Wirtschafts- und Sozialpolitik als Gesamtheit von Maßnahmen realisiert zur Förderung und Entwicklung der Arbeits- und Lebensbedingungen der Bürger, die im Territorium arbeiten bzw. wohnen. Sie ist darauf gerichtet, die planmäßige Gestaltung der Reproduktion des Menschen als Arbeitskraft und Persönlichkeit in allen Lebensbereichen zu sichern und zu gestalten.

Es geht um die Herausbildung von Strukturen sozialer Existenz- und Entwicklungsbedingungen, die als fördernde Kraft auf die weitere planmäßige Entwicklung territorialer Proportionalität wirken – bei im wesentlichen stabiler Basis der gegebenen Standortverteilung der Produktivkräfte. Die Herausbildung von Sozialstrukturen, die gesellschafts- und persönlichkeitsfördernd auf die soziale und politische Aktivität sowie die Beziehungen der Menschen wirken, muß als entscheidendes Moment zur Intensivierung der Territorialstruktur und zur Vervollkommnung der territorialen Reproduktionsbedingungen angesehen werden.

Da territoriale Sozialpolitik einen spezifischen Beitrag zur Vervollkommnung der proportionalen territorialen Entwicklung zu leisten hat, ist eine klare Bestimmung des Wesens territorialer Proportionalität von großer Bedeutung.

Es wurde herausgearbeitet, daß territoriale Proportionalität der Reproduktion auf Angleichung des Entwicklungsniveaus der Produktivkräfte und Produktionsverhältnisse, des Produktions- und Lebensniveaus beruht. Davon ausgehend ist es aus sozialpolitischer Sicht erforderlich, noch genauer zu bestimmen, welchen konkret-historischen Inhalt territoriale Proportionalität auf den verschiedenen Entwicklungsstufen des Sozialismus haben muß, welchen Charakter und Grad die Niveauangleichung jeweils hat. Proportionalität ist ein dynamisches Maßverhältnis, das Ungleichmäßigkeiten einschließt. In ihm ergänzen sich die Teile zum Nutzen des Ganzen und jeder einzelnen Einheit auf rationelle Weise, indem jede Eigenes einbringt. Das ist nur möglich, wenn grundlegende, historisch überkommene Niveauunterschiede beseitigt sind (völliges Zurückbleiben, Unterentwicklung einzelner Gebiete), wenn aber gleichzeitig Differenzierungen existieren und auch ausgebaut werden (Unterschiede qualitativer Art, die aber aufgrund der dialektischen Einheit von Qualität und Quantität auch quantitative Ungleichmäßigkeiten und Niveauunterschiede, z. B. hinsichtlich materiell-technischer Ausstattungsgrade usw., einschließen). Es geht um die damit zusammenhängenden gemeinsamen, aber auch um die verschiedenen Funktionen, die die Territorien in der Gesellschaft auszuüben haben.

So schließt territoriale Proportionalität in der gegenwärtigen Entwicklungsetappe des Sozialismus die Existenz von territorialen Gebietstypen ein, die gegenüber anderen wesentlichen Andersartigkeiten und zum Teil auch notwendige Niveauunterschiede in den Reproduktionsbedingungen aufweisen, weil sie spezifische Funktionen für den gesamtgesellschaftlichen Reproduktionsprozeß haben. Diese territorialen Differenzierungen sind durch die Sozialpolitik zu berücksichtigen.

Territoriale Sozialpolitik muß genau unterscheiden, welche Niveauunterschiede von sozialen Existenzbedingungen im Interesse weiteren gesellschaftlichen Fortschritts gezielt abzubauen sind und welche territorialen sozialen Unterschiede auf der Basis der Festigung grundlegender sozialer Gleichheit im Interesse der beschleunigten Durchsetzung des wissenschaftlich-technischen Fortschritts, des günstigsten sozialen, sozialpsychologischen und politisch-ideologischen Klimas im Territorium zu fördern sind.

Im folgenden soll davon ausgehend auf spezifische Probleme der Hauptstadt der DDR, Berlin, eingegangen werden. Die Ausgangspunkte für Zielstellung und Praxis sozialpolitischer Arbeit im Territorium sind vor allem durch drei Faktorenkomplexe gesetzt:

- die konkreten Anforderungen der ökonomischen Strategie, der Intensivierung und Rationalisierung, die aus gesellschaftlicher Sicht an das jeweilige Territorium gestellt sind und im Volkswirtschaftsplan ihren Niederschlag finden;
- die spezifische Funktion des jeweiligen Territoriums in der Gesellschaft.
  Berlin hat z. B. als politisches, wirtschaftliches, wissenschaftlich-technisches, kulturelles Zentrum des Landes, als Knotenpunkt von nationalem und internationalem Verkehr und Kommunikation eine unverwechselbare, unersetzbare Bedeutung für das Leben des ganzen Landes. Das hat unumgängliche Konsequenzen für erforderliche, sozialpolitisch bedeutsame Entwicklungen wesentlicher Lebensbedingungen in der Hauptstadt (Wohnungsbau, Handel, Versorgung, Dienstleistungen, kulturelle Infrastruktur, Verkehr usw.);
- die sozialstrukturellen (incl. demographischen), materiell-gegenständlichen und geistig-kulturellen Bedingungen im Territorium.

Dabei ist die Sozialstruktur eines Territoriums und ihre erforderliche Entwicklung Kernindikator der durch territoriale Sozialpolitik zu berücksichtigenden Gegebenheiten.

So gibt die Sozialstruktur Berlins über wesentliche Besonderheiten der Hauptstadt Auskunft und zeigt zugleich das dieser territorialen Einheit mit allen anderen Gemeinsame. Denn Sozialstruktur ist untrennbar mit der Wirtschaftsstruktur (den sozialökonomischen Verhältnissen, dem Niveau und der Struktur der Produktivkräfte, der Wirtschaftszweige und Produktionsprofile sowie der Organisation der Wirtschaft) und mit der politischen Struktur (den Machtverhältnissen, den Leitungsstrukturen) verbunden.

Die Sozialstruktur Berlins und ihre Dynamik verdeutlichen, wie eng und unlöslich jedes Territorium mit der gesamtgesellschaftlichen Entwicklung der DDR verkettet ist, wie sich die Territorien gegenseitig ergänzen, voneinander in ihrer Entwicklung abhängig sind und aufeinander Einfluß nehmen.

So vollzieht sich die Reproduktion der Sozialstruktur und der für die Hauptstadt notwendigen Struktur des Arbeitsvermögens keineswegs nur aus sich selbst heraus. Ebenso muß die Hauptstadt einer Vielzahl von Anforderungen des gesamten Landes Genüge tun. Das äußert sich beispielsweise in einer überdurchschnittlich hohen Anzahl von Hoch- und Fachschulkadern.

Ein entscheidendes sozialstrukturelles Charakteristikum[1] besteht überhaupt in dem überdurchschnittlich hohen Bildungs- und Qualifikationsniveau der Berufstätigen:

Tabelle I[2] **Qualifikationsstruktur der ständig Berufstätigen in der sozialistischen Wirtschaft (ohne PGH) 1983 (in %)**

Qualifikation	DDR		Hauptstadt Berlin	
Hochschulabschluß	7,2)		14,2)	
	)	20,1	)	30,5
Fachschulabschluß	12,9)		16,3)	
Facharbeiterabschluß	59,4)		51,6)	
	)	63,2	)	54,4
Meisterabschluß	3,8)		2,8)	
ohne derartigen Abschluß		16,7		15,1

Die Besonderheiten der Qualifikationsstruktur Berlins werden maßgeblich durch die spezifischen Züge seiner Wirtschaftsbereichsstruktur hervorgebracht. Dies ergibt sich aus den unterschiedlichen Qualifikationsanforderungen der einzelnen Wirtschaftsbereiche:

Tabelle II[3] **Berufstätige nach Wirtschaftsbereichen 1983 (in %)**

Wirtschaftsbereich	DDR	Hauptstadt Berlin
Industrie	37,9	24,8
produzierendes Handwerk	3,1	2,5
Bauwirtschaft	6,9	8,3
Land- und Forstwirtschaft	10,7	1,0
Verkehr, Post- und Fernmeldewesen	7,4	11,1
Handel	10,1	14,7
sonstige produzierende Bereiche	3,2	6,6
nichtproduzierende Bereiche	20,7	30,9

Der außergewöhnlich große Berufstätigenanteil Berlins in den nichtproduzierenden Bereichen muß zwangsläufig zu einer erheblichen Überrepräsentanz der Hoch- und Fachschulkader führen. Dies leuchtet ein, wenn man sich die zweigliche Zusammensetzung dieser Bereiche vor Augen führt. Der bei weitem größte der drei nichtproduzierenden Bereiche – kulturelle und soziale Einrichtungen – besteht z. B. aus folgenden Zweigen: Wissenschaft und Forschung, Bildungswesen, Kultur und Kunst, Gesundheitswesen, Sozialwesen, Körperkultur und Sport, Erholungswesen und Touristik, Sozialversicherung. Berücksichtigt man ferner die Funktionsbreite des nichtproduzierenden Bereichs staatliche Verwaltung, gesellschaftliche Organisationen, so wird deutlich, daß für die nichtproduzierenden Bereiche vornehmlich bzw. in sehr hohem Maße intelligenzspezifische Tätigkeiten typisch sind.

Von sozialpolitischer Relevanz sind auch die demographischen Strukturen des jeweiligen Territoriums:

Erstens ergeben sich aus der demographischen Struktur und der absoluten Größe der demographischen Gruppen Erkenntnisse und Schlußfolgerungen im Hinblick auf Tendenzen bzw. Erfordernisse der Bevölkerungsreproduktion und Lebensweiseentwicklung.

Zweitens sind bestimmte Kennziffern der demographischen Entwicklung unerläßlich, um das gegenwärtige und künftige gesellschaftliche Arbeitsvermögen in wichtigen Merkmalen beurteilen zu können, um Kenntnis über die Entwicklung der nichtarbeitsfähigen Bevölkerung (insbesondere Kinder, Rentner, Jugendliche) zu haben.

Drittens ist die territoriale demographische Struktur eng verknüpft mit sozialstrukturellen Besonderheiten, weil sich die demographischen Gruppen z. T. erheblich in ihrer sozialen Zusammensetzung unterscheiden. (Insofern erweist sich die demographische Struktur als Moment der Sozialstruktur).

Wichtige Seiten der Entwicklung der Lebensweise und ihr zugrunde liegender Lebensbedingungen sind z. B. ohne Kenntnis der unterschiedlichen Bedürfnisstrukturen einzelner demographischer Gruppen nicht einschätzbar.

Das im Zeitraum 1971 bis 1981 in der ganzen DDR aufgrund altersstruktureller Bedingungen absolute Wachstum der Arbeitskräftezahl vollzog sich in Berlin in einem weitaus überdurchschnittlichen Tempo. Dies ist Resultat der qualitativen Veränderungen der demographischen Struktur in Berlin, die sich in folgenden miteinander verbundenen Merkmalen äußern:

- Die Anzahl der Beschäftigten wuchs schneller als die Wohnbevölkerung.
- Die Altersstruktur der Wohnbevölkerung veränderte sich maßgeblich zugunsten der Bevölkerung im arbeitsfähigen Alter auf Kosten des prozentualen Anteils der Gruppen im Rentenalter und im Kindesalter. Dabei ist bemerkenswert, daß diese auch für den DDR-Maßstab zutreffenden Proportionsverschiebungen in Berlin durch die Besonderheit gekennzeichnet sind, daß sich der vordem weitaus überdurchschnittliche Bevölkerungsanteil im Rentenalter auf ein deutlich unterdurchschnittliches Maß reduziert hat, während der seinerzeit unterdurchschnittliche Anteil der Bevölkerung im Kindesalter nunmehr das DDR-Niveau erreicht hat. Während der Anteil der arbeitsfähigen Bevölkerung in Berlin 65,4 % beträgt (DDR: 63,6 %), hat Berlin gleichzeitig einen geringeren Rentneranteil (15,9 %) als der Durchschnitt der Republik (17,6 %).
- Anstelle eines 1971 noch vorhandenen Gestorbenenüberschusses gewährleistet der nunmehr zu verzeichnende Geborenenüberschuß die Reproduktion der Wohnbevölkerung aus sich selbst. Damit können stabile Zuwachsraten der Einwohnerzahl auch durch verringerten Wanderungsgewinn erzielt werden.

Die Eigenschaften der demographischen Struktur sind nicht nur für die Beurteilung des potentiellen aktuellen und künftigen Arbeitsvermögens sowie der natürlichen Bevölkerungsreproduktion von Bedeutung, sondern auch als Einflußfaktoren anderer sozialstruktureller Besonderheiten. So unterscheiden sich bekanntlich die verschiedenen Altersgruppen der berufstätigen Bevölkerung zum Teil noch erheblich in ihrer Berufs- und Qualifikationsstruktur. Altersstrukturelle Besonderheiten sind deshalb mit entsprechenden Verschiebungen, etwa der Qualifikationsstruktur, verknüpft.

In der Hauptstadt sind namentlich die Altersgruppen zwischen 30 und 50 Jahren überrepräsentiert. Das sind zugleich jene Altersgruppen, die – zusammen mit den 25- bis 30jährigen – das höchste Qualifikationsniveau haben.[4]

Letztlich werden sozialpolitische Entscheidungen auch in Abhängigkeit vom erreichten bzw. zu erreichenden Lebensniveau und den das Lebensniveau einschließenden materiellen Bedingungen bestimmt.

Die besondere Forcierung des Wohnungsbaus in Berlin ergibt sich z. B. nicht allein aus der Hauptstadtfunktion, sondern auch aus einem zum Teil wesentlich abweichenden Niveau gegenüber anderen Bezirken (z. B. liegt Berlin in der Zahl der Wohnräume/Personen an 9. Stelle in der Republik; die Anzahl der überbelegten Wohnungen ist höher als in vielen Bezirken; Probleme gibt es zur Zeit noch bei der Versorgung junger Ehen mit Wohnraum usw.).

Aus den o. g. Faktoren ergeben sich, neben allgemeinen Grundsätzen der Sozialpolitik für jedes Territorium – so auch für Berlin –, sozialpolitisch zu berücksichtigende spezifische Besonderheiten:

- aufgrund bedeutsamer Besonderheiten der sozialen und demographischen Struktur der Bevölkerung;
- aufgrund sehr starker innerer territorialer Differenzierungen der Hauptstadt (Stadtbezirke, die sehr unterschiedliche wirtschaftliche und Produktionsstrukturen, zum Teil erhebliche Unterschiede in den sozialen und demographischen Strukturen, in den Wohnbedingungen, Freizeitmöglichkeiten usw. aufweisen);
- aufgrund einer besonders starken inneren Differenziertheit der Klassen und Schichten, ihrer Einkommen und Bedürfnisse.

Ohne Zweifel stehen die Forschungen auf dem Gebiet der territorialen Sozialpolitik noch am Anfang. Das betrifft insbesondere Fragen der Möglichkeiten und Grenzen einer spezifischen territorialen Sozialpolitik, des Zusammenwirkens von Betrieben, Kombinaten und Einrichtungen mit dem Territorium, der Entwicklung eines spezifischen Systems sozialer Indikatoren zur Analyse und Planung sozialer Prozesse im Territorium.

Die sich zwischen dem Wissenschaftlichen Rat für Sozialpolitik und Demographie und dem Wissenschaftlichen Rat für Fragen der Standortverteilung der Produktivkräfte fruchtbar entwickelnde Zusammenarbeit wird ohne Zweifel dazu beitragen, eine Reihe der genannten Probleme zu lösen.

Anmerkungen

[1] Die nachfolgenden Ausführungen stützen sich auf Forschungsergebnisse des interdisziplinären Projektes „Lebensweiseentwicklung der Hauptstadt der DDR – Berlin" sowie Ausarbeitungen von Dr. R. Ferchland, Institut für marxistisch-leninistische Soziologie der Akademie für Gesellschaftswissenschaften beim ZK der SED.

[2] Vgl. Statistisches Jahrbuch der DDR 1984, Berlin 1984, S. 122; Zur Entwicklung der Hauptstadt der DDR, Berlin, 1980–1983, Berlin 1984, S. 17.

[3] Vgl. Statistisches Jahrbuch der DDR 1984, Berlin 1984, S. 118.

[4] Vgl. ebenda, S. 352.

Siegfried Grundmann

Soziale Triebkräfte einer effektiven Standortverteilung der Produktivkräfte

„Soziale Triebkräfte ökonomischen Wachstums" lautete das Thema des 4. Kongresses der marxistisch-leninistischen Soziologie in der DDR, der vom 26. bis 28. März 1985 in Berlin tagte. Auf Grund umfangreicher und vielfältiger Forschungen der vergangenen Jahre wurde der Nachweis dafür erbracht, daß soziale Bedingungen, Strukturen und Erfordernisse als Triebkräfte ökonomischen Wachstums eine wachsende Bedeutung erlangen. Diese Feststellung entspricht auch den Erkenntnissen und Erfahrungen der langjährigen Mitarbeit von Soziologen am Generalschema für die Standortverteilung der Produktivkräfte in der DDR.

Woraus ergibt sich die wachsende Bedeutung sozialer Faktoren für die Planungen zur Standortverteilung der Produktivkräfte? Beachtung verdienen dabei vor allem zwei Gesichtspunkte: erstens das hohe und weiter wachsende Qualifikationsniveau der Werktätigen; zweitens das hohe und weiter wachsende Niveau der Bedürfnisse.

Mit dem Qualifikationsniveau wachsen zugleich die subjektiven und materiell-gegenständlichen Erfordernisse seiner effektiven Nutzung. Leitungsmethoden, die bei einem niedrigeren Qualifikations- und Bildungsniveau der Werktätigen ausreichten oder sogar optimal waren, werden bei einem hohen Qualifikations- und Bildungsniveau indiskutabel. Arbeitsmittel und überhaupt Arbeitsbedingungen, die dem wachsenden Qualifikations- und Bildungsniveau widersprechen, werden zur Quelle von Unzufriedenheit und einer unzureichend effektiven Nutzung des gesellschaftlichen Arbeitsvermögens. Eine gesellschaftlichen Interessen widersprechende Fluktuation und Migration von Fachkräften ist sozial und wirtschaftlich verlustreicher als die Fluktuation und Migration eines Ungelernten. Umgekehrt ist die genaue Kenntnis und der bestmögliche Gebrauch des vorhandenen Qualifikations- und Bildungsniveaus eine wichtige Triebkraft ökonomischen Wachstums. Die ständige Verbesserung der Arbeitsbedingungen, darunter die Gewährleistung qualifikationsgerechter Arbeitsbedingungen, ist demzufolge auch ein Erfordernis hoher Produktivität.

Das gilt so allgemein formuliert ohne Modifikationen für alle Territorien. Territorial spezifische Probleme und Aufgaben ergeben sich aus der *territorialen Differenziertheit* des Qualifikationsniveaus, der Berufe und Tätigkeiten. Je kleinere territoriale Einheiten wir zur Basis unserer Analysen machen, um so größer ist die erkennbare territoriale Differenziertheit. Wir brauchen vergleichende Analysen wenigstens bis zur Kreis-Ebene, weil sich das tägliche Leben der Menschen in einem, gemessen am gesellschaftlichen Ganzen, relativ kleinen Territorium vollzieht; weil Betriebe und Institutionen das gesellschaftliche Arbeitsvermögen vor allem aus dem Umland ihres Standortes nutzen.

Was die Anteile der hauptsächlichen Qualifikationsgruppen, wie z. B. der Hoch- und Fachschulabsolventen, betrifft, so ist eine Verringerung der territorialen Differenziertheit feststellbar; andrerseits gibt es im Falle der Berufe und Tätigkeiten Erscheinungen einer zunehmenden Differenzierung und in vielen Territorien auch einer wachsenden Vielfalt. Mindestens ebenso bedeutsam ist die Tendenz zur Reproduktion vorhandener Differenzierungen – also auch diesbezüglich die große Stabilität vorhandener Standorte. Ich werde darauf zurückkommen.

Zum Wachstum und der zunehmenden Differenziertheit der Bedürfnisse ist zu sagen: dies ist ein gesetzmäßiges Resultat wachsenden Wohlstandes. Das Wachstum der Bedürfnisse ist eine ebensolche Realität und für die Standortverteilung der Produktivkräfte eine ebenso relevante Größe wie das Vorhandensein einer bestimmten Menge von Rohstoffen und Arbeitsmitteln.

An dem für die Territorialplanung besonders wichtigen Problem der Migrationsmotive und -ursachen sei das kurz erläutert: Die Verbesserung der Wohnbedingungen ist ein Motiv und wesentlicher Grund des Wohnortwechsels. Umgekehrt sind gute Wohnbedingungen ein wesentlicher Faktor der Wohnortbindung. Das wird sicher auch in den kommenden Jahren so sein. Ändern wird sich jedoch die Struktur der Wohnbedürfnisse. Das zeigen die Tendenzen der bisherigen Entwicklung; am Wanderungsverhalten einiger sozialer Gruppen ist die für die Zukunft charakteristische Situation schon heute deutlich ablesbar. Im Unterschied zu den 50er und 60er Jahren ist die Zuweisung einer Wohnung kaum noch ein hinreichender Grund der Wanderung bzw. des Verbleibens am Wohnort. Heutzutage ist dazu eine sanitärtechnisch gut ausgestattete und hinreichend große Wohnung erforderlich. Mit dem wachsenden Versorgungsgrad der Haushalte mit Wohnungen und der im Durchschnitt besseren Qualität der Wohnungen wächst zwangsläufig auch das allgemeine Niveau der Wohnbedürfnisse. Das zeigt sich spätestens dann, wenn Arbeitskräfte an einem anderen, volkswirtschaftlich bedeutsamen Standort angesiedelt werden sollen. Im Ensemble der Wanderungsursachen bzw. der Instrumente zur Steuerung der Migration hat aber nicht nur die Wohnung einen gewichtigen Rangplatz, sondern auch und immer mehr die Qualität des Wohngebietes und die Attraktivität des Wohnortes. Letztendlich zählt die Gesamtheit der Lebensbedingungen – angefangen von der Wohnung über die anfallende Arbeitswegezeit bis hin zu den Arbeitsbedingungen. Man muß dieses Wachstum der Bedürfnisse zur

Kenntnis nehmen. Ohne Beachtung dieses so wichtigen sozialen Sachverhaltes würden sich Migrationsprozesse nicht in der gewünschten Weise steuern lassen.

Wenn wir die genannten zwei Gesichtspunkte – Qualifikationsniveau und Bedürfnisniveau – nicht schlechthin als Attribut von Individuen, sondern zugleich als Eigenschaft von sozialen Gruppen betrachten, wenn wir die Gesamtheit der dafür relevanten sozialen Beziehungen betrachten, dann läßt sich daraus ableiten und verallgemeinernd formulieren: Wachsende Bedeutung sozialer Faktoren heißt vor allem wachsende Bedeutung der Sozialstruktur. Wir verstehen darunter auch, aber nicht nur die Klassenstruktur; wesentlich sind neben der schon genannten Qualifikationsstruktur auch die Altersstruktur, Geschlechterproportionen, die soziale Gliederung der berufstätigen Bevölkerung nach Wirtschaftssektoren, die territoriale Struktur der Bevölkerung u. a. m. Wir brauchen wenigstens bis zur Ebene der Kreise komplexe Analysen der Sozialstruktur und der Lebensbedingungen, – nicht, wie mitunter gemeint wurde, zur Begründung von Forderungsprogrammen, wohl aber zur Präzisierung bzw. Akzentuierung der allgemeinen Ziele der Wirtschafts- und Sozialpolitik entsprechend den konkreten territorialen Bedingungen.

Die grundlegenden Ziele der Arbeit am Generalschema für die Standortverteilung der Produktivkräfte in der DDR waren und bleiben identisch mit der Hauptaufgabe bei der Gestaltung der entwickelten sozialistischen Gesellschaft in der DDR – „der weiteren Erhöhung des materiellen und kulturellen Lebensniveaus des Volkes auf der Grundlage eines hohen Entwicklungstempos der sozialistischen Produktion, der Erhöhung der Effektivität, des wissenschaftlich-technischen Fortschritts und des Wachstums der Arbeitsproduktivität.“[1]

Diese Ziele gelten ohne Einschränkung für alle Territorien; sie waren eine Basis und Klammer auch für die bei der Arbeit am Generalschema für die Standortverteilung der Produktivkräfte so wichtige Zusammenarbeit von Ökonomen, Geographen, Soziologen und Vertretern anderer Wissenschaftsdisziplinen.

Das steht in keiner Weise im Widerspruch zu gewissen territorialspezifischen und disziplinspezifischen Schwerpunktsetzungen. Im Gegenteil! Das ist eine Voraussetzung zur Gewährleistung des bestmöglichen Beitrages jedes Territoriums und jeder Wissenschaftsdisziplin zur Lösung der Hauptaufgabe. Es hat sehr wohl einen Sinn danach zu fragen, was die Lösung der Hauptaufgabe konkret für die Standortverteilung der Produktivkräfte bedeutet. Für die standortrelevante soziologische Forschung waren und sind dabei zwei eng miteinander verbundene Ziele von besonderem Interesse: erstens die Erhöhung des Lebensniveaus in allen Territorien und Verringerung sozialer Unterschiede; zweitens die Reproduktion der damit zu vereinbarenden sozialen und sozialstrukturellen Besonderheiten. Sowohl die eine als auch die andere Zielsetzung hat grundlegende Bedeutung für die effektive Nutzung territorialer Ressourcen, für das Wachstum der Produktion und Arbeitsproduktivität in allen territorialen Einheiten.

Wenn wir die Notwendigkeit einer Verringerung sozialer Unterschiede betonen, so ist damit auch die Verringerung von Niveauunterschieden in den Bedingungen für die Befriedigung materieller und geistig-kultureller Bedürfnisse gemeint. Die Lebensbedingungen in den einzelnen Territorien müssen und sollen im Prinzip gleiche oder besser: gleichartige Voraussetzungen für die allseitige – geistige, moralische und körperliche – Entwicklung der Persönlichkeit bieten. Sie sind so zu gestalten, daß volkswirtschaftlichen Interessen widersprechende Migrationsprozesse abflauen und möglichst ganz zum Stillstand kommen (das gänzliche Verschwinden von positiven bzw. negativen Wanderungssalden ist damit aber nicht gemeint!). Wir verstehen darunter nicht die Beseitigung eines Andersseins der Lebensbedingungen, der Sozialstruktur und der Lebensweise in den einzelnen territorialen Einheiten.

Die führende Rolle der Arbeiterklasse war verbunden mit der Schaffung von Industrie und einem raschen Wachstum des Anteils der Industriearbeiter in den ehemals nahezu vollständig durch die Landwirtschaft geprägten Territorien. Dies bedeutet nicht, daß der Anteil der Arbeiterklasse, insbesondere der Industriearbeiter, in allen Bezirken, Kreisen, Städten und Gemeinden gleiche Werte erreichen müßte. Was wir abbauen müssen, das ist im definierten Sinne der soziale Unterschied zwischen Stadt und Land. Dabei ist zu beachten, daß soziale Unterschiede zwischen Territorien nicht nur im sozialen Unterschied zwischen Stadt und Land bestehen. Hinsichtlich wichtiger Aspekte der Lebensbedingungen wurde der soziale Unterschied zwischen Stadt und Land überwunden. In manchen Fällen hat sich der soziale Unterschied zwischen Stadt und Land zuungunsten der Stadt bzw. von Städten verkehrt. In vieler Beziehung sind an die Stelle des einstmals dominierenden sozialen Unterschiedes zwischen Stadt und Land vielfältigere territoriale Differenzierungen getreten. Das gilt in augenfälliger Weise für die territoriale Differenziertheit der Wohnbedingungen. Wir sollten diesen Erscheinungen einer vielfältigeren sozialen Differenziertheit zwischen Territorien, darunter der sozialen Differenziertheit sowohl innerhalb der agrarisch strukturierten Territorien als auch zwischen den Städten, künftig mehr Beachtung schenken.

Wenn hier mit solchem Nachdruck die weitere Verringerung sozialer Unterschiede gefordert und das Anderssein von Lebensbedingungen, Sozialstruktur und Lebensweise in unterschiedlichen Territorien hervorgehoben wird, so folgt daraus nicht, daß man sich aus soziologischer Sicht jeglichen Veränderungen der Territorialstruktur, darunter der Siedlungsstruktur, widersetzen sollte. Erinnert sei hier vor allem daran, daß die Lösung der Wohnungsfrage als soziales Problem mit weitreichenden Veränderungen in der Siedlungsstruktur und Stadtstruktur verbunden ist. Der Wohnungsneubau auf großen Standorten war eine Voraussetzung des raschen Wachstums etlicher Städte. Auf der anderen Seite ist nicht zu übersehen, daß die Verwirklichung der genannten Zielsetzungen im Falle einiger Siedlungen und selbst von Dörfern entweder Aufwendungen in völlig neuen Größenordnungen notwendig macht oder längerfristig gesehen die Aufgabe einiger Siedlungen sinnvoll erscheinen läßt, so wie der Braunkohlenabbau zur Aufgabe etlicher Siedlungen zwingt und das um so mehr, je mehr der Braunkohlenabbau in dichter besiedelte Gebiete vorrückt.

Aber das ist nicht das Typische in der Entwicklung unserer Siedlungsstruktur. Die vorhandene Siedlungsstruktur ist mit dem Ziel einer weiteren Verringerung sozialer Unterschiede zwischen Territorien nicht nur vereinbar; die Gewährleistung einer stabilen Siedlungsstruktur, von Ausnahmen abgesehen, also auch der Fortbestand kleinerer Siedlungen, ist zugleich eine Voraussetzung für die Verbesserung der Lebensbedingungen in allen Bezirken und Kreisen. Je stabiler die Wohnbevölkerung von Siedlungen ist, um so effektiver sind zugleich – den volkswirtschaftlich begründeten Fortbestand dieser Siedlungen vorausgesetzt – die notwendigen Investitionen in die technische und soziale Infrastruktur sowie anderer Ausgaben und Anstrengungen. Nicht die Beseitigung eines Andersseins der Lebensbedingungen, der Sozialstruktur und der Lebensweise, sondern die Reproduktion und bestmögliche Nutzung territorialer Besonderheiten sollten angestrebt werden. Die kleine von der Landwirtschaft geprägte Siedlung kann nicht die gleiche soziale und baulich-räumliche Struktur haben wie die Stadt oder gar die Großstadt. Der hohe Anteil der Genossenschaftsbauern und überhaupt der in der Landwirtschaft Beschäftigten an der Wohnbevölkerung von kleinen Siedlungen ist ebensowenig ein „Defekt" der Sozialstruktur, wie der Konzentrationsgrad von Hochschulen und Universitäten, Forschungsinstituten, kulturellen und anderen Institutionen in der Hauptstadt und anderen Städten unseres Landes. Großstädte sind eben Nervenzentren und Quellgebiete des wissenschaftlich-technischen Fortschritts. Diese sozialstrukturellen Besonderheiten der Großstädte sind keine Defekte, die es zu beseitigen, sondern Spezifika und Potenzen, die es zu erhalten, auszubauen und zu nutzen gilt.

Die vorrangige Reproduktion der Produktivkräfte an den schon vorhandenen Standorten ist mit den grundlegenden sozialpolitischen Zielen unserer Gesellschaft nicht nur vereinbar; die sozialstrukturellen Besonderheiten von territorialen Einheiten bieten zugleich günstige Voraussetzungen hierfür:

Erstens: Das am Standort vorhandene Wissen und Können, die Erfahrungen, die Gewöhnung an bestimmte Erfordernisse der zu leistenden Arbeit (z.B. eine schon aus technologischen Gründen notwendige Mehrschichtarbeit) begünstigen die Reproduktion solchen Wissens und Könnens, solcher Erfahrungen und Traditionen. Was anderswo mit großen Anstrengungen und Aufwendungen neu geschaffen bzw. über die Umsiedlung von Arbeitskräften mit erheblichem Aufwand dorthin gebracht werden müßte, ist hier schon vorhanden. Man kann bei der weiteren Entwicklung der Produktivkräfte an die vorliegenden Traditionen anknüpfen.

Zweitens: Solche Erfahrungen, Kenntnisse und Traditionen werden in sinnvollster Weise an den Standorten ihrer Herausbildung reproduziert und an die heranwachsende Generation vermittelt. Die Jugend wird schon früh durch Erziehung, eigenes Erleben, soziale Bindungen usw. auf die spätere berufliche Tätigkeit im jeweiligen Territorium und in den dort vorhandenen Betrieben und Institutionen vorbereitet. Von entscheidender Bedeutung ist dabei die Vermittlung von Einstellungen, Verhaltensmustern und Erfahrungen im Elternhaus. Bemerkenswert ist, daß die territoriale Herkunft selbst den Studienwunsch von künftigen Hoch- und mehr noch von Fachschulstudenten sowie die Wahl des Studienortes beeinflußt.

Drittens: Jede Arbeitskraft ist nicht nur über die Herkunft, sondern zugleich über eine Vielzahl von anderen sozialen Beziehungen, darunter familiäre und freundschaftliche Beziehungen, in das sozialökonomische Profil des jeweiligen Territoriums eingebunden. Jeder Wechsel des Wohn- bzw. Arbeitsortes hat folglich weitreichende persönliche und familiäre Konsequenzen. Letzteres ist besonders darum von Bedeutung, weil die wandernde Bevölkerung großenteils nicht aus Individuen, sondern auch Familien besteht. Vom beruflich bedingten Umzug des einen Elternteils ist folglich auch der Arbeitsplatz und die ganze Lebenssphäre des anderen Elternteiles und die Lebensweise der Kinder betroffen.

Die gesetzmäßige Tendenz zur Reproduktion von territorialen Merkmalen der Sozialstruktur wirkt somit in der gleichen Richtung wie die vorrangig intensiv erweiterte Reproduktion. Sowohl aus dem einen als auch aus dem anderen Grunde ergibt sich die Notwendigkeit zur vorrangigen Reproduktion der Produktivkräfte an den schon vorhandenen Standorten; sowohl die hohe Wohnortverbundenheit der Bevölkerung als auch die Gesetzmäßigkeiten der Produktivkraftentwicklung bieten günstige Voraussetzungen hierfür. Gesamtgesellschaftlich gesehen gibt es eine weitgehende Identität der standortrelevanten ökonomischen und sozialen Erfordernisse.

Die räumliche Übereinstimmung von Umfang und Struktur des gesellschaftlichen Arbeitsvermögens einerseits und materiell-gegenständlichen Produktivkräften andererseits ist aber nicht unter allen Umständen und ein für allemal gegeben:

- Die Erschöpfung oder die übermäßig starke Beanspruchung natürlicher Ressourcen, die Entdeckung von Bodenschätzen und die (z.B. infolge von wissenschaftlichen Untersuchungen) möglich gewordene Einbeziehung von bisher brachliegenden Ressourcen können Veränderungen in den Standorten der Produktion, also auch Veränderungen in der territorialen Struktur der Bevölkerung, notwendig machen.
- Die Steigerung der Arbeitsproduktivität kann in territorial unterschiedlicher Weise zur Einsparung von Arbeitsplätzen führen. Wenigstens ein Teil des vorhandenen bzw. sich entwickelnden Arbeitsvermögens würde dann am bisherigen Standort nicht mehr dringend benötigt, während anderswo adäquate Arbeitsplätze in ausreichender Anzahl vorhanden wären. Eine solche Situation wird sich für Großstädte z.B. dann ergeben, wenn die wissenschaftlich-technische Revolution in großem Ausmaß von den nichtproduzierenden Bereichen, darunter den klassischen Angestelltentätigkeiten, Besitz ergreift. Daraus scheint sich die Möglichkeit einer Gewinnung von Arbeitskräften für andere Bereiche und andere Territorien zu ergeben. Die Gesamtheit der Lebensbedingungen und der sozialen Beziehungen verlangt, daß dabei auch die Interessen der anderen Mitglieder der Familie die gebührende Beachtung finden.
- Ähnliche Probleme ergeben sich aus den hohen Geborenenüberschüssen und ökonomisch nur teilweise begründeten Wanderungsgewinnen mancher Territo-

rien. Daß es Territorien mit hohen Wanderungsverlusten gibt, die in hohen Gestorbenenüberschüssen ihre Fortsetzung finden, und daß sich das gesellschaftliche Arbeitsvermögen in manchen Territorien rasch verringert, ist hinreichend bekannt. Nicht die gleiche Aufmerksamkeit hat in der Forschung bisher das Wachstum des gesellschaftlichen Arbeitsvermögens in Städten mit bisher hohen Wanderungsgewinnen gefunden. Verminderte Bemühungen um die Intensivierung der Produktion und Steigerung der Arbeitsproduktivität in allen Bereichen sind unter solchen Umständen nicht auszuschließen. Diese Aufgabe steht aber ohne Einschränkung auch für solche Städte. Es ist nicht zuletzt darum von prinzipieller Bedeutung, daß die Schwedter Initiative von einer Stadt mit bisher sehr hohen Wanderungsgewinnen und Geborenenüberschüssen ausgeht. Das ist eine unerläßliche Voraussetzung zur Gewährleistung einer höheren Stabilität der kleineren Siedlungen sowie von kleineren Standorten der Produktion.

Eine ausführliche Diskussion über die Erfordernisse und die Instrumente einer Steuerung von Migrationsprozessen sowie einer gezielten Einflußnahme auf die Wohnortverbundenheit der Bevölkerung ist an dieser Stelle nicht möglich.[2] Es wurde sichtbar, daß eine solche Steuerung nötig ist, weil das Wanderungsverhalten und die Wohnortverbundenheit der Bevölkerung nicht in jedem Falle und im Selbstlauf mit den Erfordernissen einer effektiven Standortverteilung der Produktivkräfte übereinstimmt. Es wurde sichtbar, daß dabei soziale Bedingungen, Strukturen und Erfordernisse von entscheidender Bedeutung sind. Selbst „außerökonomische Interessen", wie das Interesse an angenehmen Erholungsmöglichkeiten im Umland der Stadt, das Interesse an einem niveauvollen geistig-kulturellen Leben im jeweiligen Wohnort u. a. m. werden damit zu Prämissen der Wirtschaftsplanung.

Soziale Ziele und Bedingungen haben in der bisherigen Arbeit am Generalschema für die Standortverteilung der Produktivkräfte in der DDR eine wichtige Rolle gespielt. Es gibt andrerseits noch viel zu tun. Wir sollten uns in der weiteren Arbeit durchgängig und auf einem noch höheren Niveau, aus zweiglicher, territorialer und gesamtgesellschaftlicher Sicht, bei Zugrundelegung kurzer und längerer Planungs- und Prognosezeiträume, um die Berücksichtigung der grundlegenden wirtschafts- und sozialpolitischen Ziele bei der Gestaltung der entwickelten sozialistischen Gesellschaft bemühen. Die weitere Erforschung von sozialen Strukturen und Verhaltensweisen, von Bedürfnissen und Interessen, von Bedingungen und Mitteln zur Planung sozialer Prozesse, ist dafür eine unerläßliche Voraussetzung.

Anmerkungen

1 Programm der Sozialistischen Einheitspartei Deutschlands, Berlin 1976, S. 20.

2 Vgl. Siegfried Grundmann/Ines Schmidt, Soziale und volkswirtschaftliche Aspekte der Migration und ihrer Steuerung, in: Deutsche Zeitschrift für Philosophie, 2/1985; Ines Schmidt, Zu demographischen und sozialstrukturellen Aspekten der Migration, in: Wirtschaftswissenschaft, 3/1985.

Otto Dienemann/Bernd Einenkel

Territorial differenzierte Entwicklung des Baubedarfs und der Baukapazitäten unter den Bedingungen der umfassenden Intensivierung

Unter Führung der Partei der Arbeiterklasse und des sozialistischen Staates hat sich das Bauwesen zu einem leistungsstarken, industriell organisierten Zweig der Volkswirtschaft entwickelt. Entsprechend den volkswirtschaftlichen Anforderungen wurde hierbei ein über das gesamte Territorium der DDR verzweigtes dichtes Netz der Produktivkräfte des Bauwesens geschaffen. Jeder Bezirk verfügt über ein leistungsfähiges Wohnungs- und Tiefbaukombinat, und jeweils dem Einzugsbereich von ein bis drei Bezirken sind Bau- und Montagekombinate des Industriebaus zugeordnet. Darüber hinaus erbringen Spezialbaukombinate, Spezialbetriebe und das Kombinat Baumechanisierung Leistungen im Territorium der gesamten DDR. Gleichzeitig erhöhen sich kontinuierlich die Bauleistungen für den Export.

In den Kreisen werden gegenwärtig neben den volkseigenen Kreisbaubetrieben insgesamt über 14000 Betriebe des Bauhandwerks vorwiegend für Baureparaturen wirksam.

Die Baumaterialienindustrie, die mit einer jährlichen Rohstoffförderung von etwa 160 Millionen Tonnen nach der Landwirtschaft und der Braunkohlenindustrie der drittgrößte extraktive Zweig der Volkswirtschaft ist, ist entsprechend den geologischen Bedingungen territorial differenziert standörtlich gebunden und Ursache bestehender territorialer Unterschiede.

Das Bauwesen realisiert mit den genannten Betrieben und Einrichtungen etwa 76% des Bauaufkommens.

Territorial bedeutsam sind darüber hinaus die Leistungen für das Bauaufkommen der Volkswirtschaft durch die Landwirtschaft (je Bezirk ein Landbaukombinat außer im Bezirk Rostock, zwischengenossenschaftliche Bauorganisationen in jedem Kreis und in mehr als 57% aller Landbaubetriebe landwirtschaftliche Baubrigaden), das Verkehrswesen, die Industrie sowie durch die übrigen Bereiche der Volkswirtschaft und durch die Bevölkerung.

Die gegenwärtige Standortverteilung des Bauwesens ist sowohl das Ergebnis eines langjährigen historischen Entwicklungsprozesses als auch der planmäßigen Entwicklung der Investitionspolitik und der Industrialisierung des Bauens in den zurückliegenden vier Jahrzehnten. Haupteinfluß auf die gegenwärtige Standortverteilung hatten insbesondere

- die Schwerpunkte der Bautätigkeit zur Stärkung der materiell-technischen Basis der Volkswirtschaft, zur Realisierung des Wohnungsbauprogramms und zur Landesverteidigung,
- die Vertiefung der Arbeitsteilung, Spezialisierung und Industrialisierung des Bauens, insbesondere die Verlagerung von Baustellenprozessen in die stationäre Vorfertigung,
- die Entwicklung der stofflichen Struktur sowie der Bauweisen und Baukonstruktionen,
- die standortabhängigen Rohstoffressourcen,
- die vollzogenen Veränderungen im Staatsaufbau der DDR sowie die Stärkung des sozialistischen Eigentums und die Herausbildung leistungsstarker Kombinate.

Die gegebene und künftige Standortverteilung des Bauwesens und seine Spezialisierung bestimmen wesentlich die Qualität und Lebensdauer der vorhandenen Bausubstanz aller Bereiche des gesellschaftlichen Lebens, die Möglichkeiten ihrer effektiven Nutzung und Anpassung an neue Erfordernisse und Bedürfnisse. Mit der umfassenden Intensivierung und der intensiven Nutzung, Modernisierung und Rekonstruktion der vorhandenen Grundfonds wird die auch in der Vergangenheit vorhandene standörtliche Bindung der Baukapazitäten an die Standorte der baulichen Grundfonds noch enger. Es bilden sich Einzugsbereiche permanent wiederkehrender Bauaufgaben für alle Reproduktionsformen, denen die territoriale Struktur des Bauwesens und der anderen bauleistenden Bereiche der Volkswirtschaft über alle Produktionsstufen und gegebenenfalls über Verantwortungsbereiche hinweg gerecht werden muß. Das proportionale Gefüge zwischen anstehenden Baumaterialien einschließlich Sekundärrohstoffen und Zulieferungen und dem Vorfertigungsumfang sowie den erforderlichen Bauweisen zur notwendigen Reproduktion der baulichen Fonds ist tiefer zu erforschen.

Die Herstellung der erforderlichen ausgewogenen Proportionen zwischen den im Territorium verfügbaren Baukapazitäten (nach Profil und Leistungsvolumen) und dem im Territorium zu befriedigenden Baubedarf für die Instandhaltung, Instandsetzung, Modernisierung, Rekonstruktion, den Ersatz- und Erweiterungsneubau, d.h. für alle Reproduktionsformen, gewinnt somit erheblich an Bedeutung. Das betrifft insbesondere die Baukapazitäten für die Instandhaltung, Instandsetzung, Modernisierung und Rekonstruktion.

Dazu sind das kreisgeleitete Bauwesen entsprechend vorliegenden Beschlüssen weiter zu stärken und die Baureparaturkapazitäten für die Wohnbausubstanz insbesondere in den Bezirken Dresden, Karl-Marx-Stadt, Halle, Magdeburg, Leipzig und Potsdam sowie für die Bausubstanz der Industrie im Bezirk Cottbus vorrangig zu entwickeln. Gerade die Bezirke mit industriellen Ballungsgebieten, die über eine anteilig hohe Bausubstanz verfügen, erfordern einen überdurchschnittlichen Zuwachs an Bauleistungen für die Instandhaltung, Instandsetzung, Modernisierung und Rekonstruktion der Bausubstanz.

Zur vollen Nutzung objektiv gegebener ökonomischer Vorteile der Ballungsgebiete ist die Strategie der vorrangigen Verbesserung des Wohnungsbestandes, der Infrastruktur sowie der Arbeitsbedingungen in diesen Territorien durchzusetzen.

Grundvoraussetzung für eine langfristig bedarfsgerechte territorial differenzierte Entwicklung der Baukapazitäten ist eine leistungsfähige Theorie zur effektiven Reproduktion der Baususbstanz, die den territorial differenzierten Bedingungen umfassend Rechnung trägt. Es ist ein Gebot volkswirtschaftlicher Vernunft, alle Voraussetzungen zu schaffen, daß die vorhandenen baulichen Grundfonds von über 500 Milliarden Mark (gemischte Preisbasis von 1960 bis 1980) in jedem Territorium effektiv genutzt und zum Ausgangspunkt für eine moderne Produktion, für gute Arbeits-, Wohn- und Lebensbedingungen werden.

Zielkriterium muß als zukünftige Aufgabe hierbei die Sicherung des notwendigen Gebrauchswertes aller erforderlichen baulichen Fonds durch ein effektives Verhältnis aller Reproduktionsformen (nach entsprechenden ökonomischen Bewertungskriterien jeder einzelnen Reproduktionsform, den Entwicklungsprozessen wissenschaftlich-technischer Veränderungen und Neuerungen und ihren Anwendungsmöglichkeiten, ohne Restriktionen und Einschränkungen in bezug auf die Anwendung eines optimalen Reproduktionszyklus u. a. m.) sein. Hierzu werden auch zur Weiterentwicklung und Vervollkommnung der Produktionsverhältnisse im Bauwesen verschiedene Momente zu erforschen und zu berücksichtigen sein.

Neben der kontinuierlichen Forschungsarbeit an der terrritorialen Struktur des Bauwesens werden mit der Konzipierung der technisch-ökonomischen Konzeptionen für den Wohnungsbau (TÖK III für den Zeitraum nach 1990) und den Industriebau wesentliche Grundlagen der o. a. Reproduktionstheorie der Bausubstanz geschaffen.

Unter anderem kommt es darauf an, in der begonnenen Untersuchung der Industriebausubstanz zusammen mit der Industrie die Gesetzmäßigkeiten der Reproduktion baulicher Fonds als Bestandteil der Produktionsmittel deutlicher herauszuarbeiten.

Mit der umfassenden Intensivierung im Maßstab der gesamten Volkswirtschaft wächst die Verantwortung der Rechtsträger für die Wirksamkeit der vorhandenen baulichen Grundfonds. Ausgehend von modernen Methoden der Bauwerksdiagnostik, Verschleißforschung und der langfristig vorausschauenden Erkundung der Funktionsanforderungen an Bauwerke und bauliche Anlagen sind die Möglichkeiten für ihre effektive Nutzung und Reproduktion besser als bisher auszuschöpfen.

Gerade hier gibt es eine Reihe ungelöster Probleme in der Verantwortungsabgrenzung, die sowohl in der verminderten Nutzungsfähigkeit der baulichen Fonds als auch einer aufwandserhöhenden Anwendung von Reproduktionsmaßnahmen ihren sichtbaren Ausdruck finden.

Gisela Lindenau

Zu einigen theoretischen und praktischen Problemen der Entwicklung der Infrastruktur

Seit über zwei Jahrzehnten wird in der Territorialforschung der DDR kontinuierlich zu theoretischen und praktischen Fragen der Infrastruktur gearbeitet. Die Analyse und Prognose der Infrastruktur und der für sie zuständigen Zweige und Bereiche ist deshalb auch ein wesentlicher Bestandteil des Generalschemas für die Standortverteilung der Produktivkräfte.

Ich fasse die Infrastruktur als eigenständige ökonomische Kategorie auf, die durch bestimmte, ihr eigene Merkmale und Gesetzmäßigkeiten gekennzeichnet ist. Die Infrastruktur umfaßt die materiell-technischen allgemein zugänglichen Produktions- und Lebensbedingungen, die in jedem Territorium vorhanden sein müssen.[1] Häufig werden auch Definitionen oder Auffassungen zur Infrastruktur vertreten, die das Merkmal dieser Gebiets- oder Territorialbezogenheit nicht berücksichtigen. Ich möchte die drei häufigsten nennen:

- Gesamte Bereiche der Volkswirtschaft werden zusammengefaßt. Zum Beispiel werden hierbei nicht nur, wie das in der Territorialökonomie üblich ist, die gebietsversorgenden Energienetze, sondern auch die großen Kraftwerke zur Infrastruktur gezählt, das gesamte Bildungswesen, also nicht nur die allgemeinbildenden Schulen, sondern auch die Universitäten.
  Ich bin der Auffassung, daß es keinen Grund dafür gibt, solche unterschiedlichen Bereiche, solche Kapazitäten, wie u. a. Großkraftwerke und Universitäten, zu einem Begriff zu vereinen. Sie verfügen über keine gemeinsamen Merkmale und Gesetzmäßigkeiten ihrer Entwicklung. Die Zusammenfassung der Bereiche führt zu keiner neuen Qualität.
- Eine zweite Auffassung zur Infrastruktur wird mit einem Zitat von Karl Marx begründet. Ich zitiere: „Im weitren Sinn zählt der Arbeitsprozeß unter seine Mittel ... alle gegenständlichen Bedingungen, die überhaupt erheischt sind, damit der Prozeß stattfinde. Sie gehn nicht direkt in ihn ein, aber er kann ohne sie gar nicht oder nur unvollkommen vorgehn."[2] In den folgenden Sätzen aber, die im Zusammenhang mit der Infrastruktur nie zitiert werden, sagt Karl Marx, was er meint, nämlich als erstes die Erde als Standort der Produktion: „Durch die Arbeit schon vermittelte Arbeitsmittel dieser Arbeit sind z. B. Arbeitsgebäude, Kanäle, Straßen usw." Das heißt, an erster Stelle stehen bei Karl Marx die Produktionsgebäude, die aber, soweit mir bekannt ist, niemand zur Infrastruktur zählt. Einige Elemente der Infrastruktur haben durchaus die von Marx genannte Funktion im Produktionsprozeß, andere Bestandteile der Infrastruktur jedoch, über deren Zugehörigkeit zur Infrastruktur es keine Meinungsverschiedenheiten gibt, wie z. B. Schulen, passen nicht zu diesem Zitat.
  Ähnlich aus dem Zusammenhang gerissen und für die Definition zur Infrastruktur verwandt wird eine Bemerkung von Karl Marx über das Gefäßsystem der Produktion.[3] Hier meint Karl Marx Röhren, Fässer, Körbe, Krüge, d. h. die „Behälter des Arbeitsgegenstandes", die wohl niemand zur Infrastruktur zählt.
  Ich bin der Meinung, daß uns solche Auslegungen von Marx-Zitaten nicht helfen können, eine ökonomische Kategorie wissenschaftlich zu begründen. Marx selber sollte uns Vorbild bei der sauberen Verwendung der Erkenntnisse und Aussprüche anderer sein.
- Eine dritte Auffassung, die sich u. a. in einem Bericht (Wirtschaftswissenschaft 1/85) vom Zentralinstitut für Wirtschaftswissenschaften der Akademie der Wissenschaften findet, trennt die Funktion der Infrastruktur für die Produktion von ihrer Funktion für die Konsumtion und spricht von Produktionsinfrastruktur, obgleich Infrastruktur für die genannten Funktionen nicht zu trennen ist. Sie muß, soweit es die technische Infrastruktur betrifft, immer beiden Funktionen genügen. Es würde hier zu weit führen, sich eingehender mit diesem Bericht auseinanderzusetzen. Jeder kann sich überzeugen, daß die dort genannten Merkmale der sogenannten Produktionsinfrastruktur nicht auf alle ebenfalls dort genannten Elemente zutreffen.

Gegenüber diesen Auffassungen bin ich der Ansicht, daß nur die territoriale Bezogenheit unterschiedliche Elemente verschiedener Bereiche der Volkswirtschaft zu einer neuen Kategorie, der Infrastruktur, vereint. Alle Elemente der Infrastruktur haben gebietsversorgenden bzw. gebietsverbindenden Charakter. Produktions- und Wohnstandorte, Städte und Dörfer sind unter den Bedingungen der gesellschaftlichen Arbeitsteilung der entwickelten sozialistischen Gesellschaft nur dann voll funktionsfähig, wenn die Infrastruktur für die Bevölkerung und die Wirtschaft von diesen Standorten aus zugriffsbereit ist. Selbstverständlich kann nicht jedes Element der Infrastruktur – also die komplexe Infrastruktur – an jedem Standort vorhanden sein. Auch die meisten Infrastrukturkapazitäten brauchen für ihre Funktionsfähigkeit eine gewisse Konzentration des Bedarfs. Die komplexe Infrastruktur wird deshalb zum Teil für Standorte, Dörfer, für Städte, Siedlungsgebiete, im allgemeinen mindestens für Kreise organisiert, muß aber für alle Bürger und alle Betriebe und Einrichtungen nutzbar sein. Ein Phänomen der Infrastruktur als allgemeiner Produktions- und Lebensbedingung, die also überall und ausreichend vorhanden sein muß, besteht darin, daß sie damit zu etwas Selbstverständlichem, gewissermaßen Natürlichem wird, wie der Boden, auf dem sich alles vollzieht, wie die Luft, die alles umgibt.

Die Infrastruktur macht sich immer nur dann und zwar als restriktiver Faktor bemerkbar, wenn sie nicht ausreichend, nicht in der gewünschten Qualität, nicht in den erforderlichen Proportionen vorhanden ist. Hinzu kommt, daß sich der Effekt der Infrastruktur als einer Produktionsvoraussetzung häufig nicht genau bestimmen läßt. Der Aufwand für die Infrastruktur dagegen verbraucht beträchtliche Teile des Nationaleinkommens, der Investitionskraft, bindet einen großen Teil des Arbeitsvermögens.

Aus diesen Besonderheiten der Infrastruktur ergibt sich häufig eine gewisse Schwarzmalerei der Infrastruktur. Notwendige Entwicklung, Investitionsforderungen für die Infrastruktur werden mit vorhandenen Mängeln (und nicht mit zu erwartenden Effekten) begründet. Das ist ein Problem, mit dem wir uns auch im Generalschema auseinandersetzen mußten, wissend, daß solche Positionen keine ausreichende Grundlage zur Bestimmung erforderlicher langfristiger Proportionen zwischen Produktion und Infrastruktur und für ihre Durchsetzung in der Volkswirtschaftsplanung sind.

In dem vorliegenden ersten Generalschema sind wir so an die Untersuchungen und Darlegungen zur Infrastruktur herangegangen, daß als erstes das erreichte infrastrukturelle Versorgungsniveau der DDR in seiner territorialen Differenziertheit untersucht und eingeschätzt wurde. Wir konnten feststellen, daß die Ergebnisse der infrastrukturellen Entwicklung der letzten Jahrzehnte erheblich sind. Wir haben ausreichende Makronetze der territorialen Infrastruktur (das sind die Energieverbundleitungen, die Straßen- und Eisenbahnnetze, die Fernwasserleitungen), und wir haben ausreichende Kapazitäten der infrastrukturellen Grundversorgung in allen Landesteilen.

Zum zweiten wurden im Generalschema die langfristigen Ziele der weiteren Entwicklung der Infrastruktur bestimmt. Das sind z. B. die Erhöhung der Qualität der infrastrukturellen Versorgung, die Verbesserung der Proportionen zwischen den Leistungsarten der Infrastruktur, das sind auch die wesentliche Verbesserung und Erweiterung der schadlosen Abwasserbeseitigung, die weitere Verbesserung der Wohnqualität, die Erhöhung der Leistungsfähigkeit des Verkehrswesens u. a.

Als drittes sind im Generalschema die Wege zur Erreichung dieser Ziele herausgearbeitet werden. Wir haben notwendige extensive Erweiterungen der Infrastruktur bestimmt und dargestellt, daß die bereits sehr breite Verteilung der meisten Elemente der Infrastruktur und die Höhe des infrastrukturellen Versorgungsniveaus von Wirtschaft und Bevölkerung den Übergang von der extensiven zur intensiven Entwicklung für große Teile der Infrastruktur ermöglichen.

Weitere Fortschritte sind notwendig bei der genaueren Bestimmung von Aufwand und Ergebnis. Dieser Frage werden wir uns verstärkt in der Etappe der Forschung für das nächste Generalschema zuwenden. Dabei müssen auch die Aufwendungen und die Effekte von Intensivierungsmaßnahmen der Infrastruktur selbst und in der übrigen Wirtschaft zur rationelleren Verwendung infrastruktureller Leistungen berechnet werden.

Im Generalschema sind vielfältige Möglichkeiten einer Intensivierung der Infrastruktur und der Wirtschaft dargelegt. Ich möchte deshalb noch auf einige ausgewählte Probleme der Einbeziehung der Intensivierung der Infrastruktur in die Intensivierung der Volkswirtschaft hinweisen.

Die Intensivierung der materiellen Produktion wird wesentlich durch die Leistungsfähigkeit der Infrastruktur beeinflußt. Diese Beziehung verstärkt sich durch die weitere Entwicklung von Wissenschaft und Technik. Mechanisierte, vor allem automatisierte Prozesse, verlangen eine gleichmäßige Zufuhr von Material- und Hilfsstoffen mit gleichbleibender Qualität. Die ständige Verfügbarkeit der technischen Infrastruktur ist damit eine wichtige Grundlage für die Kontinuität der Produktion. Dem Schichtrhythmus der Betriebe muß die Beförderung der Werktätigen und ihre Versorgung und Betreuung durch die soziale Infrastruktur entsprechen. Je höher die Ansprüche an die Qualifikation und die Spezialisierung der Werktätigen sind, desto wichtiger sind auch Stammbelegschaften in den Produktionsbetrieben in Stadt und Land. Stammbelegschaften, geringe Arbeitskräftefluktuation in den Betrieben setzen ein stabiles Arbeitsvermögen in Städten und Dörfern, d. h. eine möglichst geringe Migration voraus. Wir untersuchen deshalb im Rahmen der Arbeiten zum Generalschema, welchen Einfluß die Infrastruktur auf die Stabilität der Städte und Dörfer hat. In Ergänzung unserer Aussage zur im allgemeinen für alle Städte und Dörfer ausreichenden infrastrukturellen Grundausstattung muß auf bestimmte Unterschiede in der Qualität der Versorgung, in der Ausnutzung der Kapazitäten der Infrastruktur und an bestimmten Standorten auch auf Lükken in der infrastrukturellen Ausstattung verwiesen werden.

Das beeinflußt selbstverständlich das Niveau der Versorgung von Bevölkerung und Wirtschaft.

Wichtigste Erkenntnis dieser Untersuchungen war, daß der höchste Effekt für die Volkswirtschaft durch Intensivierung dort erzielt werden kann, wo es gelingt, sie in Produktion und in Infrastruktur in etwa gleichem Tempo durch die Nutzung des wissenschaftlich-technischen Fortschritts durchzusetzen, so daß einer anspruchsvollen Produktion qualitativ hochwertige Leistungen der Infrastruktur gegenüberstehen. Weiterhin ist eine abgestimmte, proportionale Entwicklung der Arbeitsbedingungen und der Lebensbedingungen in den Betrieben und in den Städten und Dörfern der Schlüssel für eine hohe Stabilität der Bevölkerung und damit des Arbeitsvermögens. Je effektiver lebendige Arbeit, Grundfonds und Material genutzt werden, desto zwingender ist die ökonomische Notwendigkeit einer kontinuierlichen infrastrukturellen Sicherung des Arbeitsprozesses. Je höher das Bildungsniveau und das gesamte Lebensniveau der Bevölkerung, desto höher sind ihre Ansprüche an Qualität und Proportionalität infrastruktureller Leistungen.

Die Arbeit zur Analyse und Prognose der Infrastruktur im Rahmen des Generalschemas ist eine außerordentlich breite Kooperationsarbeit aller für die Infrastruktur verantwortlichen Ministerien und ihrer Fachinstitute, der Bezirksplankommissionen und ihrer Büros für Territorialplanung sowie einer Reihe Hochschuleinrichtungen unter Leitung der Forschungsleitstelle. Das genannte Kollektiv von Forschern und Praktikern arbeitet kontinuierlich an theoretischen und praktischen Fragen der Stellung und Entwicklung der Infrastruktur im Rahmen des Arbeitskreises Infrastruktur in unserem Hauptgebietsrat für Fragen der Standortverteilung der Produktivkräfte.

Anmerkungen

[1] Definition der Infrastruktur siehe Autorenkollektiv, Territorialplanung, Berlin 1980, S. 178.
[2] Karl Marx, Das Kapital, Erster Band, in: MEW, Bd. 23, S. 195.
[3] Ebenda.

Konrad Illgen

Zur Intensivierung der sozialen Infrastruktur im Territorium, dargestellt am Konsumgüterbinnenhandel

Die soziale Infrastruktur ist immanenter Bestandteil der gesellschaftlichen Reproduktion und somit ihrer Territorialstruktur. Sie ist ein Bereich, dessen volkswirtschaftliche und soziale Bedeutung bei der weiteren effektiven Gestaltung der entwickelten sozialistischen Gesellschaft unbestritten ist. Die Funktionstüchtigkeit ausreichender Kapazitäten und hohes qualitatives Niveau der Versorgungs- und Betreuungsleistungen dienen der ständigen Verbesserung der Befriedigung materieller und geistig-kulturreller Bedürfnisse, dem grundlegenden Ziel der Wirtschafts- und Sozialpolitik der Partei der Arbeiterklasse. Das schließt neben dem schrittweisen Abbau territorialer Unterschiede in den Versorgungs- und Lebensbedingungen der Menschen Standortstrukturen und räumliche Beziehungen der Bereichskomponenten in dialektischer Einheit von ökonomischer und sozialer Effektivität ein.

Als materiell-technische Basis der sozialen Lebensumwelt nahezu überall lokalisiert, sind die Einrichtungen der sozialen Infrastruktur zugleich Stätten der Beziehungen der Menschen zu ihrer Gesellschaftsordnung. Die Menschen erfahren und bewerten die sozialistischen Produktionsverhältnisse konkret vor Ort. Die unmittelbar erlebte Realität beeinflußt die Umsetzung sozialen Fortschritts in soziale Energie, die sozialistische Persönlichkeitsentwicklung, bewußtes Handeln und Schöpfertum im Arbeitsprozeß. Daraus entwickeln sich wesentliche Triebkräfte für ökonomisches Wachstum, von dem Qualität und Tempo des gesellschaftlichen Fortschritts im Sozialismus abhängen. Dazu tragen auch territoriale Struktur- und Intensivierungseffekte bei, die ökonomisch schwer quantifizierbar sind, jedoch in Verbesserungen des Versorgungs- und Betreuungsniveaus und rückwirkend in hohen Arbeitsleistungen ihren Ausdruck finden. Standortstrukturen der sozialen infrastrukturellen Bereiche, die die Vorzüge des Sozialismus mit dem wissenschaftlich-technischen Fortschritt wirkungsvoll verbinden, zweig- und gesamtökonomischen Erfordernissen entsprechen, zumutbarem Weg-Zeit-Aufwand der Nutzer der Einrichtungen Rechnung tragen und durch makroörtliche Kombination zentralisierter Zweigeinrichtungen Zeitersparung gewährleisten, bewirken territoriale Intensivierung und Leistungszuwachs. Sie fördern soziale Grundprozesse in den Gemeinden und Kreisen der DDR. Die Qualität territorialer Versorgungs- und Betreuungsbedingungen, ihr Bewußtwerden bei der Bevölkerung löst neue Triebkräfte für das Handeln im Sinne des gesellschaftlichen Fortschritts aus.

Die verallgemeinerten Prämissen und Anforderungen an die Entwicklung der sozialen territorialen Infrastruktur gelten gleichermaßen und konkretisiert für den Konsumgüterbinnenhandel, insbesondere den Einzelhandel. Seine Einrichtungen, jede für sich und als qualitative komplex-funktionale Gesamtheit in Form örtlicher und gebietlicher Netze, sind Schaufenster volkswirtschaftlicher Leistungsfähigkeit und Elemente einer wirkungsvoll gestalteten Lebensumwelt der Menschen in den Städten und Dörfern des Landes. Planung und Gestaltung von Einzelhandelsnetzen unter der Bedingung umfassender zweiglicher und territorialer Intensivierung bedeutet somit, die Einrichtungen in der Einheit von baulich-technischer Hülle und Inhalt in Form des Sortiments- und Leistungsangebots innerhalb und zwischen den Siedlungen arbeitsteilig so zu verflechten, daß das Netz des Kreises bestmögliche versorgungspolitisch-soziale und ökonomische Effektivität gewährleistet. Einzelhandelsnetze als infrastrukturelle Teilsysteme gebietlicher Territorialeinheiten sind optimal, wenn das Warenangebot und seine Erreichbarkeit den Wünschen und Interessen der Bevölkerung entspricht und Rentabilität der Handelstätigkeit gewährleistet ist. Aus den skizzierten Zusammenhängen heraus leitet sich die Forderung ab, unter intensiver Nutzung der vorhandenen Möglichkeiten und mit den zur Verfügung stehenden materiellen und finanziellen Fonds Effektivität und Attraktivität des Handels zu erhöhen.

In den vier Jahrzehnten sozialistischen Aufbaus in der DDR sind territoriale Niveauunterschiede als historisches Erbe des Kapitalismus entscheidend abgebaut sowie ein hohes Ausstattungs- und Versorgungsniveau erreicht wurden. Auf den Handel bezogen ist für die Zeitspanne von 1950 bis 1981 festzustellen:

- Die Umsatzleistung ist auf das Sechsfache angestiegen.
- Die Versorgungsleistungen in den Landkreisen, vor allem agrarisch strukturierter Gebiete, gemessen am Umsatz je Einwohner, haben sich schrittweise dem DDR-Mittelwert genähert, was insbesondere auf die Stärkung der handelsmäßigen Funktion der Zentren dieser Kreise zurückzuführen ist.

Dazu ist zu bemerken, daß für den gebietlichen und örtlichen Vergleich des Versorgungsniveaus die Umsatzleistung je Einwohner keine eindeutig geeignete Kennziffer ist, weil dabei von zwischenkreislicher und überörtlicher Konsumentenwanderung abstrahiert wird. Allerdings ist diese nicht direkt, sondern nur mittels Hilfsgrößen quantifizierbar. Eine Kreisstadt wies beispielsweise statistisch einen Umsatz/Einwohner in Höhe von 7800,–M/Jahr aus, der beachtlich über dem realisierten Durchschnitt eines handelsmäßig versorgten Einwohners der DDR lag. Nach Eliminierung der Kaufpendler, d.h. der ortsfremden Käufer, ergab sich ein Umsatz an Einwohner der Kreisstadt von 4800,–M/Jahr, der unerheblich über dem DDR-Durchschnitt lag. Die Anzahl der Kaufpendler entsprach im konkreten Fall etwa der Einwohneranzahl der Kreisstadt.

- Die Verkaufsraumfläche hat unter wesentlichen Veränderungen in der Struktur der Verkaufseinrichtungen um 3,5% zugenommen. Im Zeitraum von 1971 bis 1981 reduzierte sich der Anteil der Verkaufsstellen unter 50 m² Verkaufsraumfläche um 30%, während der Anteil der Verkaufseinrichtungen mit mehr als 100 m² Verkaufsraumfläche um 26% anstieg.
- Die Durchschnittsgröße der Verkaufseinrichtungen verdoppelte sich auf 64 m² Verkaufsraumfläche. Die objektmäßige Konzentration erhöht die Leistungsfähigkeit und Versorgungswirksamkeit, vermindert Einkaufszeit.
- Die Kapazitätsausstattung (m²/1000 Einwohner) erhöhte sich um 14%. Mit rd. 294 m²/1000 Einwohner, darunter 155 m² für Waren des täglichen Bedarfs, steht die DDR an der Spitze der sozialistischen Länder.

Das hohe mittlere Ausstattungsniveau ist nach Bezirken und Kreisen, vor allem aber nach Gemeindegrößengruppen und Gemeinden differenziert. Die Unterschiede sind jedoch nur bedingt Gradmesser der Quantität, weil darauf u. a. Angebotsstruktur, Verkaufsstellengröße und Einwohneranzahl Einfluß nehmen.

Verallgemeinert gilt, daß große Städte relativ geringe Ausstattung mit Verkaufsraumfläche je 1000 Einwohner, dafür aber überdurchschnittliche Kapazitätsausnutzung aufweisen, Landgemeinden dagegen günstige Ausstattung, aber infolge geringer Sortimentsbreite eine Kapazitätsausnutzung verzeichnen, die unter dem Republiksdurchschnitt liegt. Nach Untersuchungsergebnissen liegen Städte zwischen 10000 bis 50000 Einwohner im Bereich durchschnittlicher Kapazitätsausnutzung, während Bezirks- und Großstädte mit 30 und mehr % über dem Durchschnitt liegender Ausnutzung den oberen, Dörfer mit ebenfalls 30% darunterliegender Ausnutzung den unteren Scheitelwert einnehmen. Bei Intensivierung örtlicher und kreislicher Einzelhandelsnetze kann es jedoch nicht um Nivellierung der Kapazitätsausstattung und -ausnutzung gehen, sondern vielmehr um eine Differenzierung dieser Kennziffern nach siedlungsfunktionalen Kriterien. Ein solcher Differenzierungsvorschlag in Form absoluter Kenngrößen und Korrekturkoeffizienten zum Mittelwert ist dem abgeschlossenen Forschungsbericht „Der Binnenhandel in Siedlungsgebieten" beigefügt. Eine versuchsweise hypothetische Überrechnung der vorgeschlagenen Differenzierung anhand der vom Ministerium für Handel und Versorgung für den Planzeitraum 1976/80 projektierten Flächenerweiterung ergab eine mögliche wertmäßige Einsparung von mehr als 100 Mill. Mark. Die reale Einsparung ist jedoch von der tatsächlichen Flächenerweiterung abhängig. Die Differenzierung der Ausstattungs- und Ausnutzungsrichtwerte ist zugleich relevant hinsichtlich der Beurteilung der vorhandenen Ausstattung und die Bewertung der Leistungen der Mitarbeiter des Handels in strukturell unterschiedlichen Siedlungen im Rahmen zweiglicher und territorialer Intensivierung.

Bei einer mittleren Zunahme von 6,5% im Zeitraum von 1971 bis 1981 hat sich die Kapazitätsausstattung der Landgemeinden auf 18%, in der Gruppe der Landgemeinden mit weniger als 500 Einwohnern unter dem Einfluß der Land-Stadt-Migration um 31% erhöht. Vor dem Hintergrund der mittleren Ausstattung für Waren des täglichen Bedarfs, incl. Gemischtwaren, von 155 m² Verkaufsraumfläche beträgt die Ausstattung in Dörfern etwa 200 m². Wird dazu die mittlere Anzahl der Verkaufsstellen je Gemeinde dieser Größengruppe von 1,4 berücksichtigt, so sind wesentliche Verbesserungen im Landhandel nachzuweisen, die migrationsdämmend wirken können.

Die auf Einwohner bezogene Kapazitätsausstattung der Landgemeinden wird dadurch modifiziert, daß viele kleine Dörfer unter 250 Einwohner keine Verkaufsstelle haben. Ihre Einwohner werden handelsmäßig von größeren, günstig erreichbaren Nachbardörfern versorgt. Die jeweilige Einwohneranzahl muß bei der Bemessung der Kapazitätsausstattung der versorgungsleistenden Gemeinde berücksichtigt werden. Unter ökonomischen Aspekten der Handelstätigkeit ist für Landverkaufsstellen ein Käuferpotential von mindestens 200 bis 250 Personen erforderlich. In den drei Nordbezirken bestehen rund 4000 Siedlungen (Gemeinden, Ortsteile, Wohnplätze) mit weniger als 250 Einwohnern, von denen nur die Hälfte stationäre und andere Verkaufsformen ausweist. 60% dieser Siedlungen zählen weniger als 100 Einwohner. Nur 10% davon besitzen Verkaufsstellen. Daraus resultieren Niveauunterschiede in den Versorgungsbedingungen der Landbevölkerung, die als Hauptproduktivkraft der Agrarproduktion hohe Leistungen zur Sicherung der Nahrungsmittel- und Rohstoffversorgung aus eigenem Aufkommen vollbringt. Bei der Wertung der Niveauunterschiede ist zu berücksichtigen, daß die Ausstattung der bäuerlichen Haushalte mit Kühleinrichtungen und Kraftfahrzeugen allgemein hoch ist und territorial von der Erreichbarkeit des Kreiszentrums beeinflußt wird.

Für die mobile überörtliche Bedarfsdeckung ist zweifelsohne eine gewisse Verkaufsraumfläche in Ansatz zu bringen. Das gilt nicht nur für ländliche Einkaufsorte, sondern auch für Städte, in denen die Umlandbevölkerung ihren Bedarf an Industriewaren periodischer Nachfrage, in Kreis- und Bezirksstädten zusätzlicher aperiodischer Nachfrage deckt. Das Erfordernis realer Bewertung der Kapazitätgsausstattung soll am Beispiel des Ballungskreises Altenburg aufgezeigt werden. Die statistische Kenngröße der Ausstattung belief sich auf 650 m² Verkaufsraumfläche/1000 Einwohner. Das entsprach mehr als dem Doppelten des Republiksdurchschnitts, woraus scheinbar auf Intensivierungsreserven geschlossen werden kann. Bei Berücksichtigung der rechnerisch ermittelten Anzahl der Kaufpendler, also der insgesamt in der Stadt handelsmäßig Versorgten, nähert sich die Ausstattung der mittleren Quote je 1000 Einwohner der DDR. Die Vernachlässigung der Kaufpendler in Siedlungszentren mit durchschnittlicher Kapazitätsausstattung kann die Handelskultur und die Attraktivität des örtlichen Netzes beeinträchtigen.

Einzelhandelsnetze unterscheiden sich von Netzen anderer sozialer Infrastrukturbereiche durch territoriale Flexibilität ihrer sozialen Nutzergruppen in Abhängigkeit von deren individueller Mobilität sowie von der Periodizität der Warennachfrage. Rahmen des zweiglich-territorialen Ordnungsmusters des Einzelhandels ist der Kreis. Obwohl etwa drei Viertel der Landkreise durch den öffentlichen Personenverkehr in sich relativ abgegrenzt sind, öffnet die individuelle Mobilität der Bevölkerung das kreisliche Versorgungsgebiet. Die Spezifika der Kreisstrukturen bewirkt Differenziertheit der Einkaufsorte hinsichtlich Funktion, Leistung und Ausstattung. Bedürfnisse und Bedarf manifestieren sich in der Regel am Wohnort. Sie können aber dort nur unter bestimmten Bedingungen und Voraussetzungen komplex gedeckt und befriedigt werden. Solche Voraussetzungen sind unter anderem die Einwohneranzahl und die funktionale Bedeutung des Ortes im Siedlungsnetz, mit denen Breite, Tiefe und Umfang des Warenangebots, Kapazität und Arten der Verkaufseinrichtungen in Wechselbeziehung stehen. Vom Grundsatz her sind Wohn- und Angebotsort zunächst nur bei Waren des täglichen Bedarfs synchron, weil in diesen Sortimenten dezentrale Lokalisierung das räumliche Ordnungsprinzip ist.

Für ein weitgehend komplexes Industriewarenangebot sind 2500 m^2 die Mindestfläche, deren Umsatzleistung ein Käuferpotential von 30000 bis 40000 Personen im Angebotsort oder in seinem Einzugsbereich voraussetzt. Daraus leitet sich ab, daß ein solcher Flächenumfang erst in Kreisstädten über 10000 Einwohner geboten ist. Von dieser Ortsgröße ab sind auch bei Industriewaren Wohn- und Angebotsort identisch. Es ist jedoch zu betonen, daß zahlreiche Kreisstädte dieser Größenordnung hinsichtlich ihrer Handelsausstattung die Mindestgröße relativer Sortimentskomplexität nicht erreichen. In mehrkernigen Landkreisen übernehmen dann Land- und Kleinstädte entsprechend ihrer Kapazitätsausstattung Aufgaben teilkomplexer Industriewarenversorgung der Kreisbevölkerung. Somit sind Zentralisation und Konzentration das räumliche Ordnungsprinzip für Industriewaren. Die Neigung der Bevölkerung, die Komplexität des Waren- und Leistungsangebots zentraler Einkaufsorte zu nutzen, stimuliert ihre Bereitschaft, vertretbar höheren Zeit- und Kostenaufwand zu akzeptieren, weil Universalität und Spezialisierung des konzentrierten Angebots die Zeitsumme des Einkaufs in territorial und objektmäßig verstreuten Verkaufseinrichtungen weitgehend wettmachen. Das setzt voraus und schließt ein, daß das planmäßig, harmonisch, arbeitsteilig-komplex gestaltete gebietliche und örtliche Netz der Verkaufseinrichtungen täglich beständig leistungsbereit ist.

Die örtliche Differenziertheit des kreislich weitgehend komplexen Sortiments- und Leistungsangebots initiiert räumliche Personenbewegungen zur Bedarfsdekkung und Bedürfnisbefriedigung. Daraus resultieren objektiv und subjektiv verursachte stabile oder dynamische Kontaktfelder zwischen den Siedlungen innerhalb des Kreises, aber auch zu Orten benachbarter Kreise und Bezirke, denen aus ökonomischer und sozialer Sicht Augenmerk zu schenken und Rechnung zu tragen ist. Über den kreislichen Ordnungsrahmen hinausführende versorgungs-, im engeren Sinne handelsräumliche Beziehungen, treten in der Region der Bezirks- und Großstädte auf, in Landkreisen mit Siedlungszentren, in Teilen von Kreisen mit ungünstiger Verkehrsanbindung zur Kreisstadt u. a. Unter solchen Bedingungen ist es rationell und effektiv die Übereinstimmung von Nachfrage- und Angebotsort als eine Ausgangsbedingung für die Bewertung des Beitrags des Handels zur Verwirklichung der Hauptaufgabe zu regeln und zu entscheiden.

Es sei auch vermerkt, daß dies gleichermaßen auf der Bezirksebene für den Konsumgütergroßhandel gilt. Im Ergebnis von Untersuchungen zur Rationalisierung und Intensivierung der Territorialstruktur des Konsumgütergroßhandels konnte beispielsweise nachgewiesen werden, daß durch zwischenbezirkliche Lösungen in den Nordbezirken allein in einer Branche bei unterstellter wöchentlicher Warenauslieferung potentiell eine Senkung des Transportaufwands um 50 % und eine Einsparung an Vergaserkraftstoff von mehr als 2500 l/Jahr erreicht werden könnte. Auch Veränderungen im Verhältnis der Haupt- und Nebenlager durch kapazitive Erweiterungen im Netz der Hauptlager gewährleisten beachtliche Reduzierung von Transportleistungen und Kraftstoffeinsparungen.

Die Anforderungen an eine ökonomisch, sozial und territorial wirksam gestaltete Einzelhandelsinfrastruktur lassen sich in folgenden Schwerpunkten zusammenfassen:

- Die Leistungen der Volkswirtschaft sind jedem Mitglied der Gesellschaft sichtbar und kulturvoll zugänglich zu machen, um Leistungssteigerung und Entfaltung schöpferischer Initiativen im Arbeitsprozeß zu motivieren sowie die Attraktivität der Siedlungen zu erhöhen, ihr äußeres Bild zu beleben, weil das Wohlbefinden und die Verbundenheit der Bürger mit ihrer Stadt bzw. ihrem Dorf in hohem Maße von einer gut funktionierenden sozialen Infrastruktur abhängen.
- Das Sortiments- und Leistungsangebot ist weitgehend mit den örtlichen und überörtlichen Funktionen der Städte und Landgemeinden des Kreises in Übereinstimmung zu bringen und den volkswirtschaftlichen Möglichkeiten entsprechend zu stabilisieren. Die Berücksichtigung der Spezifik der Stadt und ihrer Funktionen im Siedlungsnetz gewährleistet eine abgestimmte regionale Entwickung und trägt den vielfältigen Beziehungen zwischen der Stadt und dem Umland Rechnung.
- Universalität und Spezialisierung, Zentralisierung und Konzentrierung des Sortiments- und Leistungsangebots sind aufeinander abzustimmen, damit der Warenfluß gebündelt und verkürzt erfolgen kann sowie für die Bevölkerung günstige Weg-Zeit-Kosten-Relationen bei der Distanzüberbrückung zwischen Wohnort und Angebotsstätten entstehen. Zentralisierung und Konzentrierung des Sortimentsangebots und Verkürzung der Einkaufswege und -zeiten stehen in keinem Widerspruch, weil größere Distanzen durch Verkürzung der Einkaufszeit im engeren Sinne infolge Komplexität, Breite und Tiefe der Sortimente in den Angebotszentren weitgehend ausgeglichen werden.
- In Abhängigkeit von der handelsmäßigen Innen- und Außenfunktion der Einkaufsorte sind die Normative ihrer Kapazitätsausstattung und -ausnutzung nach siedlungsfunktionalen Merkmalen zu differenzieren. Das trägt volkswirtschaftlichen und zweigökonomi-

schen Gesichtspunkten der Intensivierung sowie sozialen Effekten attraktiver Siedlungen Rechnung.

- Die vom Kapitalismus hinterlassenen Unterschiede in den Versorgungs- und Lebensbedingungen zwischen Stadt und Land sind weiter abzubauen und ungerechtfertigte Niveauunterschiede in ländlichen Siedlungen durch geeignete Handelsformen im Rahmen des Programms zur komplexen Versorgung der Bevölkerung auf dem Lande zu beseitigen.
- Die innere Struktur der Einkaufsorte und die zwischenörtlichen Einkaufsbeziehungen müssen für die Bevölkerung Freizeiteffekte zu ihrer allseitigen Persönlichkeitsentwicklung gewährleisten. Unter diesem Erfordernis muß auch das Ladenöffnungsregime, vor allem in Siedlungszentren mit überörtlicher Einzelhandelsfunktion, gesehen werden. Planmäßige Harmonie arbeitsteilig-komplexer örtlicher und kreislicher Netze ist gestört, wird Zeitökonomie der Käufer beeinträchtigt, wenn Verkaufs- und Dienstleistungseinrichtungen Öffnungszeiten nicht einhalten, sporadisch verändern oder ihre Schließzeiten nicht mit den Verkehrsbedingungen, besonders der Landbevölkerung, abstimmen.
- In Übereinstimmung mit der strategischen Konzeption der Siedlungsstrukturentwicklung ist eine hierarchische Ordnung der Einkaufsorte und ihrer Einzugsbereiche herauszubilden sowie die Funktionswirksamkeit zentraler Einkaufsorte zu stabilisieren. Besonderes Augenmerk ist der Entwicklung der Versorgungsleistungen in Kleinstädten entsprechend ihrer differenzierten Funktionen in Agrar- und Industriekreisen zuzuwenden. Für Kleinstädte und generell für Siedlungszentren ist die ausschließliche Orientierung auf die Einwohneranzahl bei der Planung der Warenbereitstellung und der Kapazitätsausstattung ungeeignet.
- Bei beständigen überkreislichen Einkaufsbeziehungen ist zwischenkreisliche Kooperation der für die Versorgung der Bevölkerung verantwortlichen Staats- und Handelsorgane zwingend erforderlich.

Die Reproduktionsbedingungen der sozialen territorialen Infrastruktur im allgemeinen, der Territorialstruktur des Binnenhandels im speziellen, müssen ständig sorgfältig wissenschaftlich analysiert und prognostiziert werden, um zur Erschließung und Entfaltung der Triebkräfte des Sozialismus beizutragen. Es wäre empfehlenswert, territoriale infrastrukturelle Problemstellungen zunehmend in den Aus- und Weiterbildungsprozeß einzubeziehen, um Augenmerk und Verständnis zu wecken sowie Fähigkeiten zu ihrer Umsetzung in der zweiglichen und territorialplanerischen Praxis zu entwickeln.

Werner Lindner

Entwicklung und Aufgaben der Transport- und Territorialökonomie zur Durchsetzung der umfassenden Intensivierung im Güterverkehr

Die marxistische Theorie, die unserer wirtschaftswissenschaftlichen Arbeit zugrundeliegt, verbindet das Wirken des ökonomischen Grundgesetzes und des Gesetzes der Ökonomie der Zeit unter sozialistischen Bedingungen mit Planmäßigkeit, Proportionalität und Optimalität. Daraus und aus den Zielen unserer ökonomischen Strategie ergibt sich die generelle Forderung, den Aufwand für die im Reproduktionsprozeß notwendige Ortsveränderung von Arbeitsgegenständen, Arbeitsmitteln und Arbeitskräften optimal zu gestalten.

Im Generalschema der Standortverteilung der Produktivkräfte wurde durch die immer engere Gestaltung der Gemeinschaftsarbeit zwischen der Territorial- und Verkehrsforschung der Faktor Transport erstmalig in dieser Wichtung in eine volkswirtschaftliche Strategie eingeordnet.

Im Ergebnis der vielfältigen Maßnahmen zur Reduzierung des Transportaufwandes ist es bei dynamischen Wachstum der Volkswirtschaft mit einem jährlich um 4 bis 5% steigendem Produktionsvolumen im Zeitraum 1981/85 gelungen, den spezifischen Transportaufwand um über 20% zu senken. Mit Jahresabschluß 1985 wird es gelingen, durch Optimierung der Transporte Transportleistungen in einer Größenordnung von 10 Mrd tkm zu vermeiden. Mit diesem Ergebnis wird der Beweis erbracht, daß unter wirksamer Ausnutzung der Vorzüge der sozialistischen Gesellschaft bei gezieltem Einsatz der verkehrswissenschaftlichen Arbeit und ihrer engen Verbindung mit der wirtschaftswissenschaftlichen Forschung, mit der Territorialökonomie sowie mit den Zweigen der Volkswirtschaft, den Kombinaten, Betrieben und Bezirken – eine prinzipielle ökonomische Veränderung erreicht werden kann. In Durchsetzung einer energieökonomischen Arbeitsteilung zwischen den Verkehrsträgern im komplexen sozialistischen Transportsystem wurden bisher 34 Mio t Güter des Straßentransports auf andere Verkehrsträger verlagert und der Anteil des Straßengütertransports am Gesamttransport um ein Drittel gesenkt. Der Anteil der Leistungen energiegünstiger Verkehrsträger Eisenbahn und Binnenschiffahrt ist auf über 80% gestiegen. Diese volkswirtschaftlich positive Leistungsentwicklung im Gütertransport war nur möglich, weil auch eine neue Qualität, Komplexität und höhere Praxiswirksamkeit der transportökonomischen Forschung erreicht werden konnte.

Die verkehrswissenschaftliche Arbeit, besonders die transportökonomische Forschung, wurde fest verbunden mit der Forschung der Volkswirtschaftszweige zur Rationalisierung und Intensivierung ihrer Produktion. Sie wurde auch immer besser mit der Territorialforschung verbunden. Die Erhöhung der Effektivität der Transportprozesse wurde erreicht, weil die optimale Gestaltung der Transporttechnologien und die Senkung des Transportaufwandes immer mehr als gemeinsame Aufgabe des Verkehrswesens, der Wirtschaft und der Territorien behandelt worden ist.

Unsere Erfahrungen zeigen, daß ein umfangreiches Spektrum von wissenschaftlichen Arbeiten, praktischen Maßnahmen und staatlichen Regelungen notwendig sind, um ein solches ökonomisches Ergebnis bei der Ortsveränderung im Reproduktionsprozeß und im Territorium, zu erreichen. Dazu gehört die exakte Bestimmung der Ortsveränderungsfunktionen unter den Bedingungen der entwickelten sozialistischen Gesellschaft, was besonders mit der Monographie „Reproduktion und Verkehr“ erfolgte. Einen wichtigen Beitrag zur Verbindung von Wissenschaft und Produktion, von Theorie und Praxis zur Senkung von Transportaufwand und Treibstoffverbrauch durch Transportoptimierung erbrachte das wissenschaftliche Kolloquium am Zentralinstitut für sozialistische Wirtschaftsführung beim ZK der SED im Januar 1982.

Mit den zahlreichen Erfahrungen und Beispielen zur „Komplexen Verkehrsentwicklung im Territorium“ (Veröffentlichung 1979 im Transpress Verlag) wurden wesentliche Verbindungen und Verflechtungen zwischen der „Ökonomie des Transports“ und der „Territorialplanung“ hergestellt.

Diese Grundlagen wurden ergänzt und ständig praxiswirksamer umgesetzt mit folgenden Maßnahmen:

- Durchsetzung abrechenbarer Maßnahmen der Transportoptimierung in den Wirtschaftszweigen und Territorien;
- Schaffung leistungsfähiger Arbeitsorgane durch Bildung der Leitstelle für die Optimierung der Liefer- und Transportbeziehungen des Verkehrswesens und Leitgruppen für Transportoptimierung in allen Kombinaten;
- Stärkung der zentralen staatlichen Einflußnahme über ein zentrales Programm und Zweigprogramm sowie Bezirksprogramme der Transportoptimierung;
- Weiterentwicklung der Planung des Transportbedarfs und des Abrechnungssystems des Transportaufwandes in der verladenden Wirtschaft;
- Stimulierung der Senkung des Transportaufwandes durch neue Transportpreise;
- Neugestaltung des Gütertransportrechts mit wirksamen Regelungen für alle Transportbeteiligten;
- Einbeziehung der Büros für Verkehrsplanung bei den örtlichen Organen in die Lösung der Aufgaben der Gütertransportrationalisierung;
- Verbesserung der Planung, Abrechnung und Kon-

trolle des volkswirtschaftlichen Transportaufwandes durch schrittweise Einführung von Transportnormativen;
- Vervollkommnung der Arbeit mit den Transportkennziffern durch entsprechende ökonomische Regelungen.

Die auf der 9. Tagung des ZK der SED gegebenen Orientierungen für die Entwicklung der Volkswirtschaft bis 1990 und darüber hinaus verlangen, die intensiv erweiterte Reproduktion zur konsequenten Durchsetzung der ökonomischen Strategie in den Mittelpunkt unserer gesamten Arbeit zu stellen. Die umfassende Intensivierung in der Volkswirtschaft wird zu tiefgreifenden Veränderungen der Transportleistungen führen.

Bestimmende Faktoren dieser Veränderungen bei den Transportleistungen sind

1. ein Anwachsen der Massenguttransporte. Was sich aus der verstärkten Nutzung einheimischer Rohstoffe und Ressourcen – einem Hauptelement unserer volkswirtschaftlichen Intensivierungs- und Veredlungsstrategie – ergibt. Das betrifft in erster Linie die Gutarten Rohbraunkohle.

2. Veränderungen in den Güterströmen, die sich u. a. aus der konzentrierten Bautätigkeit in der Hauptstadt, der wachsenden Außenhandelstätigkeit, der stärkeren Nutzung unserer eigenen Seehäfen sowie des Aufbaus der Fährverbindung zwischen der UdSSR und der DDR ergeben.

Die vorliegenden Forderungen der Wirtschaftszweige beinhalten, daß die Transportanforderungen an das Verkehrswesen, insbesondere an die Eisenbahn, in den nächsten Jahren bedeutend anwachsen und so das gegenwärtige Leistungsvermögen des Verkehrswesens übersteigen werden. Zur Erfüllung dieser Anforderungen sind entsprechende Maßnahmen notwendig.

Zur Aufgabenstellung der Verkehrs- und Territorialforschung zur Rationalisierung des Gütertransportes in den nächsten Jahren gehören deshalb:
- Annäherung des regionalen Aufkommens von Massenbaustoffen an den territorialen Bedarf zum Abbau des überregionalen Ausgleichs im Bauwesen;
- territorial zu bestimmende Weiterverarbeitung und Standortbestimmung der Deponie des Ascheanfalls von Heizkraftwerken im Bereich der Energiewirtschaft durch die transportoptimale Ablösung des Heizöls, von Flüssiggas, Erdgas und Briketts;
- territoriale Zuordnung der landwirtschaftlichen Produktion zu den Abnahmebereichen, Zuordnung und Zwischenlagerplätzen für landwirtschaftliche Erzeugnisse und Produktionshilfsmittel zu den landwirtschaftlichen Produktionsbetrieben im Bereich Land-, Forst- und Nahrungsgüterwirtschaft;
- Anpassung von Handels- und Lagernetzen an Liefergebietsstrukturen und Sortimente im Bereich Handel und Versorgung;
- Transportoptimale Gestaltung der Konzentration, Spezialisierung, Kooperation und Kombination der Produktion; auch zunehmende Versorgung aus dem Eigenaufkommen im Bereich der bezirksgeleiteten Industrie;
- Nutzung der territorialen Rationalisierung zur verstärkten Zusammenarbeit zwischen zentral- und örtlichgeleiteten Kombinaten und Betrieben im Territorium mit dem Ziel, die Eigenversorgung weiter zu erhöhen und den Transportaufwand zu reduzieren.

Die komplexe Produktions-Transport-Rationalisierung ist der Hauptweg, der den neuen Dimensionen und Maßstäben der sozialistischen Rationalisierung in der Volkswirtschaft entspricht. Sie umfaßt alle Methoden und Verfahren der Reduzierung des volkswirtschaftlichen Transport-, Umschlag- und Lagerbedarfs und der Rationalisierung der komplexen Transport-, Umschlag- und Lagerprozesse mit dem Ziel, mit den vorhandenen Arbeitskräften, den vorhandenen baulichen Anlagen und Ausrüstungen und mit den verfügbaren Ressourcen an Energie und Material die Gesamteffektivität der miteinander verknüpften materiellen Prozesse der Produktions-, Distributions- und Zirkulationsphäre im Reproduktionsprozeß der Volkswirtschaft, der Kombinate und Betriebe zu erhöhen. Sie umfaßt technische, technologische, organisatorische und ökonomische Aufgaben.

Auf der Grundlage der Erfahrungen in der Arbeit mit dem Zentralen Programm der Transportoptimierung sowie mit den Zweig-, Bezirks- und Kombinatsprogrammen der Transportoptimierung sollte geprüft werden, wie das in der Planungsordnung der Volkswirtschaft für 1986–1990 vorgesehene „Programm zur Senkung des Transportaufwandes" ab 1986 zu einem „Programm der komplexen Produktions-Transport-Rationalisierung" weiterentwickelt werden kann.

Die Aufgabe der territorialen Verkehrsforschung besteht darin, die sich künftig verstärkt entwickelnde Produktions-Transport-Rationalisierung zu einer territorial und regional untersetzten Intensivierungsmethode weiterzuentwickeln.

Folgende Instrumentarien sollten Hauptbestandteile künftiger Arbeiten sein:
- Standortkonzeption Verkehr,
- Territoriale Sicherungskonzeption,
- Gebietsentwicklungsprogramm,
- Territoriale Verkehrskonzeption des Kreises.

Die Aufgabe, die bei der höheren Integration von Produktion, Transport und Territorium steht, lautet: den Produktionsverbrauch der Zweige und Bereiche zu senken, im Territorium und in den Regionen die Effektivität des Verkehrs weiter zu erhöhen, also den Aufwand für seine Gestaltung zu minimieren und gleichzeitig seine Wirkungen weiter zu verbessern.

Einen guten Ansatz dieser komplexen Betrachtungsweise von gesellschaftlicher Reproduktion und Verkehr im Territorium der DDR stellt der Grundriß des Generalschemas der Standortverteilung der Produktivkräfte dar.

Hier wurden bei der Bestimmung künftiger Standortentwicklungen der Produktivkräfte alle wesentlichen Bereiche des gesellschaftlichen Lebens komplex erfaßt und raumkonkret dargestellt.

Damit ist ein Weg der Weiterentwicklung auch der territorialen Verkehrsforschung beschritten. Es geht darum, diesen Weg konsequent auszubauen, die erzielbaren Effekte durch eine weitere Vertiefung der Integration wesentlich zu erhöhen, die auftretenden Probleme künftiger Standortentwicklungen rechtzeitig herauszuarbeiten und Wege zu ihrer Lösung zu entwickeln sowie diese Arbeiten regional zu untersetzen, d. h. auch in den Bezirken langfristige Grundlagen für die rationelle Entwicklung der Produktivkräfte zu schaffen. Dafür die notwendigen Instrumentarien zu schaffen, ist ebenfalls Aufgabe der territorialen Verkehrsforschung.

Konrad Scherf

Zu Fragen der Urbanisierung im Sozialismus – dargestellt am Beispiel der sozialistischen Urbanisierung in der DDR

Die Urbanisierung ist eine vielschichtige gesellschaftliche Erscheinung der Gegenwart, ein dynamischer Prozeß von globaler Ausdehnung. Sie ist Gegenstand interdisziplinärer Forschung im internationalen Maßstab und damit auch Ansatzpunkt ideologischer Auseinandersetzungen, wobei bürgerliche Konvergenztheorien eine stark zu beachtende Rolle spielen.

Der Begriffsinhalt und die Stellung der Urbanisierung in der gesellschaftlichen Entwicklung sind meines Wissens innerhalb der marxistisch-leninistischen Gesellschaftstheorie bisher noch nicht eindeutig bestimmt worden.

Es gibt verschiedene, z.T. divergierende Auffassungen, insbesondere auch über die Rolle der Urbanisierung beim Aufbau und bei der weiteren Gestaltung der sozialistischen Gesellschaft. Diese reichen von der Hervorhebung einer aktiven, progressiven Rolle der Urbanisierung in der sozialistischen Revolution – ausgehend von der in den Städten konzentrierten führenden gesellschaftlichen Kraft, der Arbeiterklasse, und ihrer marxistisch-leninistischen Partei, von der damit verbundenen überragenden Bedeutung von Industrie, Wissenschaft und Kultur, die in den Städten hauptsächlich lokalisiert sind[1] und hier ihre gesellschaftlich effektivsten räumlichen Organisationsformen gefunden haben[2], über die Charakterisierung einer sogenannten städtischen Lebensweise als der dem Sozialismus adäquaten Lebensweise einerseits[3] bis zur Gegenüberstellung von städtischer (urbaner) und ländlicher (ruraler) Lebensweise bei Betonung einer zunehmenden sozialen und territorialen Differenzierung der Lebensweise im Sozialismus[4] bis zur Unterschätzung der Urbanisierung und damit ihres Einflusses auf die Herausbildung und insbesondere auf die Verringerung und Überwindung wesentlicher – sozialer – Unterschiede zwischen Stadt und Land.[5]

Diese z.T. auseinandergehenden Auffassungen über den sozialökonomischen Charakter und die Rolle der Urbanisierung beim Aufbau und bei der weiteren Gestaltung der sozialistischen Gesellschaft hängen meines Erachtens vor allem mit folgenden theoretischen Problemen zusammen, in bezug auf

- die Bestimmung einzelner konkreter gesellschaftlicher Ziele und Bedingungen, deren Gemeinsamkeiten und Unterschiede in den beiden Phasen der einheitlichen kommunistischen Gesellschaftsformation,
- das Verhältnis von Allgemeinem und Besonderem in Gestalt der sozialen und territorialen Annäherungs- und Differenzierungsprozesse bei der weiteren Gestaltung der sozialistischen Produktions-, Lebens- und Siedlungsweise sowie
- die Dialektik quantitativer und qualitativer Merkmale, Seiten der Urbanisierung.

Bleiben wir beim letzten, dem hier insbesondere zur Debatte stehenden theoretischen Problem:

Quantitative Merkmale und Seiten der Urbanisierung treten vor allem im Wachstum der Zahl und Größe der Städte, in der absoluten und relativen Zunahme der Stadtbevölkerung insbesondere in unserem Jahrhundert in Erscheinung, wobei sich erhebliche zeitliche und räumliche Differenzierungen erkennen lassen.

Diese quantitativ erfaß- und damit meßbaren Seiten der Urbanisierung sind sowohl Resultat und Bedingung quantitativer und qualitativer Veränderungen der Produktivkräfte, insbesondere Ausdruck der Industrialisierung, des Zivilisationsprozesses sowie demographischer Vorgänge, als auch Ergebnisse revolutionärer und evolutionärer Veränderungen sozialökonomischer Strukturen, wobei der Wirkungsweise der jeweiligen Produktionsverhältnisse eine gravierende Rolle zukommt.

So können ähnlichen quantitativen Erscheinungen und Prozessen der Urbanisierung – z.B. dem Städtewachstum – sowohl analoge Prozesse der Produktivkraft- und Bedürfnisentwicklung als auch gegensätzliche sozialökonomische Ursachen zugrunde liegen.

Gleichzeitig treten gravierende qualitative und quantitative Unterschiede in der Urbanisierung nach den sozialökonomischen Haupttypen der Länder auf, die entscheidend durch die gegensätzlichen Produktionsverhältnisse geprägt werden:

- Das übermäßige (hypertrophe) Wachstum der Haupt- und Hafenstädte und einzelner Industriezentren, die damit verbundene Herausbildung riesiger slumartiger Siedlungsgürtel um diese Metropolen in vielen Entwicklungsländern Asiens, Afrikas und Lateinamerikas hängt unter den allgemeinen gesellschaftlichen Bedingungen eines kapitalistischen Entwicklungsweges bei Beachtung der Einflüsse der kolonialen und halbkolonialen Vergangenheit sowie der Wirkungsweise vorkapitalistischer Produktions- und Lebensweisen speziell von der ungleichmäßigen Industrialisierung, der ungelösten Agrarfrage, der Vergrößerung der sozialen Unterschiede zwischen Stadt und Land sowie von dem wachsenden demographischen Potential in der Mehrzahl dieser Länder ab.
- Die krisenhafte Entwicklung vieler „Kernstädte" und die damit verbundenen Prozesse der „Suburbanisation" (Ausuferung der Großstädte, Verstädterung und Zersiedelung ihrer „Umländer") haben in den ökonomisch hochentwickelten imperialistischen Industrieländern Nordamerikas und Westeuropas sowie in Japan in erster Linie in den kapitalistischen Pro-

duktionsverhältnissen liegende Ursachen (Boden-, Bau-, Kauf- und Mietpreisspekulationen), die unter den Bedingungen der Verflechtung von allgemeiner Krise, zyklischen und Strukturkrisen zugespitzt zur Wirkung gelangen. Sie werden aber auch im Kapitalismus durch Einflüsse des wissenschaftlich-technischen Fortschritts sowie sozialer und ökologischer Faktoren, der starken individuellen Motorisierung, durch Eingriffe der staatsmonopolistischen Regulierung (Raumordnung, Regional- und Stadtplanung) modifiziert. Gegenläufige Tendenzen der „Reurbanisation" (funktionelle Wiederaufwertung der Innenstädte, verbunden mit fortschreitender Citybildung und sozialer, z.T. ethnisch überprägter Aussonderung der Stadtbevölkerung) und „Counterurbanisation" (in Form der ökonomischen, sozialen und ökologischen Aufwertung zentrumsferner ländlicher Regionen als Wohnsiedlungs-, Erholungs- und Produktionsräume) treten dagegen gegenwärtig zurück.[6]

- Für die sozialistischen Länder sind mit zeitlicher und räumlicher Differenzierung bisher ein Wachstum der Zahl und Größe der Städte sowie die absolute und relative Zunahme der Stadtbevölkerung charakteristisch. Dabei spiegeln sich die Gesetzmäßigkeiten und Prinzipien der sozialistischen Standortverteilung der Produktivkräfte beim Aufbau des Sozialismus dergestalt wider, daß im Zusammenhang mit der sozialistischen Industrialisierung und Umgestaltung der Landwirtschaft sowie mit der planmäßigen Entwicklung der Infrastruktur Zahl und Größe der Städte in den zunächst ökonomisch und sozial rückständigen Gebieten in einem über dem Landesdurchschnitt liegenden Tempo wachsen bzw. gewachsen sind. Bei diesem dem Aufbau des Sozialismus immanenten großräumigen Annäherungsprozeß im Verstädterungsgrad der Territorien sind nicht nur ökonomische, sondern auch politische, soziale und ökologische Zielsetzungen und Bedingungen wirksam.

Aus den genannten Beispielen geht hervor, daß quantitative und qualitative Seiten der Urbanisierung nicht getrennt voneinander betrachtet werden können – auch nicht, wenn von einigen Wissenschaftlern eine Urbanisierung im engeren – mehr quantitativen – und weiteren – mehr qualitativen – Sinne unterschieden wird.[7]

In Übereinstimmung mit sowjetischen Wissenschaftlern wird die Urbanisierung als sozialökonomische Erscheinung betrachtet, deren Entwicklung durch die gesellschaftliche Produktion und den Charakter der sozialen Beziehungen bestimmt wird. Gleichzeitig besteht auch eine Rückkopplung: Die Urbanisierung beeinflußt ihrerseits die Entwicklung und Standortverteilung der Produktivkräfte, die ökonomische und soziale Struktur in den Territorien sowie die Lebens- und Siedlungsweise der Menschen einschließlich demographischer Prozesse.[8]

Die Urbanisierung ist somit ein gesellschaftlicher Prozeß, der insbesondere mit der gesellschaftlichen Arbeitsteilung zwischen Industrie und Landwirtschaft sowie Stadt und Land verbunden ist und in dessem Verlauf sich spezifische städtische (urbane) Lebensformen und -bedingungen sowie städtische Siedlungsformen (Städte, städtische Agglomerationen, Siedlungen städtischen Typs usw.) herausbilden, weiterentwickeln und ausbreiten.[9] Die Urbanisierung ist an die Existenz sozialer Unterschiede gebunden und damit eine zeitlich begrenzte historische Kategorie. Der sozialökonomische Inhalt der Urbanisierung wird von dem Charakter der jeweiligen Gesellschaftsformation sowie deren Produktions- und Lebensweise bestimmt[10], wobei durch die Produktivkraft- und Bedürfnisentwicklung der Menschen sowie historisch bedingte analoge Erscheinungsformen im Kapitalismus und Sozialismus nachweisbar sind. Beim Aufbau des Sozialismus und seiner weiteren Gestaltung treten bei Beachtung nationaler Besonderheiten in den einzelnen sozialistischen Ländern – die verschiedenen Seiten der Urbanisierung zeitlich und räumlich differenziert in Erscheinung. Dabei ist es aber unzulässig, einen Übergang von einer quantitativen zu einer qualitativen Stufe bzw. Form der Urbanisierung ableiten zu wollen. Jedoch verändern sich das Gewicht und das Zusammenwirken der verschiedenen quantitativen und qualitativen Merkmale und Komponenten des Urbanisierungsprozesses im Verlaufe des Aufbaues und der weiteren Gestaltung der sozialistischen Gesellschaft.

Die sozialistische Urbanisierung umfaßt:
- die Neugründung von Städten, den Struktur-, Funktions- und Größenwandel von ländlichen zu städtischen Siedlungen, das Wachstum bestehender Städte;
- die qualitative Um- und Ausgestaltung der bestehenden Städte;
- die effektive Nutzung und rationelle Weiterentwicklung der vielfältigen ökonomischen und sozialen Beziehungen zwischen den Städten, differenzierter Funktionen und Hierarchiestufen sowie zwischen Stadt und Umland;
- die Herausbildung von Siedlungszentren auf dem Lande und die Annäherung des Lebensniveaus des Dorfes an das der Stadt, wobei den ökonomischen, sozialen und ökologischen Potenzen des Landes – der modernen sozialistischen Land- und Forstwirtschaft, dem sich ausdehnenden Erholungswesen sowie bestimmten Vorzügen der Lebensbedingungen – eine aktive eigenständige Rolle beigemessen werden muß.

Unter dem Aspekt der räumlichen und zeitlichen Differenzierungen und Veränderungen lassen sich u. a. folgende Zusammenhänge zu den Gesetzmäßigkeiten und Prinzipien der Standortverteilung der Produktivkräfte beim Aufbau und bei der weiteren Gestaltung der sozialistischen Gesellschaft – dargestellt am Beispiel der DDR – erkennen[11]:

Die beim Aufbau des Sozialismus wirkende Gesetzmäßigkeit der politischen, sozialen, kulturellen und demographischen Angleichung bzw. Annäherung zwischen höher und schwächer entwickelten Territorien im Gesamtmaßstab des Landes war in dem im Kapitalismus geringer industrialisierten und urbanisierten Gebieten im Norden und Nordosten der DDR mit einem überdurchschnittlichen Tempo in der sozialistischen Industrialisierung und Urbanisierung verbunden, und zwar als deren Bedingung und Resultat!

Im Zusammenhang mit der Erhöhung des Anteils an der Industrieproduktion der DDR vollzog sich das Wachstum der Groß- und Mittelstädte dynamischer als in den südlichen Bezirken mit höherem Industrialisierungs- und Urbanisierungsgrad. Das war gekoppelt mit einem

Tabelle I[12] Veränderung der Bevölkerung der DDR in Gemeindegrößengruppen in der Zeit von 1964 bis 1982 (1964 = 100) – nach Bezirksgruppen

Bezirksgruppe	Großstädte (≥100T Ew)	Mittelstädte ≥20T Ew bis 100T Ew	Kleinstädte ≥2T Ew bis 20T Ew	Landgem. <2T Ew
Nordbezirke[1]	**134**	127	98	**78**
Mittelbezirke[2]	121	**130**	90	**83**
Südwestbezirke[3]	117	113	91	92
Südbezirke[4] mit Ballungsgebieten	98	95	88	86
Hauptstadt Berlin	110	–	–	–
DDR insgesamt	108	110	90	84

[1] Bezirke Rostock, Schwerin, Neubrandenburg.
[2] Bezirke Frankfurt (Oder), Potsdam, Cottbus, Magdeburg.
[3] Bezirke Erfurt, Gera, Suhl.
[4] Bezirke Dresden, Halle, Karl-Marx-Stadt, Leipzig.

überdurchschnittlichen Rückgang der Bevölkerung in den Landgemeinden (<2000 Ew) und der Berufstätigen in der Landwirtschaft. Die sozial- und siedlungsstrukturellen Veränderungen liefen innerhalb der geringer urbanisierten Bezirke also mit größerer Dynamik ab.

Tabelle II[13] Zur Veränderung sozial- und siedlungsstruktureller Proportionen in geringer und hochurbanisierten Regionen der DDR in der Zeit von 1955 bis 1982

a) Veränderung des %-Anteils der Berufstätigen außerhalb der Land- und Forstwirtschaft

Region	1955	Differ.	1982	Differ.	$\frac{1982}{1955}$ %-Pkte.
Nördl. u. östl. Bez.*	60,8	= 24,0	82,7	= 9,6	21,9
Südl. Bezirke mit Ballungsgebieten**	84,8		92,3		7,5
DDR insgesamt	77,7		89,4		11,7

b) Veränderung des %-Anteils der Stadtbevölkerung[1] an der Gesamtbevölkerung

Region	1955	Differ.	1982	Differ.	$\frac{1982}{1955}$ %-Pkte.
Nördl. u. östl. Bez.*	55,2	= 22,5	71,3	= 8,3	16,1
Südl. Bezirke mit Ballungsgebieten**	77,7		79,6		1,9
DDR insgesamt	71,6		76,5		4,9

* Bezirke Rostock, Schwerin, Neubrandenburg, Frankfurt (O.), Cottbus.
** Bezirke Dresden, Halle, Karl-Marx-Stadt, Leipzig.
[1] Bevölkerung in Gemeinden mit mehr als 2000 Ew.

Dieser Strukturwandel erfolgte hauptsächlich auf dem Weg der territorialen Konzentration und Zentralisierung der Produktivkräfte, vor allem in Form des Wachstums industrieller, politisch-administrativer, sozialer und kultureller Zentren – Groß- und Mittelstädte sowie ausgewählter Kleinstädte.

Die erste Phase der sozialistischen Urbanisierung in der DDR war also mit einer erheblichen Veränderung der siedlungsstrukturellen Proportionen zugunsten der Mittel- und Großstädte verbunden. Das Bevölkerungswachstum ausgewählter Groß- und Mittelstädte (>20000 Ew) erfolgte hauptsächlich durch Wanderungsgewinne gegenüber den Landgemeinden, Dörfern und Kleinstädten. Der dem Wachstum der Groß- und Mittelstädte zugrunde liegende territoriale Konzentrations- und Umverteilungsprozeß von Arbeitsplätzen, Arbeitskräften, Bevölkerung und Infrastruktur (insbesondere neuer Wohnungsfonds) auf ausgewählte größere Zentren beim Aufbau und bei der Gestaltung des Sozialismus in den 50er, 60er und 70er Jahren war politisch, ökonomisch und sozial erforderlich sowie unter den Bedingungen einer vorwiegend extensiv erweiterten Reproduktion, vor allem in den Territorien mit niedrigerem Industrialisierungs- und Urbanisierungsgrad, auch möglich. Er war aber auch mit territorialen und sozialen Differenzierungsprozessen, insbesondere zwischen den ausgewählten groß- und mittelstädtischen Wachstumszentren einerseits und der Masse der Kleinstädte und Dörfer andererseits, verbunden. Die Land-Stadt-Wanderung war in dieser Phase der Urbanisierung eine wesentliche, z. T. dominierende Komponente der territorialen Mobilität der Bevölkerung. Ende der 70er Jahre war dafür eine Grenze erreicht und in einigen Fällen überschritten worden. Das agrarisch-ländliche Migrationspotential für ein Bevölkerungswachstum der Städte war ausgeschöpft.

Das gegenwärtig erreichte Niveau der großräumigen Angleichung im Produktivitäts- und Lebensniveau, in der Wirtschafts- und Sozialstruktur sowie der territorialen Konzentration der Produktivkräfte und der Verstädterung ermöglicht und erfordert für die weitere Gestaltung der entwickelten sozialistischen Gesellschaft unter den Bedingungen des Übergangs zur umfassenden Intensivierung der Volkswirtschaft meines Erachtens die Ausprägung folgender neuer Akzente und Seiten der Urbanisierung im Zusammenhang mit der weiteren planmäßigen, proportionalen Gestaltung der Siedlungsstruktur:

1. Durch den Übergang zur umfassenden Intensivierung, insbesondere in der verarbeitenden Industrie der Groß- und Mittelstädte und im Wohnungsbau (Erhöhung des Anteils des Wohnungsneubaus für die in der Stadt bereits ansässige Wohnbevölkerung auf innerstädtischen Standorten und wachsender Anteil modernisierter Wohnungen an den insgesamt fertiggestellten Wohnungen), wird der Zuzug in die größeren Städte eingedämmt. Damit tritt die qualitative Aus- und Umgestaltung der Städte als wesentliches Merkmal der Urbanisierung im reifen Sozialismus immer stärker hervor.[14] In den letzten Jahren setzt sich bereits eine „Tendenzwende" durch. Bei beträchtlichem Rückgang des Wachstums der Groß- und Mittelstädte (Stadtkreise) erhöht sich der Anteil der natürlichen Bevölkerungsbewegung an der Zunahme der Einwohnerzahl dieser Zentren.

Tabelle III[15] Veränderung des Zunahmebetrages sowie des Anteils der natürlichen Bevölkerungsbewegung (Geborenen- bzw. Gestorbenenüberschuß) an der Zunahme der Einwohnerzahlen der Stadtkreise der DDR in den Jahren 1978 und 1982, differenziert nach Bezirksgruppen

Bezirksgruppe	Zunahme (in 1000 Pers.) 1978	1982	Zunahmebetrag 1982 in % des Wertes von 1978	Anteil d. natürl. Bevölkerungsbewegung (in %) 1978	1982
DDR insgesamt	47,2	32,5	69	13,2	31,1
Hauptstadt Berl.	10,8	10,7	99	<0	25,8
Nordbezirke	10,7	7,0	67	43,5	56,8
Mittelbezirke	10,2	7,6	75	28,5	43,2
Südwestbezirke	6,3	4,2	66	22,2	38,6
Südl. Bezirke mit Ballungsgebieten	9,2	2,9	31	<0	<0

Damit erfolgt die demographische Reproduktion der Groß- und Mittelstädte zunehmend aus „eigener Kraft"[16], so daß ein Wanderungsgewinn gegenüber den Kleinstädten und Dörfern für die Stabilisierung bzw. das Wachstum der Einwohnerzahl in den größeren Zentren künftig im Regelfall nicht mehr erforderlich sein wird.

2. Die weitere Ausgestaltung der vielfältigen Beziehungen zwischen den Städten und ihrem Umland ist ein wichtiges Kennzeichen der sozialistischen Urbanisierung, wobei der Arbeitspendelwanderung eine zentrale Rolle zukommt. Der Arbeitspendler (ca. ein Drittel der Berufstätigen der DDR pendelt täglich zwischen Wohn- und Arbeitsort) überträgt bestimmte städtische Lebensformen auf das Land. Er nutzt sowohl städtische als auch ländliche Lebensformen und -bedingungen und ist ein wesentliches verbindendes soziales Element zwischen Stadt und Land.[17] Beim erreichten Stand der territorialen Annäherung von Stadt und Land wird eine volkswirtschaftlich rationelle und für die Werktätigen zumutbare Arbeitspendelwanderung unter den Bedingungen der Intensivierung in allen Bereichen der Volkswirtschaft immer mehr von einer Vorstufe der Migration zu einer Alternative gegen die Abwanderung und zur dominierenden Komponente der territorialen Mobilität der Bevölkerung im fortgeschrittenen Stadium der sozialistischen Urbanisierung.

3. Dieser Entwicklung entspricht auch die Erhaltung und qualitative Ausgestaltung sowie die funktionelle Aufwertung von Kleinstädten als den historisch gewachsenen Bindegliedern und konkreten Übergangsformen zwischen Stadt und Land.[18]

4. Die volkswirtschaftlich notwendige Sicherung und Erweiterung der einheimischen Nahrungsgüter- und Rohstoffbasis in Gestalt der Land- und Forstwirtschaft erfordern insbesondere unter den Bedingungen der fondssparenden Intensivierung die weitere Stabilisierung der Arbeitskräfte- und Bevölkerungsentwicklung auf dem Lande. Dessen gesamtgesellschaftliche Bedeutung wächst auch durch die zunehmende Erholungsfunktion ländlicher Gemeinden und Gebiete.

Für die Stabilisierung der Siedlungsentwicklung auf dem Lande müssen sowohl bestimmte Seiten der Urbanisierung, insbesondere die Sicherung und der weitere Ausbau der arbeits-, versorgungs-, produktions- und erholungsräumlichen Stadt-Umland-Beziehungen sowie die Ausgestaltung der ländlichen Siedlungszentren als auch die spezifischen Potenzen des Landes (bodengebundener Produktionszweige, Erholungsmöglichkeiten, bestimmter Vorzüge des Wohnens usw.) genutzt werden.[19]

5. Die Verbindung von modernem Wohnen in städtischen Wohngebieten (in der Nähe vom Arbeitsplatz sowie von den Einrichtungen der Kinderbetreuung und -erziehung) mit der Wochenenderholung in Form von Kleingarten- und Bungalowsiedlungen auf dem Lande, insbesondere im Umland der Zentren, bei Nutzung leistungsfähiger öffentlicher Nahverkehrssysteme und bei starker Zunahme der individuellen Motorisierung, prägt z. Z. den Lebensrhythmus eines wachsenden Anteils der Bevölkerung größerer Städte und Ballungsgebiete und bildet eine wesentliche Seite der sozialistischen Urbanisierung der Gegenwart.

In einer sehr langfristigen Perspektive wird die sozialistische Urbanisierung in einer neuen, kommunistischen Siedlungsweise der Menschen[20] aufgehen, in der die Vorzüge der Stadt und des Landes auf einer höheren Stufe organisch miteinander vereinigt sein werden. Funktionsteilig organisierte Siedlungssysteme, die das Erhaltenswerte der historisch gewachsenen und qualitativ veränderten Städte und Dörfer integrieren werden, dienen dann zur Befriedigung der Bedürfnisse des Menschen. In dieser neuen Siedlungsweise werden bei Beachtung von natürlichen und historischen Besonderheiten wesentliche *soziale* Unterschiede zwischen Stadt und Land überwunden sein.

Anmerkungen

1 Vgl. W. I. Lenin, Die Wahlen zur konstituierenden Versammlung und die Diktatur des Proletariats, in: Werke, Bd. 30, S. 246 f.

2 Vgl. S. Grundmann, Die Stadt. Gedanken über Geschichte und Funktion, Berlin 1984, S. 83.

3 Vgl. F. Röhr/L. Röhr, Thesen zu einigen Grundfragen der Urbanisierung, Berlin 1979; vgl. dazu auch: S. Grundmann, a. a. O., S. 141 ff.

4 Vgl. Autorenkollektiv, Wie lebt man auf dem Dorf? Berlin 1985.

5 Vgl. Autorenkollektiv, Stadt und Land in der DDR. Entwicklung – Bilanz – Perspektiven, Berlin 1984.

6 Vgl. Ergebnisse des internationalen Symposiums zum Thema „The Crisis of the City and the Take-off of Suburbia", Munich and Vienna, 2. 9.–8. 9. 1984, München und Wien 1985.

7 Vgl. u. a. J. L. Pivovarov, Sovremennaja urbanizacia, Moskva 1976, S. 15.

8 Vgl. Autorenkollektiv, Siedlungsstruktur und Urbanisierung, Ergänzungsheft Nr. 280 zu Petermanns Geographische Mitteilungen, Gotha/Leipzig 1981, S. 10.

9 Vgl. B. Röseler/K. Scherf, Sozialökonomische und territoriale Aspekte der Urbanisierung, Petermanns Geographische Mitteilungen 120 (1976) 2, S. 86.

10 Vgl. K. Scherf, Zu einigen ökonomischen, sozialen und territorialen Aspekten der sozialistischen Urbanisierung in der DDR, in: Wirtschaftswissenschaft 1/1979.

11 Vgl. auch A. Zimm/K. Scherf, Territoriale Strategien im rea-

len Sozialismus, Sitzungsberichte der AdW der DDR, N-Reihe, Berlin 1985.

[12] Zusammengestellt und errechnet vom Verfasser nach den Angaben der Statistischen Jahrbücher der DDR 1965 ff. Jg.

[13] Zusammengestellt und errechnet vom Verfasser nach Angaben der Statistischen Jahrbücher der DDR 1956 ff. Jg.

[14] Vgl. Grundsätze für die sozialistische Entwicklung von Städtebau und Architektur, Beschluß des Politbüros des ZK der SED und des Ministerrates der DDR, in: Neues Deutschland vom 29./30. Mai 1982.

[15] Zusammengestellt und errechnet vom Verfasser nach Angaben der Statistischen Jahrbücher der DDR, Jg. 1979 ff.

[16] Vgl. K. Scherf, Zu einigen Zusammenhängen zwischen demographischer Entwicklung und Urbanisierung in der DDR, Probleme der demographischen Entwicklung, Abhandlungen der AdW der DDR, Abteilung Veröffentlichungen der Wissenschaftlichen Räte, Jahrgang 1979, Nr. W5, Berlin 1980.

[17] Vgl. Autorenkollektiv, Stadt und Land in der DDR, a. a. O.

[18] Vgl. Autorenkollektiv, Zur lokalen Spezifik sozialistischer Lebensweise in Kleinstädten und Konsequenzen für Wohnungs- und Baupolitik, Weimar 1984.

[19] Vgl. N. A. Aitow/B. Kamajew, Wege zur Überwindung der sozialen Unterschiede zwischen Stadt und Land. Sowjetwissenschaft, Gesellschaftswissenschaftliche Beiträge 1/1984.

[20] Vgl. W. I. Lenin, Karl Marx, in: Werke, Bd. 21, S. 61.

Christa Zaspel

Zur Zusammenarbeit der örtlichen Volksvertretung der Gemeinde Herold mit den Landwirtschaftsbetrieben der Kooperation „Am Greifenstein“

Als Bürgermeister der Gemeinde Herold, Kreis Zschopau, spreche ich zum obigen Thema. Die Kooperation erstreckt sich über das Territorium von 8 Dörfern und zwei Städten mit insgesamt ca. 26000 Einwohnern. Geographisch gehört das Territorium zum mittleren Erzgebirge, d.h., daß die Landwirtschaftliche Nutzfläche (LN) zwischen 380–620m über dem Meeresspiegel liegt und eine jährliche durchschnittliche Niederschlagsmenge von 922mm aufweist.

In der Kooperation werden 4477ha LN, davon 34% Dauergrünland bewirtschaftet. Das pflanzliche Bruttoprodukt betrug im Jahr 1984 50 Getreideeinheiten pro Hektar (GE/ha). Die Kooperation vereinigt eine LPG Pflanzenproduktion (P), zwei LPG Tierproduktion (T), eine kooperative Einrichtung Trocknung und Kartoffelaufbereitung und eine kooperative Einrichtung Rinderaufzucht. Von den im Territorium der Kooperation lebenden Einwohnern sind 750 in den landwirtschaftlichen Betrieben beschäftigt.

4–10% der erwachsenen Einwohner sind Genossenschaftsbauern. Die LPG (P) hat ihren Sitz in der Gemeinde Herold. Im Territorium werden 205,5ha genossenschaftlich und 8,3ha individuell bewirtschaftet.

Außerdem verfügt die LPG (T) Gelenau in der Gemeinde Herold über 2 Schweineställe und einen Rinderstall.

In der Gemeinde Herold leben 1580 Einwohner.

Die Parteisekretäre, Vorsitzenden der landwirtschaftlichen Produktionsgenossenschaften und Bauschaffenden der Kooperation haben sich gemeinsam mit uns Bürgermeistern im November 1983 Gedanken darüber gemacht, in welcher Weise ein noch größerer Beitrag zur Verwirklichung der bewährten Politik des X. Parteitages der SED erbracht werden kann. In einem gemeinsamen Brief an Erich Honecker brachten wir zum Ausdruck, wie die Forderung des 12. Bauernkongresses, für steigende Erträge und schönere Dörfer zu sorgen, in unserer Gemeinde realisiert werden. Nachdem mit Beschluß des Präsidiums des Ministerrates am 27. Dezember 1983 die schnelle Verallgemeinerung der Initiativen der LPG der Kooperation „Am Greifenstein“ gefordert wurde, kann ich ausgehend von den Feststellungen der 9. Tagung des ZK der SED darüber berichten, daß durch eine kluge sozialistische Kommunalpolitik im Bereich unserer Kooperation die Leistungsbereitschaft und Bürgerinitiative bei der Umsetzung der von uns zusätzlich übernommenen Verpflichtungen weiter gefördert wurde, die wesentlich dazu beitragen, die Arbeits- und Lebensbedingungen unserer Bürger in den zwei Städten und acht Gemeinden weiter zu verbessern. Mit Recht kann ich sagen, daß sich unsere örtlichen Räte in zunehmendem Maße für steigende Erträge und Leistungen in der Landwirtschaft mitverantwortlich fühlen. Gleichzeitig bewähren sich Genossenschaftsbäuerinnen und -bauern als Abgeordnete der Stadtverordnetenversammlungen und Gemeindevertretungen in unserer Kooperation immer besser.

Vier Mitglieder der LPG (P) sind Abgeordnete der Gemeindevertretung in Herold. Im gesamten Bereich der Kooperation üben 27 Genossenschaftsbäuerinnen und -bauern diese Funktion aus. Die Wirksamkeit des Miteinander und Füreinander messen wir natürlich an konkreten Ergebnissen. Ich bin der Auffassung, diese können sich sehen lassen. In unserem Gemeindeverband „Am Greifenstein“, welcher zum Einzugsbereich der gleichnamigen Kooperation gehört, war z.B. für 1984 geplant, 201 Wohnungen zu modernisieren.

Über 276 sind es geworden. Der Ausbau von weiteren 21 Wohnungen sowie 22 bezogene Eigenheime vervollständigten diese gute Bilanz. Es ist Ausdruck der gewachsenden Mitverantwortung für das Territorium, wenn z.B. in der Gemeinde Drebach rund ein Drittel der Wohnsubstanz durch die LPG-Baubrigade instandgesetzt und modernisiert wurde. Auch die 155 fertiggestellten Fassaden trugen zur Verschönerung der Ortsbilder bei. Sie erfüllen gleichzeitig die Forderung nach trockenen, warmen und sicheren Wohnbedingungen.

Ohne die beispielhafte Unterstützung durch die Zwischenbetriebliche Organisation (ZBO) „Aufbau“ Zschopau, die Bau- und Reparaturbrigade der LPG und weiterer Betriebe des Territoriums wären diese Ergebnisse sowie ein seit langem notwendiger Anbau am Krankenhaus in der Stadt Thum nicht möglich gewesen.

Für die der Allgemeinheit dienenden Zusammenarbeit bilden die mit den Betrieben und Einrichtungen der sozialistischen Landwirtschaft abgeschlossenen Kommunalverträge eine wesentliche Grundlage. Sie sind ein bewährtes Leitungsinstrument, um planmäßig Schwerpunkte bei der Entwicklung der Orte mit vereinten Kräften zielstrebig zu lösen.

So gab es berechtigte Forderungen der Bürger der Gemeinde Herold für eine bessere gesundheitliche Betreuung im Ort. Die Volksvertretung griff diese Hinweise auf und beschloß, freigewordene Produktionsräume zu einer modernen Gemeindeschwesternstation auszubauen. Durch vorbildliche Unterstützung der LPG (P), des Kreisbetriebes für Landtechnik und des VEB Feinspinnerei „Erzgebirge“ wurde dieses Vorhaben in relativ kurzer Bauzeit verwirklicht.

Da zum Wohlfühlen im Ort nicht nur die eigenen vier Wände gehören, ist es für uns zur Selbstverständlichkeit geworden, im Miteinander und Füreinander auch ein reges geistig-kulturelles Leben zu entwickeln.

Zur Tradition in unserem Kooperationsbereich wurden die mit tatkräftiger Unterstützung der Ortsausschüsse der Nationalen Front, der Organisationen der Vereinigung der gegenseitigen Bauernhilfe (VdgB), der Vereinigung der Kleingärtner, Siedler und Kleintierzüchter (VKSK) u. a. gesellschaftlichen Kräften organisierten Erntefeste in den Gemeinden Drebach, Gelenau und Herold. Sie trugen den Charakter von Volksfesten.

Unser Standpunkt ist, auch die Jugendlichen in die geistig-kulturelle Arbeit durch vielfältige Formen einzubeziehen. Wir sind froh darüber, daß in allen Orten des Kooperationsbereiches Jugendklubs bestehen. Bei der Schaffung der materiellen Voraussetzungen dafür gab es seitens der LPG ebenfalls wirksame Unterstützung. In der Stadt Ehrenfriedersdorf konnte dadurch am 7. Oktober 1984 ein neuer, durch Rekonstruktion eines Wohngebäudes errichteter Jugendklub übergeben werden.

Unsere Volksvertretung, der Rat und auch ich sind sich ihrer ständig wachsenden Verantwortung für die Entwicklung der Landwirtschaft im Ort bewußt.

Ich kann berichten, daß ein ständiger Kontakt zu den Leitern und verantwortlichen Mitarbeitern der Betriebe und Einrichtungen der sozialistischen Landwirtschaft besteht. Sehr nützlich für das Zusammenwirken der Volksvertretungen und ihrer Organe mit den LPG der Kooperation erweist sich, daß für jeden Ort der Kooperation jeweils zwei verantwortliche Leitungskader benannt sind. Die Praxis bestätigt, daß dadurch anstehende Probleme sofort und unbürokratisch gelöst werden können.

Die Volksvertretung und der Rat behandeln regelmäßig Fragen der Entwicklung der LPG. Es gehört zu unserem Arbeitsstil, daß die LPG-Vorsitzenden und leitende Mitarbeiter der LPG in den Tagungen der Volksvertretungen und Sitzungen der Räte über ausgewählte Schwerpunkte berichten und Mitglieder der Räte andererseits an Mitgliederversammlungen, Vorstandssitzungen und Beratungen in den Brigaden der LPG teilnehmen.

Darüber hinaus nehmen diese sowie andere gesellschaftliche Kräfte Einfluß auf die weitere Intensivierung der Pflanzen- und Tierproduktion, u.a. durch Teilnahme an Flur- und Objektbegehungen. In Anbetracht der ungünstigen Witterung 1984 kam dem Zusammenwirken mit der LPG (P) in Vorbereitung und Durchführung der Getreide- und Hackfruchternte besondere Bedeutung zu. So bewährte sich, daß verantwortliche Kader der LPG (P) in den Klassen der polytechnischen Oberschulen aller Orte die Erläuterung der Notwendigkeit umfangreicher Erntehilfe vornahmen. Von unserer Seite aus führten wir mit vielen Bürgern Aussprachen. Neben vielen freiwilligen Helfern aus der Bevölkerung gaben rund 1200 Schüler eine wirksame Hilfe und Unterstützung. Das trug dazu bei, daß unsere LPG (P) die Getreide- und Hackfruchternte als erste im Kreis abschließen und in anderen Kooperationen sozialistische Hilfe leisten konnte.

Für die Fütterung der Schweine werden auch die Küchenabfälle aus den Haushalten und Großküchen dringend benötigt. Durch eine zielstrebige Arbeit der örtlichen Räte auf diesem Gebiet gelang es, in der LPG (T) Drebach den Anteil der Küchenabfälle an der Gesamtfuttermenge von 25 % auf 33 % zu erhöhen.

Es zeigt sich, daß es überall dort gut klappt, wo die Hausfrauen auf kürzestem Weg Küchenabfälle in bereitstehenden Kübeln ablagern können. Diese Forderung wird gegenwärtig am besten in der Stadt Thum Rechnung getragen. Die Möglichkeiten zur Grünfuttergewinnung von Straßengräben und Böschungen wurden jedoch noch nicht voll genutzt, das wollen wir in Weiterführung des Mach mit!-Wettbewerbs 1985 verbessern.

In meinen Ausführungen möchte ich nicht unerwähnt lassen, daß in Sachen Kommunalpolitik die Ständigen Kommissionen Landwirtschaft und die Bodenkommissionen der Räte der Städte und Gemeinden ein gewichtiges Wort mitreden. Es wurden in und um den Ortschaften 10 ha Rest- und Splitterflächen ausfindig gemacht und durch die Übergabe an LPG- und VKSK-Mitglieder einer intensiven Nutzung zugeführt.

In unserer Gemeinde stellte die LPG (P) eine Splitterfläche von 0,10 ha bereit. Wir sahen darin eine echte Möglichkeit, unsere staatliche Auflage zur Eigenversorgung mit Obst und Gemüse zu realisieren.

Viel Kleinarbeit war nötig, um unsere Bürger für die Mitarbeit an diesem Vorhaben zu gewinnen. Waren es anfangs nur zwei Kleingärtner, die sich dieser Aufgabe stellten, kamen im Verlauf des vergangenen Jahres weitere 36 hinzu. Auch Schüler unserer POS haben uns fleißig unterstützt. Von dieser Fläche ernteten wir 1983 0,3 t Kohlrabi, 2,4 t Möhren und 0,8 t Zwiebeln. 1984 waren es 3,2 t Möhren und 1 t Zwiebeln.

Die Bürger begrüßten, daß wir den Verkauf des Gemüses direkt am Feld durchführten. Mit Freude kann ich auch berichten, daß wir davon 0,3 t Möhren der Gemeinde Jahnsbach bereitstellten. Heute ist die Bewirtschaftung dieser Fläche ein gemeinsames Werk von VdgB/BHG, VKSK, DFD, Rat der Gemeinde und Schule geworden.

Auch in den anderen Orten der Kooperation gibt es ähnlich gute Beispiele. Bei den Bürgern gefragt und anerkannt ist z. B. der Obst- und Gemüsemarkt in der Stadt Ehrenfriedersdorf, der in den Sommermonaten an jedem Wochenende in eigener Regie des VKSK durchgeführt wird.

Eine beiderseitige nutzbringende Zusammenarbeit hat sich auch unter Leitung unseres Rates zwischen den Sparten des VKSK und der LPG entwickelt. So leisteten Spartenmitglieder eine wirksame Erntehilfe und erhielten dafür Futter und Stroh für die individuelle Kleintierhaltung. Mit Recht kann ich sagen, daß die Mitglieder des VKSK und viele andere Bürger durch ihre fleißige Arbeit wesentlich zur Verbesserung der Versorgung der Bevölkerung beitragen.

Worin bestehen die allgemeingültigen Erfahrungen unserer Kooperation?

Zum ersten bewährt sich eine bürgernahe Kommunalpolitik, die u.a. darin zum Ausdruck kommt, daß durch den ständig engen Kontakt der Abgeordneten mit den Bürgern mehr Bereitschaft geweckt wird, das Werden und Wachsen in den Städten und Gemeinden aktiv zu unterstützen.

Zweitens ist es als eine positive Entscheidung zu werten, daß die Baukapazität aller LPG, der Zwischenbetrieblichen Organisation und der Meliorationsgenossenschaft in einer Interessengemeinschaft vereint wurden. Damit werden durch die konzentrierte Kraft effektiver und schneller Bauvorhaben in den Orten gemeinsam bewältigt.

Drittens hat sich bestätigt, daß die Hilfe des Dorfes zu steigenden Erträgen und zu einer höheren Produktion in der sozialistischen Landwirtschaft beiträgt.

Viertens beweist uns das Leben, daß schönere Dörfer und Städte mehr und mehr zum Anziehungspunkt für alle Werktätigen werden und zur Seßhaftmachung der jungen Genossenschaftsbäuerinnen und -bauern beitragen.

Trotz der positiven Bilanz, die ich heute ziehen konnte, betone ich, daß wir noch keine Musterdörfer haben. Noch manches bleibt zu tun, um die Wohnbedingungen, die Ordnung und Sauberkeit weiter zu verbessern. Augenfällig ist, daß das Tempo der Veränderungen zum allseitig schönen, sauberen und wohnlichen Ort durch die Gemeinsamkeit zugenommen hat.

In Auswertung der 9. Tagung des Zentralkomitees unserer Partei und in Vorbereitung auf den XI. Parteitag haben wir uns über die nächsten Ziele beraten. Die Orte des Gemeindeverbandes „Am Greifenstein" wollen im Jahr 1985 295 WE modernisieren, das sind 95 WE mehr als der Plan vorsieht. Um- und ausgebaut sollen zusätzlich zum Plan 22 WE werden. 12 Eigenheime wollen wir über den Plan hinaus ihrer Bestimmung übergeben.

Wir stellen uns das Ziel, in der Stadt Ehrenfriedersdorf das gegenwärtig in der Rekonstruktion befindliche Max-Niklas-Heim anläßlich des „Tages des Bergmannes" 1985 seiner Bestimmung zu übergeben, und im Oktober 1985 wollen wir dort unserer Kooperationsfest feiern.

Zur Bürgermeisterkonferenz des Bezirkes Karl-Marx-Stadt im Dezember 1984 habe ich das Versprechen abgegeben, daß wir auch künftig unsere Verantwortung für steigende Erträge in der sozialistischen Landwirtschaft umfassend wahrnehmen werden.

Dieses Versprechen möchte ich heute vor dem Wissenschaftlichen Rat wiederholen.

Hans Glißmeyer

Probleme der Stadtentwicklung, insbesondere der Kreisstädte der DDR

Der Übergang zur umfassenden Intensivierung der Volkswirtschaft, die auch die Intensivierung der Territorialstruktur einschließt, ist verbunden mit einer grundsätzlichen Änderung der Entwicklungsrichtung unserer Städte, die zu völlig neuen und höheren Anforderungen an die Stadtplanung führt.

In den vergangenen Fünfjahrplänen überwogen trotz großer Unterschiede in den verschiedenen Teilen unseres Landes die extensiven Komponenten der Stadtentwicklung. Charakteristisch war der Aufbau neuer Wohngebiete am Rande der Stadt auf vorher landwirtschaftlich genutzter Fläche. Grundlage für die Zuweisung des Wohnungsbaus zu den Städten war der auf der Grundlage der Bevölkerungsentwicklung geschätzte Wohnungsbedarf, der auch die Konsequenzen der Zunahme der Arbeitsplätze als Folge der Neuerrichtung oder Erweiterung von Industriebetrieben einschloß. Als Ergebnis der Realisierung des Wohnungsbauprogrammes, insbesondere seit 1971, konnte das Wohnungsdefizit quantitativ fast vollständig abgebaut werden. Diese Entwicklung war in vielen Städten mit einer Zunahme der Einwohnerzahl verbunden. So erhöhte sich beispielsweise die Einwohnerzahl aller Mittelstädte der DDR zwischen 1950 und 1981 auf 112%. Sie war aber auch begleitet von einer deutlichen flächenmäßigen Ausweitung der Städte und einer Zunahme der spezifischen Aufwendungen für die technische Infrastruktur, insbesondere den Personenverkehr.

Die weitere Entwicklung der Städte wird mit wenigen Ausnahmen durch Stagnation der Anzahl der Arbeitsplätze und der Einwohnerzahl gekennzeichnet sein müssen. Den Konsequenzen dieser aus der demographischen Entwicklung der DDR und dem Berlinprogramm abzuleitenden Grundorientierung sind in der Praxis der Territorial- und Stadtplanung noch größere Aufmerksamkeit zu schenken. Einerseits wird die Auffassung vertreten, daß mit der Abdeckung des Wohnungsbedarfs bis 1990 die wesenlichsten Probleme der Stadtentwicklung gelöst seien und daß die weiteren Aufgaben lediglich in der einfachen Reproduktion der vorhandenen – einschließlich der neu geschaffenen – Bausubstanz und der technischen Systeme bestünden, die in den Aufgabenbereich des örtlichen Bauwesens gehöre. Andererseits ist eine ganze Reihe von örtlichen Organen nicht bereit, die Stagnation der Einwohnerzahl der Städte, insbesondere der Kreisstädte, zu akzeptieren, und an der weiteren Ansiedlung von Einwohnern über Erweiterungswohnungsbau interessiert. Als ein wesentliches Argument für diese Fortführung der extensiven Linie werden die nach wie vor umfangreichen Einpendlerströme genannt, die darauf beruhen, daß ein wesentlicher Teil der städtischen Arbeitskräfte auf dem Lande wohnt.

Es ist deshalb erforderlich, die eingangs genannte These von den höheren Anforderungen an die Stadtplanung zu begründen. Im Zusammenhang mit der Intensivierung treten in den Städten folgende Probleme auf:

1. Die Durchsetzung der Intensivierung in der Industrie unter den Bedingungen des wissenschaftlich-technischen Fortschritts verändert sowohl die Anforderungen an die Arbeitskraft im Produktionsprozeß als auch die Standortanforderungen und Standortauswirkungen im Territorium. Diese Wirkungen müssen komplex und auch im Territorium betrachtet werden.

Die Spezialisierung der Produktion führt zwar einerseits zur Steigerung der Produktivität in den Kombinatsbetrieben, ist aber andererseits begleitet von einer Einschränkung der Zahl der Berufe und hat damit negativen Einfluß auf die Vielfalt der Arbeitsmöglichkeiten.

Die verstärkte Einführung der Mehrschichtarbeit ist ein wesentliches Erfordernis der intensiven Nutzung der produktiven Grundfonds. Sie ist jedoch auch verbunden mit veränderten und meist höheren Anforderungen an die Leistungsfähigkeit der Verkehrssysteme und die Einrichtungen der sozialen Infrastruktur.

Die Intensivierung der Industrie erfordert aber auch die Überwindung der standörtlichen Zersplitterung der Produktion, besonders in den innerstädtischen Bereichen, als neue Qualität der territorialen Rationalisierung. Diese ist zu einem wesentlichen Teil lösbar durch territorial-organisatorische Maßnahmen, wird aber langfristig auch den Aufbau neuer komplexer städtischer Industriegebiete erfordern, verbunden einerseits mit Flächenbedarf, d. h., steigenden Anforderungen an die Naturressourcen und Anforderungen an die Industriekapazität, andererseits aber mit hohem zweiglichen und territorialen Rationalisierungseffekt.

2. Die Intensivierung der Volkswirtschaft ist generell verbunden mit einer Senkung der spezifischen Anforderungen an die technische Infrastruktur in den Städten. Dennoch gibt es eine ganze Reihe von Faktoren, die die Anforderungen in ihrer Gesamtheit erhöhen werden. Die zweite Stufe der Energieträgersubstitution wird zu einem deutlichen Anwachsen der Rohbraunkohletransporte besonders in den Städten führen. Der Verbrauch von Leistungen der technischen Infrastruktur durch die Bevölkerung wird weiter kontinuierlich ansteigen, insbesondere der Verbrauch von Energie und Wasser. Besonders im internationalen Vergleich (z. B. auf den Gebieten des Fernsprechverkehrs, der Fernwärmeversorgung und des Berufsverkehrs) wird deutlich, daß die

technische Infrastruktur in unseren Städten den gesellschaftlichen Aufgaben noch voll gerecht werden muß.

3. Die Umweltbelastung in unseren Städten ist trotz vielfältiger Umweltschutzmaßnahmen besonders durch die Überlagerung der Emissionen der Industrie, des Verkehrs und der Haushalte nach wie vor hoch und mit deutlichen Beeinträchtigungen für die Einwohner verbunden.

4. Die notwendige Konzentration der Produktion des Bauwesens auf den Wohnungsneubau zur Lösung des Wohnungsproblems als soziale Grundfrage hat dazu geführt, daß zur Zeit noch keine ausreichenden Kapazitäten zur Sicherung der einfachen Reproduktion der vorhandenen Bausubstanz bestehen. Zur Überwindung dieser Disproportion ist es erforderlich, den Reproduktionsprozeß der baulichen Grundfonds in den Städten in seiner Gesamtheit zum Gegenstand der Planung des Bauwesens zu machen und davon ausgehend richtige Proportionen zwischen den Gewerken herzustellen.

Bereits aus der Aufzählung dieser Probleme wird sichtbar, daß der Übergang von der extensiven zur intensiven Stadtentwicklung mehr ist als eine Änderung der Aufgaben des Bauwesens, d. h., des Übergangs vom Neubau „auf grüner Wiese“ zum Bauen in der Stadt auf bereits bebautem Gelände. Die Realisierung einer solchen Auffassung würde zu einer Zementierung der bestehenden Stadtstrukturen führen und die gegenwärtig gegebenen Möglichkeiten einer Neuordnung der Gesamtstadt entsprechend den heutigen und zukünftigen Anforderungen der sozialistischen Gesellschaft „verbauen“.

Notwendig ist eine solche Form der Stadtplanung, die von den Aufgaben der Stadt im Territorium ausgeht und eine optimale räumliche Ordnung der Funktionen Arbeiten, Wohnen, Versorgen und Bilden sowie Kommunikation in entwickelten Stadtregionen zum Gegenstand hat. Besonders für die Kreisstädte als Träger wichtiger Funktionen im Staatsaufbau der DDR ist die Wechselwirkung mit dem Umland von besonderer Bedeutung. Es geht dabei um die richtigen Proportionen zwischen den Kreisstädten und ihrem zugeordneten Territorium, um die Mindestgröße von Kreisstädten und die Mindesteinwohnerzahl der ländlichen Gebiete, aber auch um die effektive Nutzung der in den Städten und Dörfern vorhandenen Bausubstanz.

Tabelle 1 Kreisstädte (ohne kreisfreie Städte) nach Größengruppen, Einwohnerzahlen und Bezirksgruppen 1983

Bezirks-Gruppe	Anzahl der Kreisstädte				EW-Zahl der Kreisstädte				Gesamt-bevöl-kerung	Anteil der Bev. an der Gesamtbev.			
	über 20 TEW	10 bis 20 T	unter 10 TEW	insg.	über 20 TEW	10 bis 20 T	unter 10 TEW	insg.		über 20 TEW	10–20 TEW	unter 10 TEW	insg.
Nord-bezirke	6	16	6	28	157,5	222,7	40,1	420,3	2108,9	7,5	10,6	1,9	20,0
Mittel-bezirke	22	15	16	53	747,1	215,7	103,1	1065,9	3973,8	18,8	5,4	2,6	26,8
Ballungs-bezirke	31	20	11	62	1096,2	305,9	68,9	1471,0	6901,9	15,9	4,4	1,0	21,3
Südwest-bezirke	15	7	5	27	512,6	108,3	27,5	648,4	2531,4	20,2	4,3	1,1	25,6
Berlin									1185,5				
DDR insges.	74	58	38	170	2513,4	852,6	239,6	3605,6	16701,5	15,0	5,1	1,4	21,5

Einwohnerzahlen der Kreisstädte unter 10 TEW sind nicht von 1983

Die entscheidenden Probleme der weiteren Stadtentwicklung bestehen in der Bewältigung der Komplexität aller Teilbereiche, die die o.g. Prolemgruppen einschließt, und die in ihrer Gesamtheit die Qualität der Stadt und ihres Umlandes als unmittelbarer Lebensbereich der Menschen bestimmt.

Um die Stadtentwicklung richtig zu steuern, ist ein viel genaueres Planen erforderlich, als es bisher sowohl durch die Organe des Bauwesens als auch der Territorialplanung praktiziert wurde. Im Mittelpunkt müssen dabei der Mensch als Inidividuum mit seinen Bedürfnissen und Neigungen sowie die Notwendigkeiten der sozialistischen und auch der kommunistischen Persönlichkeitsentwicklung in ihrer konkreten räumlichen Ausprägung in der Stadt stehen. Für die Bewältigung dieser Aufgabe, d. h. für die Ausarbeitung einer Methode der komplexen Stadtplanung, sind solche wesentlichen Voraussetzungen zu sichern wie:

1. Die Effektivität aller Maßnahmen in der Stadt wird gegenwärtig fast ausschließlich aus dem Blickwinkel der Zweige, z. B. des Bauwesens, bestimmt. Die Frage der ökonomischen Effektivität als volkswirtschaftlichem/gesamtgesellschaftlichem Blickwinkel, die sich aus den ökonomischen Konsequenzen von Maßnahmen für alle Zweige im Territorium Stadt ergibt (einschließlich der Ökonomie der Flächennutzung) und die Gegenstand einer eigenständigen Stadtökonomie sein müßte, muß sowohl theoretisch als auch methodisch konkret ausgearbeitet werden. Es sei die Frage gestellt, ob die Stadt als wohlorganisierte Anhäufung von Grundfonds einen eigenständigen und planbaren Reproduktionsprozeß besitzt.

2. Von der langfristigen Entwicklung neuer technischer Systeme werden wesentliche Impulse zur Umgestaltung der Stadt ausgehen, wie am Beispiel des Übergangs zu Kernheiz- und Kernheizkraftwerken deutlich wird. Das rechtzeitige Erkennen und strategische Umsetzen solcher Tendenzen erfordert eine langfristig orientierte und flexible Planung.

3. Die Planung der gesellschaftlichen Qualität der Stadt erfordert die Lösung eines ganzen Bündels von Fragen. Dazu gehören sowohl die Fragen der Bewertung der sozialen Leistungsfähigkeit städtischer Elemente und der Gesamtstadt und die kulturell-ästhetische Wertung von Gebäuden,städtebaulichen Räumen und der Stadt insgesamt aus dem Blickwinkel der Benutzer. Theoretische Grundfragen für die Bewertung und Planung der sozialen Qualität von Städten sind die Fragen des sozialen Reproduktionsprozesses und des sozialen Reproduktionsraumes, auf deren Grundlage erst eine soziale Effektivität bestimmbar ist. Diese Fragen werden im Rahmen der sowjetischen territorialen Sozialplanung seit längerem diskutiert und haben bereits zu einem Vorschlag eines „sozialökonomischen Effektivitätskriterium der Stadt" geführt, das auf dem Gesetz der Ökonomie der Zeit beruht und die Verausgabung der produktiv genutzten Zeit und der Freizeit der Menschen einschließt, jedoch den Elementen der Qualität größere Aufmerksamkeit schenken sollte.

4. Für die Einordnung der Umweltgesichtspunkte in die Stadtplanung gibt es zwar allgemeine Regeln, die lange bekannt, oft vernächlässigt, jedoch noch nicht ausreichend sind. Die im Ausland umfangreich betriebene Forschung zur Stadtökologie, die insbesondere den humanökologischen und den ökologisch-energetischen Bereich umfaßt, ist in der DDR zu wenigen Spezialisten bekannt. Sie zeigt jedoch einen weiteren notwendigen Aufgabenbereich, der wesentlichen Einfluß auf die Stadtplanung haben muß und wird.

Eine den gesellschaftlichen Anforderungen entsprechende Stadtplanung erfordert eine langfristige Orientierung und die Integration der fünf Säulen Ökonomie, Technik, Gestaltung, Soziologie und Ökologie und die Abteilung einer Methodik, die auch die Nachteile der gegenwärtigen sehr groben Form der Stadtplanung, die zusätzlich in die beiden Komponenten Territorialplanung und Bauwesen getrennt ist, überwindet. Diese setzt auch ein wesentlich verbessertes Informationssystem über die Stadt voraus, das die vielfältigen städtischen Prozesse mit ausreichender Genauigkeit widerspiegelt und die Grundlage sowohl für den notwendigen Einsatz von CAD/CAM-Systemen als auch für den schöpferisch-gestalterischen Entwurf sein kann.

Heinz Berger

Zur Bildung von Teilterritorien und Problemen ihrer Angleichung in der DDR

Der Bezug des Territoriums zur Politischen Ökonomie ist zumindest zweifach zu sehen. Zum einen ist das gegebene Territorium eng mit der Produktionsweise verbunden: So setzte bereits die Sklavenhaltergesellschaft territoriale Staatsgebilde voraus, die in der Lage waren, ihren Nachschub an Sklaven durch ständige Kriegsführungen zu sichern. Der Kapitalismus mußte die dem Feudalismus eigene Kleinstaaterei zwecks Bildung eines inneren Marktes durch Nationalstaaten in entsprechender Größenordnung überwinden. Zum anderen folgt auch die Gliederung eines staatlichen Gesamtterritoriums in Teilterritorien ökonomischen Zwängen, ist sie vom Entwicklungsstand der Produktivkräfte (Arbeitsteilung) und vom Wirken der ökonomischen Gesetze der jeweiligen Produktionsverhältnisse bestimmt. Das zeigt sich deutlich am Zusammenhang von Naturbedingungen und dem Wirken ökonomischer Gesetze: Naturbedingungen können die materielle Produktion erschweren und verlangsamen oder erleichtern und beschleunigen. Sie beeinflussen damit den Stand und das Wachstum der Arbeitsproduktivität. „Die verschiednen Naturbedingungen der Arbeit bewirken, daß dieselbe Quantität Arbeit in verschiednen Ländern verschiedne Bedüfnissen befriedigt, daß also, unter sonst analogen Umständen, die notwendige Arbeitszeit verschieden ist.“[1] Diesem Umstand ist es geschuldet, daß sich Teilterritorien innerhalb kapitalistischer Staaten entsprechend ihrer natürlichen Bedingungen und der abweichenden Rate des Mehrwerts sehr verschieden herausbildeten, so daß es in der Regel industriell weit und weniger entwickelte Gebiete mit dementsprechend differenzierten Lebensstandard gibt. (Im Deutschen Reich beispielsweise der Gegensatz zwischen dem rheinisch-westfälischem Industriegebiet einerseits und Mecklenburg andererseits.)

Auch in der Gestaltung der Teilterritorien innerhalb des staatlichen Gesamtterritoriums der sozialistischen Staaten wird der Einfluß der gegebenen Produktionsweise deutlich. Unter sozialistischen Bedingungen ergab sich unmittelbar nach der Revolution die Notwendigkeit, Teilterritorien zu schaffen, aus denen – entsprechend ihrer wirtschaftlichen und gesellschaftlichen Struktur – optimale Bedingungen für die planmäßige proportionale Entwicklung der Volkswirtschaft in ihrer Gesamtheit erwachsen. Dieser Proezß ist eine Seite der „tatsächlichen Vergesellschaftung“, wie er mit der Schaffung gesellschaftlichen Eigentums an den Produktionsmitteln eingeleitet wird. In diesem Sinne wurde z. B. 1952 auf dem Territorium der DDR die Gliederung in 15 Bezirke und 191 Landkreise und 28 Stadtbezirke vollzogen.[2]

Der Bezug des Territoriums zur politischen Ökonomie ist folglich darin zu sehen, daß

- die Entstehung des staatlich organisierten Territoriums und seine Größe der gegebenen Produktionsweise entspricht und
- seine strukturelle Gliederung in Teilterritorien von den wirkenden ökonomischen Gesetzen, insbesondere dem Grundgesetz, beeinflußt wird.

Mit dieser neuen strukturellen Gliederung konnte die aus der Zeit des Kapitalismus resultierende unterschiedliche ökonomische und soziale Entwicklung der entsprechenden Teilterritorien nicht beseitigt werden. Sie setzte den Ausgangspunkt neuer planmäßiger Territorialentwicklung, in deren Folge in den Teilterritorien (Bezirke, Kreise, Städte und Gemeinden) alle Bereiche des gesellschaftlichen Lebens – Industrie, Landwirtschaft, Bauwesen, Bildung, Kultur, Wissenschaft, Sozialpolitik – entfaltet und einander angenähert wurden.[3] Der Angleichungsprozeß bezog sich insbesondere auf die Bezirke der DDR.

Folgendes Problem trat im Zusammenhang mit diesem Annährungsprozeß aller Bereiche des gesellschaftlichen Lebens als Voraussetzung dafür, die körperlichen und geistigen Fähigkeiten der Menschen voll zu entfalten[4], auf: ist der Annäherungsprozeß der Bezirke zueinander stetig und endlich oder diskontinuierlich und endlos. Die politökonomisch nicht vertretbare und auch geographisch nicht exakte Differenzierung in Nord- und Südbezirke, die hinsichtlich ihres ökonomischen Niveaus unterschiedlich seien, ist präzisiert worden durch die Einteilung in Ballungsbezirke (Berlin, Dresden, Halle, Karl-Marx-Stadt, Leipzig) Industriebezirke (Erfurt, Gera, Magdeburg, Suhl) und industriell weniger entwikkelte Bezirke (Cottbus, Frankfurt, Neubrandenburg, Potsdam, Rostock, Schwerin)[5].

Ausdruck der planmäßigen Territorialentwicklung ist es, daß die Niveauunterschiede zwischen den Bezirken faktisch seit Bestehen der DDR ständig verringert wurden. Vergleicht man den Anteil der industriellen Bruttoproduktion der Ballungsbezirke Dresden, Halle, Karl-Marx-Stadt und Leipzig an der industriellen Bruttoproduktion der DDR insgesamt, so sank er im Zeitraum von 1963 (53,9 %) auf 47,8 % im Jahre 1983[6]. Analog stieg der Anteil der beiden anderen Bezirkstypen, wodurch der Annäherungsprozeß deutlich wird. Hinter diesen Zahlen stehen bedeutende Investitionen, die z. B. im Industriebereich Kohle und Energie im Bezirk Cottbus erfolgten und ihn zum führenden Bezirk in der Kohleproduktion und Energieversorgung machten, oder die rasche Entwicklung des Industriebereiches

Elektrotechnik, Elektronik und Gerätebau in den Bezirken Frankfurt und Erfurt.

Bei einem Vergleich der Jahre 1980 und 1982 wird jedoch eine gegenläufige Tendenz sichtbar. War der Anteil der Ballungsbezirke an der industriellen Bruttoproduktion der DDR im Jahre 1980 bereits auf 47,4% gesunken, so stieg er 1982 auf 48,1 % an, sank allerdings im Jahr 1983 wieder auf 47,8%, womit sich eine Umkehr dieses Prozesses andeutet. Diese Wende ist weiter zu verfolgen hinsichtlich ihrer Stabilität und Kontinuität. Zwei Überlegungen erklären diesen Umschwung: Zum einen – und das ist der möglicherweise langzeitig wirkende Grund – ist der Übergang zur vorwiegend intensiv erweiterten Reproduktion und (seit 1984 zunehmend) zur allseitig ressourcensparenden Form der intensiv erweiterten Reproduktion ein Faktor, der besonders jene Bezirke im industriellen Wachstum begünstigt, deren Potential an materiell-technischer Basis am größten ist, also die Ballungsbezirke. Hinzu kommt, daß Rationalisierungsinvestitionen mit ihren Kernstücken Rekonstruktion, Modernisierung, Mechanisierung dort den höchsten Effekt zeigen, wo die Industrieanlagen älter sind und bereits durch einfache Reproduktion ihrer Bestandteile bedeutende Effektivitätssprünge im Sinne der erweiterten Reproduktion möglich sind. Der zweite Grund könnte in einer beginnenden Erneuerungs- und Ausbauphase der technischen Infrastruktur liegen, deren geringere Entwicklung in den Ballungsbezirken bewirkte, daß an sich vorhandene Ballungsvorteile, wie

- überdurchschnittliche industrielle Kapazitäten,
- hoher Stand der territorialen Arbeitsteilung,
- hohes Niveau der technischen und sozialen Infrastruktur,
- hohe Integration von Produktion und Wissenschaft

nicht mehr voll zur Geltung kommen. Da aber gerade auf dem Gebiet der technischen Infrastruktur neben möglicher Rationalisierung auch extensive Erweiterung erforderlich ist, bleibt es einer weiteren Analyse vorbehalten, inwieweit sie bereits heute eine positive Wirkung auf das Wirtschaftswachstum in den Ballungsbezirken bringt.

Als Problem bleibt, ob der Übergang zur allseitigen Intensivierung den objektiv notwendigen Prozeß der Annäherung der Bezirke im industriellen Niveau aufhebt oder gar umkehrt. Vorübergehend wird das der Fall sein. Dabei ist generell zu sehen, daß dieser Annäherungsprozeß erstens langfristig ist und zwischenzeitliche Abschwächung einschließen kann, daß er zweitens nie zum völligen Ausgleich führt, weil die Bezirke auch unterschiedliche gesellschaftliche Bedürfnisse zu befriedigen haben (z.B. die Bezirke Suhl, Rostock mit entwickelter Erholungs- und Tourismusfunktion), und daß dieser Prozeß neben Aspekten des industriellen Wachstums vor allem solche der sozialen Entwicklung beinhaltet, die aber nur bedingt vom industriellen Wachstum abhängen. Auch in Zeitabschnitten, in denen der Prozeß des industriellen Ausgleichs stagniert oder aufgehoben ist, geht der Prozeß der sozialen Annäherung weiter, d.h. die noch bestehenden Unterschiede z.B. in der sozialen Infrastruktur werden weiter überwunden.

In der Investitionspolitik wird schließlich weiterhin gelten, daß die in der Zukunft notwendig werdenden Investitionen mit stark extensiven Charakter vorrangig in industriell weniger entwickelte Bezirke getätigt werden.

Es ist deshalb die gestellte Frage nach dem Charakter des Angleichungsprozesses – der hier in gewisser Vereinfachung aus dem industriellen Wachstum abgeleitet wurde – so zu beantworten, daß dieser Prozeß diskontinuierlich und endlos ist, daß er in der Phase der vorwiegend extensiv erweiterten Reproduktion besonders prägnant war und sich beim Übergang zur allseitig intensiv erweiterten Reproduktion abschwächt. Da er aber seinem innersten Wesen nach ein Prozeß mit sozialem Charakter ist, wird er sich auch unter diesen neuen Bedingungen fortsetzen und mit wachsender Akkumulationskraft alle Möglichkeiten seiner Verstärkung erschließen.

Anmerkungen

1 Karl Marx, Das Kapital, Erster Band, in: MEW, Bd. 23, S. 537.

2 Vgl. Gesetz über die weitere Demokratisierung des Aufbaus und der Arbeitsweise der staatlichen Organe in den Ländern der DDR vom 23.7 1952, GBl. Nr. 99, S. 613.

3 Vgl. Autorenkollektiv, Die entwickelte sozialistische Gesellschaft, Berlin 1976, S. 60.

4 Vgl. Programm der SED, Berlin 1976, S. 22.

5 Vgl. Autorenkollektiv, Gesetzmäßigkeiten der intensiv erweiterten Produktion bei der weiteren Gestaltung der entwickelten sozialistischen Gesellschaft, Berlin 1976, Bd. II.

6 Vgl. Statistische Jahrbücher 1964, 1982, 1983 und 1984, jeweils Abschnitte „Regionale Struktur und Entwicklung in den Bezirken".

Gerhard Mohs

Die regionale Differenzierung des Reproduktionsprozesses nach Bezirken und Kreisen – die Nutzung gebietstypischer Reproduktionsbedingungen als Intensivierungsfaktor

1. Territoriale Arbeitsteilung – regionale Differenzierung

Aus der Einheit von gesellschaftlicher und territorialer Arbeitsteilung, „welche besondre Produktionszweige an besondre Distrikte eines Landes bannt ...“[1], haben sich im Verlauf der historischen Entwicklung im Wirtschaftsterritorium der DDR funktionell und strukturell differenzierte Wirtschaftsgebiete herausgebildet. Sie sind Ergebnis und Grundlage der regionalen Differenzierung der gesellschaftlichen Reproduktion. Ihre Entwickung ist in den letzten 3½ Jahrzehnten durch die Formierung der sozialistischen Produktionsweise in der DDR wesentlich geprägt worden.

Mit der politisch-administrativen Neugliederung der DDR, traten 1952 an die Stelle von 5 historischen Ländern bzw. ehemaligen preußischen Provinzen 14 Bezirke sowie die den Bezirken gleichgestellte Hauptstadt der DDR, Berlin. Analog erfolgte eine Neuformierung der Kreise. Im Zuge der planmäßigen Entwicklung der sozialistischen Volkswirtschaft sind insbesondere die Bezirke heute über ihren administrativen Status hinausgewachsen und haben den Charakter von relativ geschlossenen Wirtschaftsgebieten angenommen. In abgeschwächter Form trifft das zum Teil auch für die Kreise zu. Bezirke und Kreise sind damit die entscheidenden territorialen Teilglieder des volkswirtschaftlichen Ganzen.

Im Rahmen der territorialen Arbeitsteilung obliegt ihnen die Realisierung arbeitsteiliger Funktionen, sie haben spezifische ökonomische, soziale, kulturelle u. a. Aufgaben zu erfüllen.

Als politisch-territoriale Glieder des sozialistischen Staates sind die Bezirke und Kreise mit den Bezirks- und Kreisleitungen der Partei der Arbeiterklasse, anderer Parteien und der Massenorganisationen sowie mit den gewählten örtlichen Volksvertretungen und ihren Organen eine tragende Strukturform der sozialistischen Demokratie, die sich fest im Bewußtsein und im Heimatgefühl der Bürger verwurzelt hat. Die politisch-territoriale Gliederung ist damit zu einer wesentlichen Rahmenbedingung für die Mobilisierung der Initiativen aller Werktätigen geworden, um die territorialen Reproduktionsbedingungen voll für die dynamische Leistungsentwicklung der Volkswirtschaft zu erschließen. Der notwendige eigene Beitrag eines jeden Bezirkes und Kreises zum Leistungszuwachs der Volkswirtschaft und für die Entwicklung des Lebensniveaus erfordert von den örtlichen Volksvertretungen umfassende Maßnahmen der Intensivierung und territorialen Rationalisierung. Das betrifft sowohl die eigenverantwortliche Leitung und Planung der ihnen unterstellten Betriebe und Einrichtungen entsprechend den zentralen wirtschafts- und sozialpolitischen Beschlüssen zur Realisierung der Hauptaufgabe als auch die Erschließung der territorialen Reproduktionsbedingungen für eine hocheffektive Entwicklung der in ihrem Territorium lokalisierten Kombinate und anderen zentralgeleiteten Betrieben und Einrichtungen. Es ist davon auszugehen, daß sich mit der zunehmenden Entwicklung der Produktivkräfte und der sozialistischen Produktionsverhältnisse die gesellschaftliche Arbeitsteilung und in Einheit damit die territoriale Arbeitsteilung weiter vertieft. Das geschieht vorrangig durch Vertiefung der Produktionsspezialisierung der einzelnen Gebiete, die in der Regel innerhalb eines Bezirkes oder Kreises mehrere und unterschiedliche Wirtschaftszweige erfaßt. Für alle Gebiete ist eine zunehmende Vielfalt der in ihnen realisierten ökonomischen und sozialen Funktionen charakteristisch. Das ist verbunden mit einer wachsenden innergebietlichen Komplexität. Sie betrifft zunehmende innergebietliche Produktionsverflechtungen und in stärkerem Maße auch die innergebietliche Verflechtung sozialer Prozesse.

Wachsende gebietliche Komplexität ermöglicht eine immer bessere und effektivere Erfüllung der gebietlichen Spezialfunktionen bei Wahrung innergebietlicher ökonomischer, sozialer und ökologischer Proportionen sowie eine planmäßige Lösung gegebener historischer oder sich neu herausbildender inner- und zwischengebietlicher Widersprüche.

Mit dem Übergang zur vorrangig intensiven Entwicklung der Volkswirtschaft gewinnen Prozesse der innergebietlichen Entwicklung gegenüber der zwischengebietlichen Differenzierung ein wachsendes Gewicht. Eine Anzahl von grundsätzlichen gesellschaftlichen Problemen, wie das Stadt-Land-Problem oder Probleme der Umweltgestaltung und des Umweltschutzes, stellen sich zunehmend als innergebietliche Entwicklungsprobleme dar. Ihre Lösung muß über regional differenzierte Maßnahmen erfolgen, vorwiegend auf der Ebene von Bezirken und Kreisen.

Nach ihren natürlichen und gesellschaftlichen Reproduktionsbedingungen, der Art ihrer Spezialisierung und dem Grad ihrer komplexen Entwicklung weisen die Bezirke und Kreise qualitative Unterschiede auf. Diese regionale Differenzierung hat historische, politische, ökonomische und soziale Wurzeln, unterschiedliche Naturbedingungen beeinflußten den Differenzierungsprozeß. Sichtbares Ergebnis sind heute im DDR-Territorium stark industrialisierte und urbanisierte Dichtegebiete einerseits und stärker agrarisch bestimmte ländliche Gebiete mit quantitativ und qualitativ geringerem Urbanisierungsgrad andererseits.
Sie weisen
- regionale differenzierte produktive Potenzen,

- regional differenzierte Unterschiede der Arbeits- und Lebensbedingungen sowie
- regional differenzierte ökologische Merkmale und Probleme auf.

Aus der Zielorientierung des Generalschemas der Standortverteilung der Produktivkräfte in der DDR heraus geht es grundsätzlich darum, unter den Bedingungen der intensiv erweiterten Reproduktion die strukturimmanenten Reproduktionsvorzüge in ihrer regionalen Differenzierung zu erschließen und gebietsspezifische Prozesse so zu steuern, daß die Aufgabe, ein dynamisches Wirtschaftswachstum zu sichern und die Arbeits- und Lebensbedingungen schrittweise weiterzuentwickeln, in allen Teilen des Territoriums gewährleistet wird. Das ist vom Grundsatz her Aufgabe der Territorialplanung, in Hinsicht auf die Realisierung vorrangig Aufgabe der örtlichen Organe, insbesondere der Räte der Bezirke und Kreise.

Aus der durch die territoriale Arbeitsteilung geprägten regionalen Differenzierung lassen sich generalisierend die im folgenden beschriebenen Gebietstypen mit ihren spezifischen Reproduktionsbedingungen und Entwicklungstendenzen ableiten. Dabei ist gemeinsam, daß heute im Prinzip jeder Bezirk und jeder Kreis hinsichtlich der zu realisierenden volkswirtschaftlichen Aufgaben polyfunktional ist, wobei allerdings die Vielfalt der zu erfüllenden Funktionen in der Folge von den „ländlichen" Gebieten zu den „Ballungsgebieten" zunimmt. Proportional dazu steigt der Konzentrationsgrad der Bevölkerung und der verschiedenen gesellschaftlichen Fonds sowie die Verkehrserschließung der Gebiete und damit die Möglichkeiten für innergebietliche und auch zwischengebietliche Verflechtungen. Insgesamt ist einzuschätzen, daß die Gebietsstrukturen in allen Gebietstypen tendenziell komplizierter und komplexer werden. In diesem objektiven Entwicklungsprozeß gewinnen die qualitativen Unterschiede in den gebietlichen Reproduktionsbedingungen eine zunehmende Bedeutung; sie können als gebietsspezifische Reproduktionsvorzüge oder auch als die Leistungsentwicklung behindernde Faktoren wirksam werden.

2. Gebietstypische Reproduktionsbedingungen und Entwicklungstendenzen

Nach ihrer spezifischen Funktion im Rahmen des gesellschaftlichen Reproduktionsprozesses und ihrer Territorialstruktur läßt sich auf Basis der Kreise eine begrenzte Zahl von Gebietstypen bestimmen, die nach ihrer Anordnung im Wirtschaftsterritorium der DDR ein großräumiges Mosaik bilden. Das sind im einzelnen:

Die Hauptstadt der DDR, Berlin, mit ihrem Umland.

Die Hauptstadt nimmt infolge der höchsten Konzentration von politischen, ökonomischen, sozialen, wissenschaftlichen und kulturellen Funktionen im funktions- und arbeitsteiligen System der Volkswirtschaft und der gesellschaftlichen Reproduktion als Zentrum der Arbeiter- und Bauernmacht insgesamt eine besondere Stellung ein. Zusammen mit ihrem Umland bildet die Hauptstadt Berlin eine Großstadtagglomeration mit vielfältigen Reproduktionsvorzügen, deren Realisierung ein wesentliches Anliegen zentraler Entwicklungsprogramme für die Hauptstadt ist.

Die materiell-technische Basis der Hauptstadt ist durch eine hohe territoriale Konzentration der Industrie mit insgesamt geringer Material- und Transportintensität, eine Konzentration von wissenschaftlichen Einrichtungen mit einer großen Zahl von Wissenschaftlern und Ingenieuren und einer hochentwickelten technischen und sozialen Infrastruktur geprägt. Aufgrund des spezifischen Produktionsprofils und der lokalen Konzentration und Kooperation von Produktion und Wissenschaft sind für die weitere Entwicklung und Durchsetzung des wissenschaftlich-technischen Fortschritts besondere Voraussetzungen gegeben.

Das verkehrsmäßig gut angebundene und erschlossene Umland ist wichtiges Ergänzungsgebiet für die Hauptstadt. Zirka 70000 Tagespendler ergänzen das Arbeitskräftepotential von Berlin. Eine Anzahl bedeutender Industriebetriebe des Umlandes sind wichtige Kooperationspartner für die hauptstädtische Industrie; ein bedeutender Teil der landwirtschaftlichen Produktion aus dem Umland trägt zur Versorgung der Hauptstadt bei. Die wald- und wasserreiche Umgebung bietet gute Möglichkeiten für die Naherholung, aber auch für die Bereitstellung von Trink- und Brauchwasser.

Mit der Kraft der ganzen Republik und auf der Basis einer wachsenden Einwohner- und Arbeitskräftezahl wird sich auf der Grundlage der spezifischen Reproduktionsvorzüge und -erfordernisse die gesamtgesellschaftliche Bedeutung der Hauptstadt durch kontinuierlichen Leistungszuwachs und wachsende Leistungen für die Verbesserung der Arbeits- und Lebensbedingungen der Bürger weiter erhöhen. Ihre Stellung als politisches, wirtschaftliches, wissenschaftliches und geistig-kulturelles Zentrum wird weiter ausgebaut.

Ballungsgebiete

Als weitere Ballungsgebiete sind (neben der Hauptstadt und ihrem Umland) großräumige (jeweils mehrere Kreise umfassende) Gebiete mit hochgradiger Verdichtung von Bevölkerung, Produktion, Wissenschaft und Infrastruktur in den Bezirken Halle, Leipzig, Karl-Marx-Stadt und Dresden anzusprechen. Ihre herausragende volkswirtschaftliche Bedeutung kommt darin zum Ausdruck, daß in ihnen ein großer Teil des wissenschaftlich-technischen Potentials, der natürlichen Ressourcen, der materiellen Produktion (insbesondere der Industrie, aber auch eine intensive Landwirtschaft) und ein bedeutender Teil der Bevölkerung bei einem überdurchschnittlichen Anteil der Arbeiterklasse sowie der sozialistischen Intelligenz lokalisiert sind. Einschließlich der Hauptstadt-Region Berlin sind in den Ballungsgebieten auf 14% des Gesamtterritoriums der DDR 37% der Bevölkerung, 40% der Beschäftigten in der Industrie und mehr als 40% der industriellen Bruttoproduktion konzentriert. Bei zunehmender innergebietlicher Komplexität und bei Ausschöpfung aller Möglichkeiten der nahräumlichen Kooperation und Kombination läßt sich das gebietsspezifische Leistungsvermögen der Ballungsgebiete weiter erhöhen. Im Zusammenhang damit müssen eine ständige Verfügbarkeit der Naturressourcen gesichert und schrittweise ein ausgewogenes Verhältnis von Ökonomie und Ökologie in den Ballungsgebieten angestrebt werden.

Industriegebiete
Der überwiegende Teil der südwestlichen Bezirke sowie Teile der südlichen Bezirke (außerhalb der Ballungsgebiete) und der mittleren Bezirke sind von ihrer Hauptfunktion her als Industriegebiete anzusprechen. Sie haben einen hohen Grad der Urbanisierung erreicht. Trotz des geringeren Konzentrationsgrades haben die Industriegebiete ähnliche Merkmale wie die Ballungsgebiete und ähnliche Reproduktionsvorzüge. In ihnen ist das Verhältnis von Produktions-, Bevölkerungs-, Infra- und Siedlungsstruktur im wesentlichen gut ausgewogen. Das trifft insbesondere auch auf die Binnenwanderungssalden zu. Auf der Grundlage der damit verbundenen Reproduktionsvorzüge kann vor allem durch weitere Rationalisierung der innergebietlichen Reproduktionsbeziehungen, durch einen weiteren Ausbau der Beziehungen zwischen den städtischen Zentren und ihrem Umland sowie durch weitere Entwicklung der zwischengebietlichen Kooperation das Leistungswachstum gefördert werden.

Ländliche Gebiete
Als Gegenstück zu den vorrangig durch die industrielle Produktionsfunktion geprägten Ballungs- und Industriegebieten lassen sich als „Ländliche Gebiete" im Wirtschaftsterritorium der DDR alle die Regionen zusammenfassen, in denen die landwirtschaftliche Produktion dominiert oder zumindest im Produktionsprofil von erheblicher Bedeutung ist. Das sind die Gebiete mit stark überwiegender Profilierung auf die landwirtschaftliche Produktion, Gebiete mit agrarischer Prägung, aber mit bedeutenden städtisch-industriellen Zentren sowie agrarisch-industrielle Mischgebiete. Sie nehmen 56% der Fläche der DDR ein, es wohnen in ihnen ca. 30% der DDR-Bevölkerung.

Die Entwicklung in den zurückliegenden 3 Jahrzehnten hat in den ländlichen Gebieten insgesamt zu einem bedeutenden Anstieg des ökonomischen und sozialen Niveaus geführt. Dabei wurden grundlegende regionale Unterschiede abgebaut mit Hilfe der Entwicklung von z.T. bedeutenden Industriestandorten (verbunden mit der Entwicklung einer Anzahl von bedeutenden städtischen Zentren), des Ausbaus der technischen und sozialen Infrastruktur sowie generell durch die Entwicklung der sozialistischen Landwirtschaft. Das erreichte Niveau zeigt sich u.a. in der vollen Versorgung mit Schulen und Kindergärten, dem ausgebauten Netz von Versorgungs- und Dienstleistungseinrichtungen, der qualitativ hohen Versorgung mit Wohnungen in den Landgemeinden, dem Anschluß aller Gemeinden an den örtlichen Personenverkehr.

In den ländlichen Gebieten ist ein erheblicher Teil des landwirtschaftlichen Produktionspotentials der DDR konzentriert. Die zum größten Teil erst nach 1945 errichteten Industriebetriebe stellen mit ihrer Spezialisierung ein wichtiges volkswirtschaftliches Potential dar. Teilgebiete haben eine bedeutende Funktion als Erholungsgebiete.

Zu einem Hauptproblem der ländlichen Gebiete haben sich die langanhaltenden Binnenwanderungstendenzen der Bevölkerung entwickelt. Die starke Konzentration auf die größeren städtischen Zentren erfordert für die kommende Zeit verstärkte Maßnahmen für die Stabilisierung der ländlichen Siedlungen.

Aus den Anforderungen der Volkswirtschaft ergeben sich für die ländlichen Gebiete vielfältige Aufgaben. Die Voraussetzungen für ihre Lösung und ihre Zielstellungen sind gebietlich differenziert einzuschätzen.

In den agrarisch-industriellen Mischgebieten im Norden, vor allem aber in den mittleren und z.T. auch in den südlichen Bezirken der DDR ist die Industriebasis vielfach erst ein Ergebnis der sozialistischen Entwicklung. Durch die intensive Nutzung der gegebenen industriellen Potenzen, z.T. auch durch eine Verstärkung der innergebietlichen Kooperationsbeziehungen zwischen den Industriebetrieben sowie von Industrie- und Landwirtschaft lassen sich in diesen Gebieten weitere Leistungsreserven erschließen. Dabei kommt der qualitativen Weiterentwicklung der Kreisstädte in ökonomischer und sozialer Sicht in der Regel eine besondere Bedeutung zu.

In größeren Teilen der mittleren und nördlichen Bezirke hat sich erst unter den sozialistischen Produktionsverhältnissen ein Typ herausgebildet, der als ländliche Gebiete mit entwickelten städtisch-industriellen Zentren gekennzeichnet werden kann. Mit ihrem z.T. bedeutenden ökonomischen (und auch wissenschaftlichen), sozialen und kulturellem Potential fördern die Zentren durch ihre eigene Entwicklung zugleich die Entwicklung des Umlandes. Sie leisten damit einen bedeutenden volkswirtschaftlichen Beitrag und zugleich einen Beitrag zur Mobilisierung von innergebietlichen Reserven für einen Leistungszuwachs im jeweiligen Kreis oder Bezirk.

Demgegenüber sind Teile des Nordens der DDR von ihrer Funktion her als primär agrarisch geprägte ländliche Gebiete zu charakterisieren, deren Spezialisierung auf die Land- und Nahrungsgüterwirtschaft auf teils historisch begründeten spezifischen territorialen Bedingungen beruht. Dazu gehören auch Besonderheiten des Qualifikationsniveaus und spezifische Arbeitserfahrungen der Werktätigen. Sie stehen im Zusammenhang mit Besonderheiten der Siedlungsweise und der Bevölkerungsstruktur.

Die Spezifik dieser agrarischen Gebiete kann durch Erweiterung der Produktionsfunktionen, vor allem durch eine an die landwirtschaftliche Produktion gebundene weitere Industrialisierung oder auch durch den Ausbau von Dienstleistungsfunktionen, des Erholungswesens u.a.m. stärker zur Geltung gebracht werden. Auch hier spielt die qualitative Weiterentwicklung der städtischen Zentren, insbesondere der Kreisstädte, eine wichtige Rolle.

Schlußfolgernd ist festzustellen, daß die gegenwärtig und künftig zu lösenden Aufgaben der Territorialplanung eine vertiefte wissenschaftliche Durchdringung einer Anzahl von grundsätzlichen Problemen der regionalen Differenzierung der gesellschaftlichen Reproduktion sowie der Leitung und Planung gebietlicher Prozesse erfordern. Dazu gehören u.a. solche Probleme, wie

- Verhältnis von zwischengebietlicher Arbeitsteilung und Gebietsentwicklung im Zusammenhang mit Fra-

gen der gebietlichen Spezialisierung und Komplexität;
- Verhältnis von politisch-administrativer Gliederung zu solchen wirtschaft- und sozialräumlichen Beziehungen und Entwicklungen (z. B. in Ballungsgebieten, Stadt-Umland-Regionen), die über administrative Grenzen hinausgehen;
- Verhältnis von volkswirtschaftlichem zu gebietswirtschaftlichem Aufwand im Zusammenhang mit der Gestaltung optimaler zwischen- und innergebietlicher Proportionen.

Anmerkung

[1] Karl Marx, Das Kapital, Erster Band, in: MEW, Bd. 23, S. 374.

Egon Seidel

Erhöhung der Verfügbarkeit der Naturressourcen im Territorium als Beitrag zur Verwirklichung der ökonomischen Strategie

Die Bedeutung der Naturressourcen für den betrieblichen, volkswirtschaftlichen und gesellschaftlichen Produktions- und Reproduktionsprozeß ist unumstritten. Auf die Bedeutung der Natur im Wechselverhältnis von Arbeit und Natur haben bereits die Klassiker des Marxismus-Leninismus sehr eindringlich hingewiesen. Marx und Engels untersuchten bekanntlich die Funktion der Naturressourcen, nicht nur im technisch-technologischen Zusammenhang, sondern insbesondere in ihren ökonomisch-sozialen und historischen Bezügen. Darauf aufbauend hat Lenin über 200 Dekrete zum Umwelt- und Naturschutz verfaßt, von denen die wichtigsten im vollen Wortlaut der Veröffentlichung zugängig gemacht wurden.

Unsere Untersuchungen der 40jährigen Erfahrungen beim Aufbau und der Entwicklung der sozialistischen Wirtschaft in der DDR zeigen, daß die Naturressourcen limitierenden oder fördernden Charakter für die Entwicklung der Wirtschaft haben können. Die Politik der SED hinsichtlich des Umweltschutzes, die sich auch auf diesem Gebiet auf die Erfahrungen der UdSSR stützt, wurde auf dem IX. Parteitag der SED so fixiert, daß die Natur in verbesserter Form den künftigen Generationen zu überlassen ist. Das leitet sich ab aus dem Grundanliegen, in jeder Etappe der gesellschaftlichen Entwicklung der Entwicklung der Produktivkräfte und Produktionsverhältnisse in gleicher Weise die Voraussetzungen zu schaffen, daß die Wirtschaftsentwicklung in Harmonie mit der Entwicklung der Naturressourcen und damit den Umweltbedingungen verläuft. Wenn heute festgestellt werden kann, daß die industrielle Bruttoproduktion von 1971 bis 1984 um mehr als 85 % erhöht werden konnte und in der gleichen Zeit eine Senkung der Staubemission um über ein Drittel erzielt wurde – bei im wesentlichen gleichbleibendem Niveau der SO_2-Immission und beträchtlicher Verbesserung der natürlichen Umweltbedingungen in vielen Territorien –, so ist dies ein Ausdruck für die Strategie, bei zunehmendem Wirtschaftswachstum gleichzeitig die Verfügbarkeit der Naturressourcen zu erhöhen, indem keine Erhöhung der Umweltbelastung zugelassen wird und noch eine Reduzierung der Emission erzielt wird. Ausdruck dieser erfolgreichen Strategie, Arbeit und Natur auf der Grundlage der neuen Beziehungen zwischen Natur und Gesellschaft eng miteinander zu verbinden, sind auch im nationalen Maßstab die Zunahme des Rohholzwachstums, der Biomasse unserer Wälder – trotz territorial differenzierter Belastung mit Luftschadstoffen, wobei durch die Energieumstellung eine vorübergehende lokale Erhöhung zu erwarten ist. Zu dieser erfolgreichen Bilanz der Entwicklung der Naturressourcen zählen aber auch die Beseitigung der mehr als 100000 ha vom Kapitalismus übernommener devastierter Flächen durch den Tagebau, indem mehrfach genutzte hochproduktive Landschaften mit teilweise höheren Erträgen als vor deren bergbaulicher Nutzung gestaltet wurden, wie an Beispielen der Bezirke Cottbus, Halle und Leipzig auch in einer Fallstudie des UNESCO-Programms „Mensch und Biosphäre" nachgewiesen werden konnte. Vom Fortschritt allein auf dem Gebiet der Wiedergutbarmachung und Rekultivierung kann sich heute jeder in den Tagebauen Nochten und Lohsa überzeugen. Weitere Beispiele sind sowohl die Vergrößerung der Anzahl der Naturschutzgebiete von 140 auf 761 (= 1 % des DDR-Territoriums) als auch der für die Erholung bedeutsamen Landwirtschaftschutzgebiete auf 410 und der Naturdenkmale auf 9100 (im Vergleich zu 7300 Kulturdenkmalen) sowie die Anerkennung der Arbeit, die in der DDR zum Schutz der Gen- und Artenvielfalt bzw. zur Bestandsentwicklung und -ausbreitung vieler international vom Aussterben bedrohter Arten (der Elbebiber als bekanntestes Beispiel) geleistet wird, durch die Bestätigung von zwei Biosphären-Reservaten durch die UNESCO.

Allgemein bekannt und international anerkannt sind auch die umfangreichen wasserwirtschaftlichen Maßnahmen der letzten 4 Jahrzehnte, um beim geringen natürlichen Anfall von nur 880 m^3 Wasser/Einwohner – im Vergleich zu 12000 m^3 im globalen Maßstab – den ständig steigenden Bedarf der Bevölkerung (um jährlich 2,5 bis 3 %), der Industrie und der Landwirtschaft zu gewährleisten. Dazu zählen die Erweiterung der Speicher- und Talsperrenkapazität von 550 Mill. m^3 (1949) auf 1,43 Mrd. m^3 (1984) (bei Erweiterung von 145 auf 265 Talsperren und Speicher), der damit erzielte bedeutend verbesserte Hochwasserschutz wie auch die Senkung des spezifischen Wasserbedarfs um etwa 45 % in der Industrie durch wirtschaftliche Wasserverwendung (seit 1976) bei gleichzeitig absoluter Senkung. Insgesamt wurden bei allen regenerierbaren Naturressourcen – bei Luft, Wasser, Boden, Flora und Fauna – nachweisbare Fortschritte in ihrer Verfügbarkeit erzielt. Dieser Fortschritt ist territorial differenziert. Er ist abhängig vom jeweiligen Stand von Wissenschaft und Technik bei der Ausarbeitung der entsprechenden Verfahren zur Rückhaltung der Schadstoffe bzw. zur Entwicklung abprodukt-, wasser- und energiearmer, d. h. umwelt- und ressourcenfreundlicher Technologien und geht bis zur Entwicklung und Einführung geschlossener Stoffkreisläufe.

Die 40jährigen historischen Erfahrungen der DDR besagen, daß die entscheidenden Voraussetzungen für diese Entwicklung durch die Bodenreform mit ihren Konsequenzen für die Wald-, Wasser- und Agroökosysteme und deren Gestaltung geschaffen wurden, indem für wesentliche Komponenten der Umwelt – wie der natürlichen Umwelt und der Naturressourcen, der regenerierbaren sowie der nicht regenerierbaren Naturressourcen – neue Bedingungen entstanden. Mit der Verstaatlichung der Naturschätze bzw. der nichtregenerierbaren Naturressourcen entscheidende Voraussetzungen für deren planmäßige Nutzung. So wurde bereits mit der ersten Verfassung der DDR der Auftrag erteilt, die Landschaft als Ausdruck der veränderten ökonomisch-sozialen und gesellschaftlichen Bedingungen sorgsam zu pflegen. Mit den entsprechenden Gesetzen, wie Berggesetz, Wassergesetz, Naturschutzgesetz, wurden die rechtlichen Grundlagen dafür geschaffen, daß nach dem Sieg der sozialistischen Produktionsverhältnisse in der DDR und der darauf aufbauenden rascheren Entwicklung der Produktivkräfte in den 60er Jahren die Bedingungen für die Gestaltung der entwickelten sozialistischen Gesellschaft gegeben waren, die wiederum ermöglichten, die erforderlichen Voraussetzungen hinsichtlich der sich erhöhenden Anforderungen an die Naturressourcen zu schaffen.

In der Präambel zum Landeskulturgesetz von 1976 sind diese Zusammenhänge deutlich gemacht. Die gewonnenen Erfahrungen in der praktischen Durchführung des Landeskulturgesetzes waren die Voraussetzung für die Verankerung im Programm der SED (1976), die Natur in verbesserter Form den künftigen Generationen zu übergeben bzw. die Verfügbarkeit der Naturressourcen ständig zu erhöhen.

Umfangreiche Analysen besagen, daß die Naturressourcen – sowohl die regenerierbaren, als auch die nichtregenerierbaren – territorial in unterschiedlichem Maße beansprucht werden. Es ist gleichzeitig offensichtlich, daß die in mehr als einem Jahrhundert vollzogene kapitalistische Entwicklung, die z. B. in der Forstwirtschaft ihren Ausdruck im Übergang zur Monokultur fand, um rasch schnellwüchsiges Holz als Energiequelle für die Erzaufbereitung bzw. für die Industrialisierungsprozesse zu erhalten, und die in großen Agglomerationen die bekannten 6 Ballungsgebiete schuf, für die Entwicklung der Produktivkräfte unter den neuen sozialistischen Produktionsverhältnisse bei objektiv neuem Verhältnis der Menschen zur Natur komplizierte Bedingungen und Strukturen hinterließ. Die Überwindung der Auswirkungen dieses Erbes des Kapitalismus erforderte ungeheure Kraftanstrengungen. Zum jetzigen Stand der Entwicklung auf dem Gebiete des Umweltschutzes kann festgestellt werden, daß die vom X. Parteitag der SED beschlossene ökonomische Strategie in voller Übereinstimmung mit dem Ziel der Erhöhung der Verfügbarkeit der Naturressourcen steht, denn die Politik der Verbesserung der Material-, Rohstoff- und Energieökonomie beinhaltet auch Senkung des Produktionsverbrauches, die Erneuerung der Produktion und die Veredlung, die sämtlich naturressourcenschonend wirken. Der Hauptweg dazu ist die Entwicklung abprodukt-, wasser- und energiearmer, d. h. ressourcensparender, umweltfreundlicher Technologien und die Gestaltung geschlossener Stoffkreisläufe mit dem Ziel, Wertstoffe aus Abwässern sowie aus Entstaubungsanlagen rückzugewinnen und schließlich die Wiedernutzbarmachung von Abprodukten. Dafür gibt es zahlreiche Beispiele aus den Bereichen Kohle/Energie, Chemie, Metallurgie. Allein im Bereich der chemischen Industrie wurden 1982, d. h. bereits in dem Jahr, in dem ein Produktionszuwachs bei absolut und relativem Sinken des Material-, Rohstoff- und Energieverbrauches erreicht wurde, Abprodukte in einem Umfange wiederverwertet (gemessen am Industrieabgabepreis), der die umfangreichen Investitionen in diesem Bereich übersteigt. Andere Beispiele sind die Gewinnung und Nutzbarmachung organischer Abprodukte oder auch die ökologischen Konsequenzen der Sekundärrohstofferfassung, was am Beispiel des Altpapiers gezeigt werden soll.

Wenn gegenwärtig rund 48 % des Papierverbrauches in der DDR als Altpapier wiedergewonnen werden (etwa 6000000 t/a), so entspricht dies der Schonung eines Waldbestandes von rund 6000 ha oder 5,6 bis 6 Millionen Fichten im 70jährigen Alter, die nur zur Rohholzbereitstellung für die Papier- und Zellstoffindustrie gefällt werden müßten. Mit der Gewinnung des Altpapiers wird einerseits erreicht, daß über 99 Millionen m^3 Wasser nicht in Anspruch genommen werden und andererseits über 10 Millionen m^3 Natriumbisulfit als Abwasser nicht anfallen, die die Oberflächengewässer belasten würden (weil nicht überall infolge der Größe der Werke der Zellstoff- und Papierindustrie Verhefungsfabriken eingerichtet werden können). Außerdem gelangen mehr als eine Milliarde Kilowattstunden und etwa 100000 t SO_2 nicht zur Emission, d. h., die ökologischen Konsequenzen der durch die Sekundärrohstofferfassung gewonnenen Materialien sind bedeutsam und erreichen volkswirtschaftliche Dimensionen. Das betrifft in gleicher Weise für alle übrigen Sekundärrohstoffe zu, auch für die nunmehr in den kommenden 5-Jahr-Plänen zu gewinnenden territorial zerstreut anfallenden kleineren Mengen, die gleichfalls eine große Bedeutung für die territoriale Entlastung von Abprodukten und Schadstoffen haben und zugleich volkswirtschaftlich für die Importablösung bedeutsam sind.

Ein anderer wichtiger Aspekt ist durch die Festlegung einer Strategie der Aufbereitung und Verwertung von Siedlungsabfällen, die Gewinnung aller Formen und Arten von organischen Abprodukten gegeben. Bekanntlich wird in anderen Ländern der Weg der Müllverbrennung bzw. der Deponie zur Beseitigung derartiger Abprodukte und Schadstoffe begangen.

Die Erfahrungen und umfangreich vorliegende wissenschaftliche Ergebnisse besagen, daß die organischen Abprodukte unbedingt in den natürlichen Kreislauf wieder eingeordnet werden müssen. Die Herausnahme aus diesem Kreislauf führt – wie die historischen Erfahrungen zeigen – zu zunehmender Degradierung.

Darauf hat bereits Engels in „Dialektik der Natur" hingewiesen. Der fortschreitende Versteppungs- und Verwüstungsprozeß in Afrika und anderen Regionen der Erde ist ein überzeugender Beweis dafür.

Bekanntlich wird das Leben der Menschheit auf der Erde wie auch in unserem Lande entscheidend bestimmt von der geringen Decke der Erdoberfläche, die mit organischen Stoffen, besonders mit Humus, angereichert ist. Diese sogenannte Mutterbodenschicht ist entscheidendes Glied der Biosphäre. Die Erhaltung und ständige Erhöhung der Bodenfruchtbarkeit ist für die sozialistische Entwicklung ein Grundgesetz beim Umgang mit den Naturressourcen. Mit der fortschreitenden Industrialisierung, der Erschließung von Tagebauen, der Einrichtung von Verkehrs- und Energietrassen, des Wohnungs- und Siedlungsbaus, der Städteentwicklung wird diese Schicht geringster Mächtigkeit von oft nur 10 bis 60–80 cm und damit die Voraussetzung für die Regenerierung beseitigt.

Da der Boden eine der wesentlichen Naturressourcen mit hoher Regenerierfähigkeit ist und die Beseitigung von Schadstoffen bzw. ihre Umwandlung in nützliche Bestandteile für den natürlichen Stoffkreislauf ermöglicht, gebührt ihm größte Sorgfalt und hat er eine rechnerisch bisher noch nicht nachweisbare ökonomische Bedeutung. Der Erhöhung der Bodenfruchtbarkeit wird entsprochen durch 5 Verfahren der Gewinnung, Aufbereitung und Anwendung organischer Stoffe, darunter der Siedlungsabfälle (die einen Anteil von 50 bis 70 % der organischen Substanzen haben). Durch verschiedene Verfahren werden sie zu Rohhumus umgewandelt, der zusammen mit anderen organischen Stoffen, die in großem Maße anfallen, wie Klärschlämme aus Klärwerken, Seeschlämme aus der Seesanierung, Laub, Abfälle aus der Pflanzen- und Tierproduktion (soweit keine Verwertung zu anderen Rohstoffen erfolgt), kompostiert werden. Diese auf rationelle Weise zu erzeugende Humusmenge (Komposte) ermöglicht, bei Ausbringung von etwa 600 dt/ha im Abstand von zwei Jahren und bei gleichzeitiger Anwendung der EDV-Düngungsempfehlung, der EDV-Bewässerungsempfehlung und der EDV-Schaderregerüberwachung, d. h., durch ein integriertes System von Maßnahmen, systematisch die Bodenfruchtbarkeit zu erhöhen. Erreicht wird damit auch zugleich, daß die Wind- und Wassererosion reduziert wird, die z. B. in den Bezirken Magdeburg, Halle, Potsdam und Frankfurt (Oder) bestehenden Defizite an Humus beseitigt werden und eine höhere Verfügbarkeit der Pflanzennährstoffe, insbesondere des Stickstoffs, erzielt werden kann. Die Stickstoffdüngermenge kann um etwa 15 % reduziert werden. Das entspricht einem Äquivalent von 10 % Energiereduzierung in der chemischen Industrie oder auch einer Reduzierung von SO_2 von über 100000 t/a.

Andererseits können die bisher hohen Nährstoffverluste durch Auswaschung und damit die Kontamination des Grundwassers mit Nitrat/Nitrit gestoppt werden. Kontaminiertes Grundwasser – als Trinkwasser verwandt – erfordert die Stickstoffeliminierung, die wiederum einen um das 8fache höheren finanziellen Aufwand für Investitionen und Ausrüstungen erfordert gegenüber den Kompostierungsverfahren der organischen Abfälle, wodurch der natürliche Stoffkreislauf wieder gewährleistet wird. Effekte treten nachweislich in der chemischen Industrie, bei der Stabilisierung der landwirtschaftlichen Erträge, bei der Verbesserung der wasserwirtschaftlichen Bedingungen und der Umweltbedingungen und letztlich in der Reduzierung der Belastung der Menschen ein. Darum wird dieser Weg im 5-Jahr-Plan 1986/90 forciert. Er weist gleichzeitig den Weg für die Lösung derartig herangereifter Probleme in den großen Agglomerationen der Entwicklungsländer.

Mit diesem Weg der Gewinnung und Aufbereitung organischer Substanzen, die in umfangreichem Maße zur Verfügung stehen – wie die Übersicht über die Biomasseproduktion in den einzelnen Städten, darunter auch in der Hauptstadt der DDR (wo eine Erfassung im Raster von 1 × 1 km vorgenommen wurde), wie auch im Territorium der DDR insgesamt zeigt –, kann durch die genannten Lösungswege eine beträchtliche Reduzierung der Deponiefläche um etwa 1/3, an einzelnen Standorten bis 3/4, erreicht werden. Ferner kann die Lebensdauer der Deponiekörper für die noch nicht verwertbaren Abprodukte zeitlich beträchtlich verlängert werden, die Umweltgefährdung durch Deponien wird in erheblichem Maße reduziert, die Material- und Investitionsaufwendungen, die Umwelt in erheblichem Maße durch Schadstoffe belastenden Müllverbrennungsanlagen können weitgehend entfallen. Gleichzeitig ergeben sich daraus Konsequenzen für die komplexe Planung verschiedener Bereiche der Volkswirtschaft.

Zahlreiche andere Beispiele der komplexen Lösung der herangereiften Aufgaben in Umweltschutz und -gestaltung könnten genannt werden. Immer mehr zeigt sich, daß die territorial differenziert vorliegenden Umweltprobleme nur gelöst werden können, wenn die unterschiedlichen Relationen der naturwissenschaftlichen, technisch-technologischen, ökonomisch-sozialen und kulturell-politischen Aspekte auf den verschiedenen Ebenen im Produktionsprozeß der Betriebe und Kombinate sowie in den Haushalten und Wohngebieten der Bürger, in den Städten und Kreisen, im nationalen Maßstab Berücksichtigung finden, d. h., die systematische Analyse der Komplexität der Probleme ist Voraussetzung zum Erkennen der entscheidenden Kettenglieder zu ihrer Lösung. Immer mehr erweist sich die Systemanalyse und Modellierung als wichtige Voraussetzung für den Entscheidungsprozeß auch auf diesem Gebiet. Werden diese komplexen, jeweils in unterschiedlichem Verhältnis vorliegenden Beziehungen nicht berücksichtigt, entstehen einseitige Veränderungen mit langfristigen Konsequenzen und es können Umweltprobleme entstehen, deren Beseitigung erhöhten Aufwand erfordert.

Mit der Strategie in den 80er und 90er Jahren und darüber hinaus in erhöhtem Umfange die Rohstoffe im eigenen Lande zu erschließen, entstehen neue, höhere Anforderungen an alle Bereiche. Ein wichtiger Weg ist zweifellos die weitere Vervollkommnung der Sekundärrohstoffwirtschaft bei gleichzeitiger Beachtung der ökologischen Konsequenzen.

Mit dem Neuaufschluß von 23 Tagebauen im Bereich der Kohle und zahlreicher weiterer Vorhaben in der Energie und in anderen Volkswirtschaftszweigen ergibt sich die Notwendigkeit, die abproduktarme Technologie durchgängig, von Beginn der Planung an, zu berücksichtigen und bei hoher volkswirtschaftlicher Effektivität die ökologischen Zusammenhänge zu beachten. Die in den Braunkohletagebauen gewonnenen Erfahrungen sind dabei nützlich. Dazu zählen:

- Die sorgsame getrennte Gewinnung des Mutterbodens und sein unmittelbarer Einsatz bei der Wiederurbarmachung und Rekultivierung bei sich ausdehnendem Tagebau. Das ermöglicht die Anlage von Schutzpflanzungen, so daß die aus den Tagebauen (die gewöhnlich in der Nähe von Wohngebieten liegen) kommende Belästigung durch Staub und Lärm auf natürliche Weise unterbunden wird und zugleich ein wichtiger Beitrag für die neuartige Rekultivierung der Bergbauflächen erreicht werden kann.

- Die Steuerung der Grundwasser-Absenkung, wodurch Verluste vermieden und eine Minimierung der Auswirkungen auf die Naturressourcen und auf die Investitionen erreicht werden.
- Der verlustarme und flächenschonende Lagerstättenabbau, der eine umfangreiche Gewinnung der Begleitrohstoffe einschließt, um dadurch den erforderlich werdenden Neuaufschluß von Tagebauen für derartige Begleitrohstoffe zu verzögern bzw. zu verhindern. Daraus ergeben sich weitreichende Konsequenzen für die Struktur der Kombinate, d.h. auch betriebswirtschaftlich einschneidende Lösungen werden neben territorialökonomischen erforderlich.

Immer mehr zeigt sich dabei, daß Landschaftsplaner, die eine sorgfältige Bilanz von Dargebot an Naturressourcen, ihrer Beanspruchung und Wege zu ihrer komplexen Lösung im Sinne der erhöhten Verfügbarkeit der Naturressourcen vornehmen, bisher fehlen und in jedem Falle in den territorialen Einheiten, die besonders beansprucht werden, schwerpunktmäßig zum Einsatz gelangen sollten.

Es wird deutlich, daß mit den langfristigen Konzeptionen zur Entwicklung der Mikroelektronik, der Veredlungschemie und -metallurgie, der Biotechnologie, der Anwendung der Kernenergie und der daraus abzuleitenden territorialen Effekte bedeutende Beiträge für die erhöhte Verfügbarkeit, besonders der nichtregenerierbaren wie aber auch der regenerierbaren Naturressourcen geleistet werden. Die Durchsetzung der Forderung bis 1983 die Luftbelastung durch Verminderung der SO_2-Emissionen um 30% zu reduzieren, wird verstärkt in den bekannten Ballungsgebieten bemerkbar sein, in denen die SO_2-Emittenten konzentriert sind. Durch die Spezifik der SO_2-Umwandlungs- und Ausbreitungsbedingungen auf der Basis der Rohbraunkohle in unserem Lande ergeben sich praktisch beachtliche Konsequenzen für bedeutende Veränderungen der natürlichen Voraussetzungen in den Ballungsgebieten und insbesondere auch für die Weiterentwicklung der Verfügbarkeit, besonders der regenerierbaren Naturressourcen, wie Wald- und Agroökosysteme. Mit der gleichzeitigen Konzentration der wasserwirtschaftlichen Maßnahmen, insbesondere der Wertstoffrückgewinnung aus den Abwässern und der Weiterentwicklung der wirtschaftlichen Wasserverwendung, wird zugleich eine erhöhte Verfügbarkeit der Naturressourcen in diesen Gebieten erzielt. Weil auch die organischen Abfälle in diesen Gebieten konzentriert sind und ihre Aufbereitung und Verwendung dort erfolgt, wird mit der weiteren Rationalisierung der Produktionsprozesse, der Rekonstruktion von Betriebsteilen, der Neuinvestition in Betriebe und Anlagen zur gleichzeitigen Anwendung von abprodukt-, wasser- und energiearmen Technologien und weitgehend geschlossenen Stoffkreisläufen eine komplexe Verbesserung in den historisch belasteten Territorien erzielt. Es ist verständlich, daß dabei dem wissenschaftlich-technischen Fortschritt eine hohe Priorität gebührt.

Das findet auch seinen Ausdruck in der Tatsache, daß 1200 Forschungs- und Entwicklungsthemen auf dem Gebiete des Umweltschutzes jährlich in der DDR bearbeitet werden, die vornehmlich auf die Lösung der Probleme in den Schwerpunktgebieten, der Verbesserung der Arbeits- und Lebensbedingungen und auf die Erhöhung der Verfügbarkeit der Naturressourcen gerichtet sind. Gleichzeitig wird es aber auch erforderlich, das gesamte wissenschaftliche Potential zielstrebig für die Lösung dieser differenzierten Aufgaben wirksam zu machen.

So sind allein in der Hauptforschungsrichtung 13 „Ökologische Forschung" etwa 1000 Wissenschaftler aus Akademie- und Hochschuleinrichtungen sowie weiteren Instituten wirksam. Hinzu kommen viele ehrenamtliche Kräfte in der „Gesellschaft Natur und Umwelt" und in anderen wissenschaftlichen Gesellschaften, die umfangreiche Studien durchführen, so daß ab 1986 Karten der Verbreitung der Pflanzen und Tiere in der DDR herausgegeben werden können. In Verbindung mit der entwickelten biologisch-ökologischen Überwachung, unter Zuhilfenahme der dreidimensionalen Schadstoffausbreitung und der Fernerkundung sowie ausgewählter Testgebiete einer komplexen Umweltüberwachung, werden damit wertvolle Beiträge geliefert für die territorial differenzierte Vorbereitung komplexer Maßnahmen des Umweltschutzes.

Mit der EDVA-Erfassung der ständigen Veränderungen der Artenvielfalt und -struktur in den Naturschutzgebieten der DDR, die zugleich als Testgebiete aufzufassen sind, und mit dem Datenspeicher Umweltschutz sind wichtige Voraussetzungen gegeben für die langfristige, strategische Beurteilung der Entwicklung der Umweltbedingungen und damit die Übereinstimmung zwischen Entwicklung und Umwelt, zwischen Ökonomie und Ökologie. Die vorliegenden Ergebnisse aus Wissenschaft und Technik und die bereits ausgearbeiteten Vorschläge gestatten folgende Schlußfolgerungen und Ableitungen von Maßnahmen, insbesondere auf ökonomischem Gebiet und die Territorialplanung:

- Die Methode der Kosten-Nutzen-Analyse als Voraussetzung für die Ausarbeitung von Rang- und Reihenfolgen für den Entscheidungsprozeß von Umweltschutzmaßnahmen und Maßnahmen der Umweltgestaltung muß weiterentwickelt werden. Das erstmals im VEB Elektrokohle Lichtenberg angewandte Verfahren der Berücksichtigung der ökonomischen und außerökonomischen Wirkungen in einer derartigen Kosten-Nutzen-Analyse auf betrieblicher, territorialer und nationaler Ebene für Maßnahmen der Reinhaltung der Luft, die auch erweitert wurde für Maßnahmen der Reinhaltung der Gewässer, bedarf jetzt der Ergänzung für die übrigen regenerierbaren Naturressourcen bei gleichzeitiger Berücksichtigung der Dynamik der nichtregenerierbaren Naturressourcen und der Zusammenhänge zwischen beiden, um so zu einer Methode der komplexen Beurteilung der Maßnahmen für Umweltschutz und Umweltgestaltung zu gelangen. Das ist wiederum die Voraussetzung für eine komplexe Planung.
- Mit den vorliegenden Untersuchungsergebnissen von A. Leuschner, D. und R. Kallweit, G. Degen, R. Schubert u.a. ist die Möglichkeit gegeben, die Planungsordnung zu vervollkommnen, die ökologischen Erfordernisse im Planungsprozeß zu berück-

sichtigen und auf einzelnen Gebieten die Erfahrungen zu studieren, systematisch beginnend für die 5-Jahr-Planung über die Volkswirtschaftsplanung bis zur Vorbereitung von Investitionen und Maßnahmen.

- Die Veränderungen im Landschaftsbild erfordern die Weiterentwicklung der Landschaftsplanung auf exakter Grundlage unter Berücksichtigung der naturwissenschaftlichen, technischen und ökonomisch-sozialen Entwicklung. Es ist erforderlich geworden, insbesondere die ökonomische Beurteilung zu vervollkommnen. Gleichzeitig sollten aber auch die Komplexität der Landschaftsplanung durch eine Neuprofilierung in der Aus- und Weiterbildung unserer Kader im Rahmen der Territorialplanung, der Landschaftsarchitektur und der Bauplanung in Verbindung mit der Ausarbeitung der Generalbebauungspläne, der Verkehrspläne zum Ausdruck gebracht werden.
- Die Komplexität der Prozesse und der sich daraus ableitenden Maßnahmen erfordert, moderne Entscheidungsmethoden zur Anwendung zu bringen. Mit dem entwickelten „Prognosemodell Umweltschutz" und seiner Weiterentwicklung zum „Prognose- und Entscheidungsmodell", mit dessen Hilfe bereits langfristig begründete Maßnahmen abgeleitet werden konnten, ergeben sich neue Möglichkeiten der Anwendung der Systemanalyse, der Modellierung, der mathematischen Durchdringung mit dem Ziel, die Prozesse überschaubar und quantifizierbar zu machen, die Wechselbeziehungen zwischen verschiedenen Gliedern der Naturressourcen wie auch der gesellschaftlichen Prozesse zu erfassen. Die zur Verfügung stehende Rechentechnik einschließlich der entsprechenden Terminal gestattet heute, ein modernes System der Leitung, Planung, Organisation des Umweltschutzes, basierend auf den Ergebnissen der Umweltüberwachung wie weiterer analytischer Kriterien, sowohl für die Lösung aktueller wie langfristiger Aufgaben, rasch zu entwickeln.
- Notwendig wird aber auch gleichzeitig eine breitere Aufklärung aller Bürger, wie der Ingenieure, Techniker und Ökonomen sowie aller Werktätigen in den Betrieben. Mit dem geschaffenen System der Umwelterziehung in der DDR, beginnend im Kindergarten über die Weiterbildung der Hoch- und Fachschulkader wie auch durch die nunmehr verstärkte Öffentlichkeitsarbeit wurden wichtige Voraussetzungen dazu geschaffen. Ausdruck dafür sind das seit 1984 vervollkommnete System der Ausbildung an den polytechnischen und erweiterten Oberschulen auf dem Gebiet des Umweltschutzes, die Neueinführung und Weiterentwicklung der Umweltschutzausbildung in den Berufsschulen sowie in allen technischen und ökonomischen Disziplinen der Ingenieur- und Fachschulen der DDR ab 1.9.1985 und die weitere Vervollkommnung bestehender Umweltschutzausbildungen an den Universitäten und Hochschulen der DDR. Damit wird eine wichtige Basis für die solide Befähigung unserer Menschen geschaffen, im Produktionsprozeß wie auch im täglichen Leben umweltbewußt zu handeln. Das bietet, zusammen mit den Initiativen in den Betrieben im sozialistischen Wettbewerb und in der Rationalisatoren- und Erfinderbewegung, eine Garantie für eine hohe Material-, Rohstoff- und Energieökonomie in allen Bereichen unserer Volkswirtschaft, aber auch bei der verstärkten Gewinnung von Sekundärrohstoffen wie auch der Gestaltung der Wohngebiete, im Wettbewerb „Mach mit!" der Nationalen Front sowie bei der Schaffung immer besserer Arbeits- und Lebensbedingungen selbst. Damit wird gleichzeitig das weitsichtige Programm erfüllt, daß die Natur dem gesicherten und glücklichen Leben kommender Generationen in der kommunistischen Gesellschaft dienen kann.

Günter Streibel

Zum Problem der territorialen Sekundärrohstoffwirtschaft und einigen anderen Aspekten der Entwicklung der Territorialstruktur

Die Arbeit am Generalschema für die Standortverteilung der Produktivkräfte als einem wichtigen strategischen Instrument ist ein kontinuierlicher Prozeß. Im folgenden werden einige Hinweise bzw. Vorschläge für die weitere Arbeit gegeben. Es handelt sich um zwei Problemkreise.

1. Zum Problem der territorialen Sekundärrohstoffwirtschaft

Auf diese wichtige Seite der Intensivierung – als Bestandteil der Materialökonomie und zugleich der Verbesserung der natürlichen Umwelt – wird im Generalschema mehrfach hingewiesen. Künftig sollte diesem Problem meines Erachtens noch stärkere Beachtung geschenkt werden.

Gerade die territoriale Organisationsform der Produktion und des gesellschaftlichen Lebens ist hervorragend geeignet, Stoffkreisläufe im territorialen Maßstab noch konsequenter zu organisieren und dazu die positiven Erfahrungen beispielsweise in der Hauptstadt Berlin im Rahmen der territorialen Rationalisierung zu verallgemeinern.

Es ist dies zugleich ein wichtiges Problem der ökonomischen Theorie des Sozialismus.

Im Unterschied zur zweig- oder branchenmäßigen Kombination der Produktion, die in der Regel die Herstellung eines oder mehrerer Hauptprodukte zum Ziel hat, handelt es sich bei der territorialen Kombination um eine mehr oder weniger vielseitige Produktionsstruktur, die meist durch territoriale Kombination von Betrieben/Kombinaten verschiedener Zweige zustande kommt. In diesem Sinne sprach Lenin „von der mustergültigen Organisierung eines kleinen ‚Ganzen ..., d. h. nicht einer einzelnen Wirtschaft, nicht eines einzelnen Wirtschaftszweiges, nicht eines einzelnen Unternehmens, sondern der *Summe* aller wirtschaftlichen Beziehungen, der *Summe* des *ganzen* Wirtschaftsverkehrs, sei es auch nur eines kleinen Bezirks“[1] sowie davon, daß in den Wirtschaftsgebieten Betriebe verschiedener Industriezweige auf die gleichen lokalen Rohstoffquellen, Transportmittel, Arbeitskräfte usw. angewiesen sind.

Diese Charakterisierung der Herausbildung und Strukturierung von Wirtschaftsgebieten ist von methodologischer Bedeutung, weil sie den Mechanismus der Genesis von territorialen Wirtschaftskomplexen aufdeckt und in gleichen lokalen Reproduktionsbedingungen Basiselemente des Wirtschaftsgebietes erkennt, die das innere Bindeglied für die Ansiedlung und Entwicklung von Betrieben verschiedener Zweige am gleichen Standort darstellen.

Diese Leninsche Definition, die dem damaligen Entwicklungsstand der Produktivkräfte und der Mensch-Natur-Beziehungen entsprach und unter „Rohstoffen“ offensichtlich Primärrohstoffe faßte, ist beim heutigen Stand dieser Beziehungen um die Elemente Abfälle/Sekundärrohstoffe zu erweitern. Das ist ebenfalls von methodologischer Bedeutung, weil bei der planmäßigen Standortverteilung der Produktivkräfte und der kontinuierlichen Gebietsentwicklung im Sozialismus dieser Aspekt einbezogen werden muß. Es geht hierbei um zwei Prozesse:

a) bei der Lokalisierung der Produktivkräfte bzw. bei der territorialen Verteilung der Produktionsprogramme sind solche Erzeugnisgruppen bzw. Produktionsrichtungen in einem Wirtschaftsgebiet zu entwickeln, die durch den Prozeß Abfallentstehung und -verwertung objektiv miteinander verbunden sind oder kombiniert werden können. Es sind also Betriebe so zu lokalisieren bzw. Produktionsprogramme territorial so zu verteilen, daß Stufenprozesse des Stoffdurchsatzes in den einzelnen Territorien kombiniert werden

b) im Prozeß der weiteren Arbeitsteilung sind auf Grund bisheriger Erfahrungen bestimmte Abfallprozesse bzw. Prozesse der Abfallverarbeitung aus bestehenden Betrieben herauszulösen und im territorialen Rahmen zu verselbständigen, d. h. die Stoffkreisläufe nicht nur im betrieblichen sondern – vorteilhafter – im territorialen Rahmen zu schließen. Diese betriebliche und zugleich territoriale Konzentration führt zugleich zu höherer ökonomischer Effektivität und zur Reduzierung der Umweltbelastung.

Karl Marx stellte den Prozeß der Herauslösung ursprünglich dezentralisierter, integrierter Funktionen bzw. Tätigkeiten aus den Teilprozessen und ihre Verselbständigung und Konzentration im Rahmen der Volkswirtschaft sowie die Effektivitätsbedingungen, unter denen eine solche neue Stufe der Arbeitsteilung gesellschaftlich zweckmäßig ist, an der Entstehung des Warenhandlungskapitals dar.[2]

Auf dem Seminar des ZK der SED mit den Generaldirektoren der Kombinate und den Parteiorganisatoren des ZK stellte Günter Mittag fest, daß „wir den Übergang zur umfassenden Wiederverwendung aller anfallenden Abprodukte im betrieblichen und volkswirtschaftlichen Kreislauf“ vollziehen.[3]

Auf der 9. Tagung des ZK der SED wurde dazu konkrete Strategien festgelegt[4]. In der Gemeinsamen Direktive des ZK der SED, des Ministerrates der DDR und des Bundesvorstandes des FDGB für die Ausarbeitung des Volkswirtschaftsplanes 1986 werden gleichfalls entsprechende Aufgaben für einzelne Bereiche sowie für die Territorien formuliert: „In den Bezirken und Kreisen sind rationelle territoriale Lösungen zur Nutzung der lokal anfallenden Sekundärrohstoffe und industriellen Abprodukte vorzubereiten und in die Planentwürfe aufzunehmen.

Diese Orientierung gilt nicht nur für ein Jahr sondern für den nächsten Fünfjahrplanzeitraum. Entsprechende Erfahrungen aus der Hauptstadt werden in Ballungszentren wie Halle, Karl-Marx-Stadt, Leipzig, Magdeburg verallgemeinert und entsprechend den jeweiligen konkreten Bedingungen angewandt, wobei notwendige Maschinen und Ausrüstungen bereitgestellt werden müssen und auch der eigene Rationalisierungsmittelbau verstärkt einzubeziehen ist.

Entsprechend diesen Vorstellungen sollten in den nächsten Etappe der Arbeit am Generalschema alle Territorien der DDR durchgearbeitet und spezifizierte Vorschläge erarbeitet werden. Daraus ergeben sich auch neue Anforderungen an den Maschinen- und Anlagenbau, die Bauindustrie und andere Bereiche.

2. Zur aktiven Rolle der Territorialplanung

In bezug auf die territoriale Sicherungsfunktion ist festzustellen, daß die zentrale staatliche Leitung und Planung dafür Rahmenkonzeptionen für die langfristige Entwicklung der Hauptstadt, der Bezirke und Kreise schaffen muß. Das ist von prinzipieller Bedeutung, um über die territoriale Sicherungsfunktion hinaus vor allem die aktive Rolle der Territorialplanung stärker fundieren zu können.

Dazu ist die Weiterentwicklung des notwendigen methodischen Instrumentariums erforderlich, also z. B. die stärkere Ergänzung einer vorwiegend naturalen Planung durch territoriale Wertrechnungen (wie sie in den 60er Jahren bereits vom ÖFI durchgeführt wurden).

Es erhebt sich hier folgende Frage:

Sollte in den neuen Entwurf des Generalschemas (1988) ein Abschnitt „planmethodische Grundsatzfragen" aufgenommen werden? Darin könnten – ausgehend von einer Einschätzung der Wirksamkeit bisheriger Methoden und Regelungen zur Standortverteilung und territorialen Verteilung der Zweige und Bereiche – Vorschläge zur Weiterentwicklung des Instrumentariums im Zusammenhang mit der ständigen Vervollkommnung und Weiterentwickung des Systems der Leitung und Planung der Volkswirtschaft gemacht werden, die dann bei der Erarbeitung der „Ordnung der Planung..." für die Jahre 1990–1995 zu berücksichtigen sind.

Als Problemkreise bieten sich z. B. an:

- territoriale Bilanzierung, einschließlich Möglichkeiten der Verflechtungsbilanzierung,
- Bilanzverantwortung der örtlichen Organe und ihre Wirksamkeit,
- territoriale Investitionspolitik/Standortgenehmigungsverfahren,
- territoriales Kennziffernsystem,
- territoriale Effektivitätsrechnungen,
- ökonomische Stimuli zur Unterstützung einer rationellen Standortverteilung, einer rationellen Inanspruchnahme bzw. Freisetzung von territorialen Ressourcen usw.

Anmerkungen

[1] W. I. Lenin, Über die Naturalsteuer, in: Werke, Berlin 1955 bis 1965, Band 32, S. 369.

[2] Vgl. Karl Marx, Das Kapital, Dritter Band, in: MEW, Band 25, Berlin 1969. S. 281, 286/287, 290/291, 295, 302.

[3] Aus dem Referat des Mitgliedes des Politbüros und Sekretärs des ZK der SED, Gen. G. Mittag, in: Mit höchsten Leistungen den XI. Parteitag vorbereiten, Berlin 1985, S. 57.

[4] Vgl. W. Rauchfuß, Veredlung – wesentlicher Teil der ökonomischen Strategie, Diskussionsrede auf der 9. Tagung des ZK der SED, in: Neues Deutschland vom 24./25. 11. 1984, S. 14/15.

[5] Gemeinsame Direktive des Zentralkomitees der SED, des Ministerrates der DDR und des Bundesvorstandes des FDGB für die Ausarbeitung des Volkswirtschaftsplanes und des Staatshaushaltsplanes 1986, in: Neues Deutschland vom 27./28. April 1985, S. 9ff.

Heinz Lüdemann

Zur rationellen gesellschaftlichen Nutzung des Flächenfonds in der DDR

Die Ausarbeitung des Generalschemas der Standortverteilung der Produktivkräfte erforderte infolge der Komplexität dieser Problematik die Herausbildung einer fruchtbaren interdisziplinären Zusammenarbeit. Keine Wissenschaftsdisziplin wäre in der Lage gewesen, allein den notwendigen Erkenntnisvorlauf und die umfangreichen analytisch-prognostischen Materialien zu schaffen, die für die langfristige planmäßige Gestaltung der Territorialstruktur der gesellschaftlichen Reproduktion unter den Bedingungen der umfassenden Intensivierung der Volkswirtschaft unerläßlich sind. Es ist deshalb sehr positiv einzuschätzen, daß es gelungen ist, im Prozeß der Arbeit Fortschritte der interdisziplinären Zusammenarbeit, insbesondere auch zwischen Gesellschafts-, Natur- und Technikwissenschaften zu erzielen, die in der vor uns liegenden Arbeitsetappe weiter ausgebaut werden müssen. Besonders möchte ich hervorheben, daß sich zwischen der Hauptforschungsrichtung 5.06 – Geographie, Hydrologie, Meteorologie – im Forschungsprogramm Geo- und Kosmoswissenschaften und dem Hauptgebietsrat für Sandortverteilung der Produktivkräfte enge wissenschaftliche Beziehungen entwickelten. Sie kommen besonders darin zum Ausdruck, daß Forscherkollektive der Geographie aus der Akademie der Wissenschaften und dem Hochschulwesen mit einer Vielzahl wertvoller wissenschaftlicher Ergebnisse zur Ausarbeitung des Generalschemas beitrugen. Die vor uns stehenden Aufgaben erfordern, diese positiven Erfahrungen künftig noch umfassender zur Wirkung zu bringen.

Zu den Problemen, denen dabei besondere Bedeutung zukommt, gehört die rationelle gesellschaftliche Nutzung des Flächenfonds der DDR, die im vorliegenden Generalschema der Standortverteilung der Produktivkräfte nur in ersten Ansätzen berücksichtigt wurde.

Erich Honecker hob auf der 9. Tagung des ZK der SED erneut hervor, daß es zur Verwirklichung der Wirtschaftsstrategie ständig dringender erforderlich wird, „... die örtlichen Reproduktionsbedingungen voll auszuschöpfen, überall die territorialen Reserven zu nutzen und durch eine umsichtige komplexe Leitungstätigkeit alle volkswirtschaftlichen Verpflichtungen zu realisieren“[1]. Das trifft in vollem Umfang auch auf alle an die Fläche gebundenen territorialen Ressourcen und Reproduktionsprozesse zu.

Wie in diesem Kreise bekannt, wird in Territorialforschung und Territorialplanung unter Fläche ein Ausschnitt der Erdoberfläche und des obenflächennahen Bereichs verstanden, der in territorialer Differenzierung Standort aller Produktions- und Lebensprozesse der Gesellschaft ist, die wichtigsten Naturressourcen und -potentiale sowie die Prozesse ihrer Nutzung und Veränderung beinhaltet und in dem sich hauptsächlich die vielfältigen Wechselwirkungen zwischen Gesellschaft und Natur vollziehen.

Davon ausgehend heißt rationelle gesellschaftliche Nutzung des Flächenfonds unter den Bedingungen der umfassenden Intensivierung der Volkswirtschaft vor allem,

- sparsame Inanspruchnahme des Flächenfonds,
- hohe ökonomische Effekte pro Flächeneinheit,
- ökologische Stabilität des Naturhaushalts und Sicherung der Regenerationsfähigkeit von Naturressourcen und
- günstige Lebensbedingungen für die Bevölkerung

in ihrer Einheit und gegenseitigen Bedingtheit zu sichern.

In den zurückliegenden Jahrzehnten wurden in beträchtlichem Umfang Erkenntnisse und Erfahrungen der Generalbebauungsplanung von Städten, der landwirtschaftlichen Flächennutzungsplanung und der Planung von Bergbau- und Erholungsgebieten gesammelt. Ebenso hat die Geographische Gesellschaft der DDR schon vor längerer Zeit diese Problematik aufgegriffen und eine Reihe von wissenschaftlichen Veranstaltungen zur Flächennutzung durchgeführt, die in Wissenschaft und Praxis große Resonanz fanden. All das stellt eine wertvolle Grundlage für künftige Arbeiten auf diesem Gebiet dar, ist aber nicht ausreichend, weil perspektivisch

- die Anforderungen an den nicht vermehrbaren Flächenfonds durch wachsende Produktion und Erfordernisse der Lebensbedingungen weiter steigen,
- alle Prozesse der gesellschaftlichen Reproduktion sich zunehmend miteinander verflechten und dadurch völlig neue Erfordernisse der rationellen Nutzung des Flächenfonds erwartet werden können,
- die Inanspruchnahme von Naturressourcen, die Beeinflussung der Naturbedingungen und ihrer Reproduktion durch die Gesellschaft – soweit sie an Fläche gebunden sind – weiter zunehmen werden.

Daraus ergibt sich die Notwendigkeit, die Forschungen auf diesem Gebiet zu verstärken und im Zusammenhang mit der Weiterentwicklung der Territorialplanung in der DDR, insbesondere mit der weiteren Qualifizierung des Generalschemas der Standortverteilung der Produktivkräfte in den kommenden Jahren, neue Schritte für die planmäßige Gestaltung der Flächennutzung einzuleiten.

Der Flächenfonds der DDR von etwa 108000 Quadratkilometern (ohne Territorialgewässer) ist unvermehrbar und wird bereits intensiv gesellschaftlich genutzt. 57,7 % des Territoriums nehmen landwirtschaftliche Nutzflächen ein, 27,7 % werden forstwirtschaftlich genutzt, 10,0 % sind sogenannte sonstige Flächen und der Rest von insgesamt 4,9 % entfällt auf Wasserflächen, Abbauland, Ödland und Unland. Entsprechend den spezifischen Bedingungen in den verschiedenen Regionen unseres Landes weisen diese Nutzungsproportionen eine starke territoriale Differenzierung auf.

Auf ein spezielles Problem möchte ich in diesem Zusammenhang hinweisen: Die bisher vorwiegend auf Bedürfnisse der Land- und Forstwirtschaft orientierte Statistik der Wirtschaftsflächen weist „sonstige" Flächen aus, die vornehmlich alle Siedlungsflächen, einschließlich Industrie- und Wohngebietsflächen, Verkehrsflächen und andere bebaute Flächen umfassen. Diese Flächen haben eine große volkswirtschaftliche Bedeutung und eine hohe innere Dynamik, vollzieht sich doch auf diesen 10 % des Flächenfonds der DDR fast die gesamte Investitionstätigkeit der Industrie, des Wohnungsbaus, der technischen und sozialen Infrastruktur mit ihren Anforderungen an Bauland, werden schätzungsweise 3/4 des Nationaleinkommens auf ihnen produziert. Dennoch gibt es gegenwärtig keine ausreichenden, statistisch gesicherten Informationen über die inneren Strukturveränderungen dieser wichtigen territorialen Ressourcen in Städten und industriellen Ballungsgebieten, über die damit verbundenen Nutzungsprozesse und Reserven.

Unter den Bedingungen, daß bereits eine intensive gesellschaftliche Nutzung des gesamten Flächenfonds erfolgt, ist es als Kernfrage der weiteren Entwicklung auf diesem Gebiet anzusehen, planmäßig eine gesellschaftlich zweckmäßige, volkswirtschaftlich effektive und konfliktarme Flächenmehrfachnutzung zu gestalten. Derartige Mehrfachnutzungen sind für Länder wie die DDR schon gegenwärtig charakteristisch und setzen sich vornehmlich in zwei miteinander verbundenen Hauptformen durch:

- Bei einer dominanten Nutzung werden auf der gleichen Fläche verschiedene Funktionen realisiert. Zum Beispiel dient der Wald der Holzproduktion, er übt Funktionen für die ökologische Stabilität aus (Bodenbildung, Bodenfeuchtigkeit, Erosionsschutz, Wasserhaushalt, Klima) und bietet wichtige Erholungsmöglichkeiten.
- Mehrfachnutzung als Gesamtheit aller in enger Wechselwirkung stehenden Einzelnutzungen in einer bestimmten territorialen Einheit. Zum Beispiel ist in innerstädtischen Industrie-Wohn-Mischgebieten die Flächennutzung horizontal wie vertikal durch Überlagerung und Verzahnung von Anlagen der Produktion, der Lagerhaltung, der technischen Versorgung, des Verkehrs, von Wohn- und Sozialbauten charakterisiert.

Die ökonomischen und sozialen Erfordernisse der Zukunft führen objektiv zu einer Ausweitung und Verstärkung der Mehrfachnutzung. Dabei können auch unter den Bedingungen der sozialistischen Gesellschaft Konflikte zwischen verschiedenen Nutzungserfordernissen auftreten (z. B. Rohholzproduktion – Erholungsfunktion in Wäldern, Schutz der Grundwasservorräte – Einsatz von Agrochemikalien, Umweltbeeinträchtigungen von Wohngebieten durch benachbarte Industriestandorte). Häufig sind damit zeitliche Spät- und/oder räumliche Fernwirkungen verbunden. Es ist notwendig, die prinzipiellen Voraussetzungen der sozialistischen Gesellschaft voll zur Wirkung zu bringen, um die Prozesse der Mehrfachnutzung nicht spontan zur Wirkung kommen zu lassen, sondern im gesamtgesellschaftlichen Interesse planmäßig mit dem Ziel der Konfliktminimierung zu gestalten.

Diese Aufgabe muß auf das engste mit der weiteren Vervollkommnung der territorialen Organisation und Rationalisierung der Wirtschaft (Überwindung noch vorhandener standörtlicher Zersplitterung von Produktionsstätten, der Lagerhaltung etc.) verbunden werden. Ein Schwerpunkt derartiger, die Mehrfachnutzung des Flächenfonds fördernder territorialer Rationalisierungsmaßnahmen sind die großen Industriestädte und -gebiete der DDR. Mit den zu erarbeitenden Flächennutzungsstrategien müssen nachweisbare volkswirtschaftliche Effekte erzielt werden, z. B.

- Mobilisierung von Reserven an Flächen und Bausubstanz für die Erweiterung strukturbestimmender Produktionen und Leistungen ohne wesentliche Bauinvestitionen;
- Erhöhung der standörtlichen Konzentration der Produktion durch Aufgabe kleiner uneffektiver Standorte und damit Einsparung von Transportaufwand, von Arbeitsplätzen und Produktionskosten;
- Gewinnung von Flächenreserven als Bauland für den innerstädtischen Wohnungsbau;
- Reduzierung umweltstörender Einflüsse.

Um in den kommenden Jahrzehnten die rationelle gesellschaftliche Nutzung des Flächenfonds der DDR umfassend in den Prozeß der allseitigen Intensivierung der gesellschaftlichen Reproduktion einbeziehen zu können, sind langfristig-strategische Arbeiten erforderlich, die wirksame Rahmenbedingungen für die Koordinierung regional differenzierter Nutzungserfordernisse setzen. Folgenden Hauptrichtungen kommt nach meiner Auffassung besondere Bedeutung zu:

- Weitere Qualifizierung der wissenschaftlich-konzeptionellen Grundlagen für eine rationelle, territorial differenzierte Nutzung des Flächenfonds der DDR. Dazu ist eine umfassendere Einbeziehung der Ressource Fläche in das Generalschema der Standortverteilung der Produktivkräfte in der DDR ebenso erforderlich wie ihre verstärkte Berücksichtigung in den langfristigen Entwicklungskonzeptionen der Bezirke, Kreise und Städte. Das sollte dem Ziel dienen, auf der Grundlage zentraler Orientierungen die Fläche als Intensivierungsfaktor voll zur Wirkung zu bringen und eine konfliktarme Mehrfachnutzung zu gewährleisten. Gleichzeitig müssen Erfordernisse der Mehrfachnutzung des Flächenfonds verstärkt bei der Vorbereitung von Nutzungsentscheidungen durch die Zweige und Bereiche der Volkswirtschaft berücksichtigt werden. Neue Grundlagenerkenntnisse, insbesondere zu langfristigen Tendenzen der Veränderung der Flächennutzung in Gebieten hoher volkswirtschaftlicher Dynamik, zu ökologischen Problemen der Flächennutzung und zur Entwicklung mehrkriterieller Bewertungsverfahren, sind dafür unerläßlich.
- Die rationelle Nutzung des Flächenfonds der DDR in den kommenden Jahrzehnten erfordert, die Ressource Fläche, als volkswirtschaftliche Kategorie und damit einer ökonomischen Bewertung unterliegend,

voll in den Reproduktionsprozeß und in das System der Leitung, Planung und wirtschaftlichen Rechnungsführung zu integrieren. Ihre Nutzung muß mit ökonomischen Kennziffern und Normativen verbunden werden. Eine ökonomische Stimulierung des sparsamen Umgangs mit dem Flächenfonds erfolgt in der DDR gegenwärtig nur bei Inanspruchnahme land- bzw. forstwirtschaftlicher Flächen für andere Zwecke auf der Basis der Bodennutzungsgebühren. Es erscheint notwendig, die Prinzipien der sozialistischen Warenproduktion noch umfassender auf die Ressource Fläche auszudehnen. Dazu sind sowohl wissenschaftlicher Vorlauf (theoretische und methodische Grundlagen für eine ökonomische Bewertung von Flächenressourcen) als auch entsprechende Festlegungen in der Planungsordnung der DDR erforderlich.

- Es müssen Voraussetzungen geschaffen werden, in naher Zukunft effektive Methoden der Informationsgewinnung über den aktuellen Zustand der Flächennutzung und seine Veränderungen einzusetzen. Besondere Bedeutung kommt dabei künftig der Nutzung von Luftbildern und anderen Fernerkundungsmaterialien, der rechnergestützten Speicherung und Verarbeitung von geeigneten Daten in territorialen Informationssystemen zu. In Verbindung mit einer Rationalisierung und Automatisierung territorialer Planungskataster wird es dadurch künftig möglich, umfassend und schnell die komplizierten Wechselwirkungen zwischen verschiedenen Prozessen der Flächeninanspruchnahme zu erfassen und für die Vorbereitung staatlicher Leitungsentscheidungen aufzubereiten. Das erfordert die Schaffung des notwendigen wissenschaftlichen Vorlaufs, insbesondere die Erarbeitung von Prinzipien und mathematischen Verarbeitungsprogrammen für den Aufbau EDV-gestützter territorialer Informationssysteme unter Einschluß von Geofernerkundung und Automatenkartographie.

Anmerkung

[1] 9. Tagung des Zentralkomitees der SED, Aus dem Bericht des Politbüros an das Zentralkomitee der SED, Berichterstatter: Gen. Erich Honecker, Berlin 1984, S. 51.

FSC
www.fsc.org
MIX
Papier | Fördert
gute Waldnutzung
FSC® C083411

Kolibri 360 GmbH
Ferdinand-Jühlke-Straße 7
99095 Erfurt, Deutschland
produktsicherheit@kolibri360.de